青年大学生学业指导与职业发展

傅 琪 著

中国原子能出版社

图书在版编目（CIP）数据

青年大学生学业指导与职业发展 / 傅琪著. --北京：
中国原子能出版社，2023.7

ISBN 978-7-5221-2822-1

Ⅰ. ①青…　Ⅱ. ①傅…　Ⅲ. ①大学生－职业选择
Ⅳ. ①G647.38

中国国家版本馆 CIP 数据核字（2023）第 127054 号

青年大学生学业指导与职业发展

出版发行	中国原子能出版社（北京市海淀区阜成路 43 号　100048）
责任编辑	白皎玮
责任印制	赵　明
印　　刷	河北宝昌佳彩印刷有限公司
经　　销	全国新华书店
开　　本	787 mm×1092 mm　1/16
印　　张	16
字　　数	260 千字
版　　次	2023 年 7 月第 1 版　2023 年 7 月第 1 次印刷
书　　号	ISBN 978-7-5221-2822-1　　　定　价　**76.00 元**

发行电话：010-68452845　　　　　　版权所有　侵权必究

前　　言

　　近年来，大学生就业难的现象受到越来越多的关注。"大学生毕业即失业"等说法也引起很多争论。大学生就业难，并不是大学生毕业后社会没有提供工作岗位，而是难在遇到一个岗位或者多个岗位时不知如何选择，不能明确地对自己的职业生涯进行合理的规划。因此，合理安排自己大学期间的生活和学习生涯，为未来的就业做足准备，毕业后尽快完成从学生到职业人的转变，对大学生就业来说是非常重要的。

　　本书介绍了高校学生学业表现理论支撑与现实问题、学习理论在学业指导中的应用，分析了大学生就业、职位定位与规划实施、职场适应与职业发展、职业认同教育，探讨了大学生就业权益保护，以及高校学科专业建设与人才培养。本书可供高校辅导员及相关教育工作者学习、参考。

　　本书在编写过程中借鉴了一些专家学者的研究成果，特此感谢。由于时间仓促，水平有限，不足之处在所难免，恳请专家和广大读者提出宝贵意见，予以批评指正，以便改进。

目　　录

第一章　高校学生学业表现理论支撑

第一节　高校学生学业表现的研究模型

一、戴维·拉文的学业表现影响因素分析框架

戴维·拉文博士是美国宾夕法尼亚大学教授，1960—1962 年在哈佛大学社会学系做访问研究员。他较早就对学生的学业表现及预测进行研究，通过对 1953—1961 年 300 多项相关文献进行归类分析，提出学业表现研究的价值，以及预测学业表现的理论框架，主要研究成果集中在 1965 年出版的《学业表现预测：理论分析与研究回顾》一书中。

（一）学业表现的基本概念与研究动力

戴维·拉文指出，"学业表现"是指某种表达学生学业成绩的方法，通常是一门课程的成绩、某一学科领域的一组课程的平均数或所有课程的平均数。在大学层面，每门课程的成绩通常以 A、B、C 的等级表示，通过一定的转换规则（A＝4，B＝3，…）后计算 GPA，以此数值作为学业表现的测量指标。

戴维·拉文认为，学业表现的第一个研究动力来自高校的招生需求，即确保能够把符合要求的学生选择出来。随着申请人数的大幅增加，这项任务也越来越难完成。学业表现的第二个研究动力是为了确定和支持具有突出潜力学生而设计的各种专门项目，比如国家优秀奖学金。第三个研究动力是社会学研究者介入教育学研究，把课堂作为社会学研究的基本实验场地，为教育的实践问题提供解决方案。

戴维·拉文讨论了 GPA 作为学业表现的适用性，并提出了两个值得注意的问题：首先，在大学层面，不同专业学生修读的课程不相同，比较跨专业学生的 GPA 是否有意义？其次，学生某一门课程的成绩在某种意义上可以看作学生和老师之间互动的一个函数，教师在评定等级时考虑的标准不同，这些不同标准之下的等级是否可以比较？对这些问题的关注可以提高对学业表现的预测能力，丰富有关学业表现的理论理解。

（二）高成就者与低成就者、超成就者与未成就者

戴维·拉文认为，依据学生学业表现的绝对水平，可以把学生分为高学业表现者或高成就者、低学业表现者或低成就者，高成就者至少要达到平均 A 以上，低成就者的平均成绩不超过 D，介于两者之间的就是一般成就者。根据学生的实际学业表现和预测的学业表现的关系，可以把学生分为超成就者和未成就者，其相互关系如表 1-1 所示。

表 1-1　智力与学生学业表现的绝对水平关系

智力/学业表现	低成就者	一般成就者	高成就者
高	未成就者	未成就者	—
中	未成就者	—	超成就者
低	—	超成就者	超成就者

（三）学业表现影响因素分析框架

戴维·拉文构建了学业表现影响因素的分析框架，包括智力因素、人格因素、社会学因素、社会结构与人格因素四个维度（见表 1-2）。

戴维·拉文从智力因素与学业表现的关系着手，梳理对不同教育水平（研究生院、大学、中学、小学）的研究，分析各种因素与学业表现的相关系数差异，讨论单因素（单变量）和多种因素组合（多变量）对于预测学生学业表现的效率。戴维·拉文的学业表现影响因素分析框架对本书有以下几点启示：学业表现的影响因素是复杂多样的，随着教育水平的增加，智力因素的影响力逐渐降低，需要更多地考虑人格因素、社会学因素等及其交互作用的

影响力。可以通过选择合适的预测变量组合来提升学业表现的预测效率，因为同一个预测模型不可能在所有情境下都达到最佳预测效果。

表1-2　学业表现影响因素的分析框架

维度	影响因素
智力因素	智力测试分数、SAT分数、既往成就等
人格因素	学习习惯与学习态度、兴趣、成就动机、独立性、冲动、焦虑、内向性、自我概念、调节、Rorschach测试、认知风格、防御性、超感知觉等
社会学因素	人口统计学特征、社会经济地位、宗教背景、地区和城乡差异、年龄、中学规模、与其他学生关系、教师和学生角色期望的一致性、家庭结构、兄弟姐妹、家庭互动模式等
社会结构与人格因素	综合社会特征与人格因素

二、亚历山大·阿斯廷的I-E-O模型与学生投入理论

亚历山大·阿斯廷是美国著名教育管理专家，加州大学洛杉矶分校的高等教育学教授，担任过美国教育委员会（American Council of Education，ACE）教育研究中心负责人。阿斯廷的主要贡献在于提出了大学影响力分析的I-E-O模型和学生投入理论，他的两本著作《关键四年：大学对学生信仰、态度和知识的影响》和《大学里什么最重要：关键四年再回顾》被评为"20世纪以来关于美国大学与学院最重要和最有影响的百种著作"。这两本著作系统分析了大学四年中学生在价值、态度、信仰，以及认知技能等方面的变化，并比较了不同类型学校对学生发展的影响力。

（一）I-E-O模型与CIRP新生调查

从1966年开始，由美国教育委员会和加州大学高等教育研究中心主导，亚历山大·阿斯廷主持的合作院校研究计划进行了在美国有着重要影响的新生调查。调查的主要内容是二年制与四年制高校新生的人口统计学特征、高中成绩、对大学的期望、对职业的期望，以及对自我的评价等。启动这项调查的目的是收集高校学生发展纵向数据并将数据用于大学招生、学生指导和

教育管理。由于之前面向项目的调查在测量方法、抽样方法、研究方法上都存在差异，每个项目都有自身独特的目标，数据不可以共享，缺乏推广意义。因此，CIRP 新生调查使用统一的标准来维护一个全国性的高校学生发展纵向数据库，这当中不仅包括学生数据，还包括环境数据（学校数据、教师数据和管理政策）等。亚历山大·阿斯廷提出了 I-E-O 模型（见图 1-1）来指导 CIRP 调查的数据收集工作。

图 1-1　I-E-O 模型

在 I-E-O 模型中，学生输入是指大学生在入学时的才智、技能、期望，以及其他潜在的可能影响学生发展的因素，包括学生的人口统计学特征、家庭的社会经济地位、入学成绩等"是指高校能够影响学生的那些因素，包括管理政策、管理活动、课程、教学活动、环境与设施、同伴关系、师生关系等；学生产出则是指学生在受到大学环境影响后所表现出来的特征，以及知识、技能、态度、价值观、行为的变化，包括 GPA、辍学率、转学率、毕业及学位获得情况、满意度等。CIRP 调查既要考虑大学环境对于学生产出的影响，又要考虑不同的学生输入与不同的大学环境的交互作用。

基于对 1966—1976 年 CIRP 调查数据的研究，亚历山大·阿斯廷于 1977 年出版了《关键四年：大学对学生信仰、态度和知识的影响》，从态度信仰与自我概念、行为模式、竞争力与成就、职业发展、对大学环境的满意度五个方面分析学生的变化，并考虑大学环境的各种因素对于这种变化的正向或负向影响。在该书中，亚历山大·阿斯廷提出学生投入变量，如参加荣誉学位项目、更加投入学习、参加本科生科研项目、高频率的师生互动、参加学生议会、在学校住宿等，与学生的学业产出具有紧密的正相关关系。这为后来学生投入理论的提出打下了基础。

（二）亚历山大·阿斯廷的学生投入理论

亚历山大·阿斯廷认为，尽管大学环境对于学生发展有着重要的作用，但学生的最终产出还是取决于他们受大学环境影响时的投入水平。学生输入只是学生发展的基础，学生投入才是学生发展的动力。据此，亚历山大·阿斯廷在1984年提出了学生投入理论。

亚历山大·阿斯廷提出，学生的时间是一种资源，学生投入就是指学生投入到大学经历中的体力和心力的量。阿斯廷的学生投入理论基于五个基本假设。第一，投入指的是学生投入各种对象（如课程、活动）中的体力与心力的总量。这种投入既可以是一般化的，也可以是具体的。第二，不同的学生基于他们的个人兴趣，对于不同对象的投入程度有所差异，同一学生对不同对象的投入程度也不同。第三，投入既有数量特征也有质量特征。从数量上衡量，比如有多少时间是用于学习的；从质量上衡量，比如学生是在真正复习、理解还是仅仅在发呆。第四，学生学业表现、个人发展水平与学生投入的数量、质量直接相关。第五，学校教育政策或实践的效果与该政策或实践促进学生投入的程度直接相关。

与传统的学生发展理论（如内容主导理论、资源理论）不同，亚历山大·阿斯廷的学生投入理论把学生的时间和精力看成一种资源，更多地关注学生自身所做的一切，比如，学生的动机、学生投入大学校园中（学业活动、课外活动、师生互动、同学交流等）的时间和精力，强调大学的作用是通过环境、政策的设计、引导学生把时间和精力有效投入个人发展中，学生学业表现和个人发展水平是学生投入最直接的产出标准。

三、清华大学的中国大学生学习与发展调查

清华大学的中国大学生学习与发展调查包括"中国大学生学习性投入调查"和"中国高校毕业生追踪调查"等基本模块，现已有300多所高校近60万学生参与，是我国目前最大规模的大学生学情调查之一。

（一）主要内容

清华大学史静寰教授团队引进全美大学生投入调查工具并进行翻译，综合变量、社会规范和价值观进行文化适应。汉化后的工具保持了原版工具的信度特征，在某些指标上还有一定幅度的提高，五项教育过程指标（学业挑战度、主动合作学习、生师互动、教育经验丰富度、校园环境支持度）的结构与全美大学生投入调查一致。教育过程指标与教育环节指标（课程教育认知目标、课程要求严格程度、学生课程学习行为、课程外拓展性学习行为等）、反映学生学习态度的"厌学/向学"指标、表现教育结果的"教育收获"（知识、能力和价值观收获三个维度）及"在校满意度"指标、学生背景数据共同构成中国大学生学习与发展调查问卷的主要内容。中国大学生学习与发展调查一般在每年5月进行，院校自主参与，通过分层随机抽样产生学生样本，并要求学生作答问卷。CCSS调查包括网络和纸质两种方式。问卷数据采集完成后，通过数据清洗与分析，形成常态，提供给各参与高校。

（二）主要成果

中国大学生学习与发展调查自实施以来，吸引了数百所高校积极参与，积累了大量的大学生学情数据，已发表近百篇学术论文及研究报告，其中比较有代表性的主要包括以下几个方面：一是学情分析报告，如《清华大学本科教育学情调查报告》；二是不同类型高校学情的比较，比如中国大学与国外大学的比较、中国不同类型大学之间的比较等；三是各种专题性的研究，比如对大四现象的研究、特殊群体的学生研究、学习投入的更深度研究等。史静寰教授认为，通过中国大学生学习与发展调查等学情调查所采集的有关学生、学习、学校的丰富信息，揭示了影响学生、学习、学校的复杂因素，蕴含着改进高校教育教学、完善高校质量治理体系的重要作用。

四、厦门大学的国家大学生学习情况调查

国家大学生学习情况调查是厦门大学史秋衡教授主持完成的国家社科基金重点课题"大学生学习情况调查研究"的主要成果。2011年进行了首轮

国家大学生学习情况调查，此后每年调查一次，参与调查的高校超过百所，建成了包含 40 多万样本量及每个样本信息项目 500 余项的国家大学生学习情况调查研究数据库。

（一）主要内容

国家大学生学习情况调查包括 10 多个自主编制的、经过严格信度和效度检验的问卷调查工具，主要包括"大学生学习观调查问卷""大学生学习环境感知调查问卷""大学生学习动机调查问卷""大学生学习策略调查问卷""大学生学习方式调查问卷""大学生学习收获调查问卷""大学生学习满意度调查问卷"等。通过这些问卷调查获取大学生学习情况的相关数据，然后使用统计分析方法来展示我国大学生学习观、学习环境感知能力、学习动机、学习策略、学习方式、学习收获和学习满意度的现状和基本特征，探究学生个体、家庭背景和高校特征对大学生学习情况的影响。问卷调查主要采用网络调查的方式，由参与调查的协作高校组织各年级本科生填写，调查完成后为参与院校提供大学生学情分析报告及研究大数据。

（二）主要成果

国家大学生学习情况调查的主要成果体现在"国家大学生学情调查研究系列丛书和一系列博硕士论文、学术论文与分析报告中。相关成果对于更加深入地了解学生学业表现的相关因素都具有指导作用。比如，学生个体、家庭背景，以及高校特征三方面因素对学生学习都有显著影响，其中学生个体和高校特征的影响力较大，而家庭背景的影响力相对较小，大学生学习质量的提升更多地受制于学生投入和院校环境的支持；无论在不同地区，还是在不同年级与不同专业，学生在学习环境中感知的良好同伴关系都是对学习成绩影响最大的因素。

国内还有其他一些比较有影响力的大学生学习情况调查，比如，北京大学的"高校教学质量与发展状况调查"、北京师范大学的"中国大学生就读经验调查"、南京大学的"研究型大学本科生就读经历调查"、西安交通大学的"大学生学习风格量表"、中山大学的"学生学习调查"等，相关研究成果都值得学习与借鉴。

第二节　影响高校学生学业表现的因素分析

一、社会及人口统计特征对学业表现的影响

（一）社会经济地位

社会经济地位是人口统计学特征研究中的主要变量，是利用客观技术对职业、教育、收入、就读私立或公立学校、居住地等方面的加权得分，生成学生家庭的层级状态指数。社会经济地位是一个综合的变量，它基于这样的假设：不同社会经济地位的人面临不同的生活状况，在适应这种状态时，他们可能会形成不同的价值观和生活方式，这种价值观、态度和动机与学生的学业表现相关。

在戴维·拉文的研究回顾中，有 13 项研究认为学生的社会经济地位与学业表现是直接相关的，也就是一个学生社会经济地位越高，学业表现越好；但另有 6 项研究发现社会经济地位与学业表现呈负向关系。公立大学和私立大学中学生的社会经济地位与学业表现的关系不一致。6 项呈现负向关系的研究中，有 4 项的样本来自东部常春藤大学的男生（大部分来自最著名预科学校），他们可能在社会经济地位上具有上层背景。因此，戴维·拉文认为，学生的社会经济地位属于中层及以下时，与学业表现呈正向关系，属于上层时与学业表现呈负向关系。对于普林斯顿大学学生学业表现的研究发现，在大一学年时来自公立学校的学生比来自私立学校的学生的学业表现更有优势，且这种优势会在大二学年继续保持。对此，有两种解释：一种解释是学生动机的差异，私立学校学生往往比公立学校学生具有更高的 SES，公立学校学生的 SES 偏低，大学是学生提升地位的重要手段，而私立学校学生只要维持其地位，从大学毕业比创造好的学业纪录更重要。另一种解释是家庭培育目标的差异，学生来自中产阶级的公立学校的家庭培育目标是成就与流动

性，而学生来自上层阶级的私立学校的家庭培育目标指向的是恰当的绅士行为。

卡尔·怀特对 248 篇关于社会经济地位与学业表现的文献进行元分析，发现社会经济地位与学业成就的平均相关系数为 0.251，对学业表现差异的解释力不到 5%。他认为，随着学生年龄的增长，社会经济地位与学业表现之间的相关性会降低甚至消失。萨克特等分析了美国 41 所大学 155 191 名学生的 SAT 得分、大学 GPA 与社会经济地位之间的关系，社会经济地位用父母教育年限和家庭收入来衡量，研究发现社会经济地位与 SAT 分数显著相关，相关系数为 0.42. SAT 分数与大学 GPA 也显著相关，相关系数为 0.47，社会经济地位与 GPA 直接相关性接近 0，社会经济地位以 SAT 得分为中介对 GPA 产生影响。

阿里埃勒·博雷尔的博士论文探讨社会经济地位、父母教养方式与大学生学业表现的关系，对 46 名本科或研究生水平的学生进行问卷调查，要求被试者完成一系列关于父母教养方式、社会经济状况和学业成绩的问卷，研究采用方差分析的方法，结论是较低的社会经济地位和权威型父母教养方式的学生得到最高的 GPA。

（二）家庭背景

伯恩斯坦认为，家庭规模与学业表现呈负相关，即兄弟姐妹数量越多，学业表现越差。两个事实可能有助于解释这种关系：家庭规模与智力成反比，家庭规模与社会经济地位呈负相关。

孔兹等对两所大学 169 名学生的研究显示，完整家庭的学生比离异家庭学生的 GPA 更高。索里亚和林德对一所大型公立大学一年级学生的调查显示，在控制人口统计学特征、入学前成绩、大学经验和学业动机等变量后，父母离异的学生比他们的同伴坚持到第二学年的可能性要小得多，GPA 也显著低于正常学生。斯班对夏威夷一所小型文理学院的研究发现，来自离异家庭的大学生更容易失败，虽然来自离异家庭学生的 GPA 与来自完整家庭学生的 GPA 没有显著差异，但是来自离异家庭的学生更有可能出现不及格课程。需要有特别的介入因素来降低离异对于大学生学业表现的影响，最终降低因学业表现较差而产生的退学率。

关于父母离异对学业表现的影响也有不同的研究结果。朱莉·艾伦·霍金斯探讨了父母的婚姻状况、学生的心理困扰程度与学业表现之间的关系，被试者是美国东南部一所私立大学 17～24 岁参与心理辅导的 324 名本科学生。结果发现，在 GPA 和父母婚姻状况造成的心理困扰之间没有发现显著性差异，性别与父母的婚姻状况在心理困扰或学业表现上没有显著的交互作用。汉密尔顿的研究表明，一旦达到大学年龄水平，父母离婚的时间不会对学生的学业表现产生负面影响。

郭俊等以 15 700 名大学生为样本，以家庭人口结构、父母文化程度、家庭经济收入作为衡量家庭背景的指标，研究发现，是否独生子女对课程出勤率、不及格门次都有显著影响；父母亲的文化程度对不及格门次没有显著影响，但对大学生课程出勤率有显著影响；家庭经济收入对课程出勤率、不及格门次均有显著影响。

（三）性别

戴维·拉文较早提及了学生学业表现的性别差异，但他研究的大部分案例都是在中小学阶段。大部分研究证明，女生的学业表现优于男生，就智力因素与学业表现的相关性而言，女生高于男生；在超成就者和未成就者中，男生的比例都要高于女生。虽然戴维·拉文没有提到大学生学业表现的性别差异，但这也提醒我们，在学生学业表现的研究中，性别是需要重点考虑的因素。

1971 年，亚历山大·阿斯廷调查了 19 524 名男生和 17 057 名女生大一学年的 GPA，并列出各个 GPA 分段的男女生比例和累加比例（见表 1-3），得到的结果是：女生在大一学年的学业表现要更优于男生，27% 的男生获得 2.5 以上的 GPA，与之相比，女生的比例是 49%；低于 1.5 的男生是 14%，而女生则不到 7%。

对于女性在学业表现的优势在大学阶段是否延续，梁耀明和何勤英有着不同的发现。他们对一所省属高校 939 名经管类学生的学业表现的性别差异进行分析，通过非配对双样本/检验发现，在大一时女生的学业表现仍高于男生，在大二和大三时差距消失，男生出现"逆转"，三、四年级学业表现男生优于女生。他认为，造成这种逆转的原因是男生存在"后发优势"。

表 1-3　不同性别大一学生 GPA 比例

GPA	男生	累加	女生	累加
3.50～4.00	4	4	6	6
3.00～3.49	10	14	16	22
2.50～2.99	20	34	27	49
2.00～2.49	30	64	30	79
1.50～1.99	22	86	15	94
1.00～1.49	10	95	5	99
0.50～0.99	3	99	1	99+
0.00～0.49	1	100	0.5	100

（四）族裔

研究发现，不同族裔学生之间的学业表现存在显著差异，非裔、拉丁裔学生的学业表现明显低于其他族裔。据美国《高等教育中的少数族裔：1999—2000 年度报告》中对于各族裔大学生毕业率的统计数据，亚裔大学生最高达到 65%，白人为 58%，而拉丁裔为 45%，非裔仅为 40%，各族裔学生在高中毕业率、大学入学人数比例等方面也存在较大的差异。族裔往往是在进行学业表现影响因素研究时需要考虑的重要因素。

克洛维斯—利兰·怀特的研究探讨了白人大学生和黑人大学生学业表现预测因素的差异性，他发现高中学业成绩和大学身份认知是预测白人大学生学业表现的重要因素，但没有发现预测黑人大学生学业表现的重要因素。哈德森研究了种族身份认知、自我效能和学业支持对于黑人大学生学业表现的预测作用，通过在线调查研究测试了五个方面的数据，以确定预测黑人大学生学业表现的相对强度：人口统计学（年龄、性别、社会经济地位）、父母的受教育程度和在学校的学期数、黑人种族身份、学业支持、自我效能、宗教/精神支持。87 名美国黑人大学生（18 岁以上，目前在本科学习）完成了跨种族身份量表、每日精神体验量表、自我效能量表和学业支持量表，并填写人口统计学数据和 GPA。通过回归分析发现，只有自我效能能够显著预测他们的学业表现。

（五）地区

戴维·拉文在他的著作中介绍了地区、城乡差异与学业表现差异的相关研究成果。比如，南部地区学生的学业表现要低于北部地区，城市地区学生的学业表现要优于农村地区学生。也有研究认为，城市与农村学生的差异在来自大都市（50 万以上人口）的学生中并不存在。博兰和豪森的研究比较了高度农村区域和高度城市区域的学生与中度人口密度区域学生的教育表现，结果显示，来自高度农村区域和高度城市区域学生的表现是相似的，但要差来自于中等区域的学生。

卢晓东等对某重点 A 高校六届本科生的入学机会和大学学业表现进行实证研究，结果发现，城乡学生入学机会差别很大，城镇学生群体学业表现大幅度领先农村学生群体，这一差异到本科毕业也未能消除，基础教育的城乡差异似乎在大学中延续。

二、学校环境对高校学生学业表现的影响

（一）学校类型

亚历山大·阿斯廷基于 E-I-O 模型进行的 CIRP 调查，着重探讨了环境因素（E）对于大学生学习产出的影响，学校类型是其中一个比较重要的环境因素。美国高校依据最高学位授予分为大学和四年制学院，依据控制类型分为公立、私立。阿斯廷的研究发现，不同类型的高校对于学生的学习产出存在不同的影响。进入公立大学对学生学习产出的诸多方面有着负面影响，包括 GPA、写作能力、分析和解决问题能力、批判性思考能力、公开演讲能力、领导力、学位完成、进入研究生院学习等，其中 GPA、奖学金和进入研究生学习是直接影响。与公立大学相似，进入公立四年制学院学习对于学生 GPA 也有负面影响，但没有公立大学那么显著。进入私立大学学习则对取得

学士学位，以及入选学生会有正向影响，进入天主教大学对学生 GPA 有微弱的正向影响。阿斯廷还对学校规模对学生学习产出的影响进行探讨，结论是学校规模对学生 GPA、荣誉学位获得和进入研究生院学习意愿均有直接的负向作用。

史秋衡教授主持的国家大学生学习情况调查也探讨了学校类型对于大学生学习收获的影响。他将学校分为"985 工程"大学、"211 工程"大学和一般本科院校，结果显示"985 工程"大学学生比其他类型高校学生有更多的通用技能收获，"211 工程"大学学生次之，一般本科院校学生最少。相较而言，"985 工程"大学学生的专业知识收获更多。

（二）住宿与交通

与我国高校不同，国外高校并不会全程安排校内住宿。因此，住宿类型（是否在校内住宿）与大学生学业表现是否具有相关性也成为研究主题。霍特拉斯和博瑞特较早就探讨了美国中西部 5 所大学的学生住宿与学业表现的关系，结果显示，在校内住宿的学生比在校外住宿的学生有更高的 GPA。另一个案例中，研究人员将在校内住宿参与"生活和学习"项目的学生与匹配的对照组在学习成绩和保留率方面进行比较，参加该项目的学生在前 4 学期的 GPA 比匹配的对照组学生都要高，但保留率基本一致。

关于住宿与学生学业表现关系的研究结果也呈现出不确定性。布林姆运用元分析，整合、总结 1966—1987 年美国大学生宿舍对大学生学业成绩影响的实证研究成果，在学校住宿学生与住在家中学生的学业表现没有显著差异。特雷和沃德特克对使用国家助学贷款研究的大一学生的样本进行分析，结果发现，对于大多数院校的大部分学生来说，大学期间的居住类型对第一学年的学习成绩没有显著影响；但是对于黑人学生群体而言，住在校内学生比与家人同住学生的 GPA 要高得多；对于文理学院的学生而言，校内住宿学生的 GPA 也显著高于校外住宿学生。

科布斯等构建了一个理论模型探讨学生通勤（往返学校的交通）时间与学业表现的关系，结果表明，通勤时间与学生出勤率呈负相关，单程通勤时间增加 1 小时，学生每周的出勤率就会减少 0.65 天；通勤时间与学生学业表现也呈负相关，通勤时间长的学生平均成绩较差。吴倩莹的研究则认为，住宿与学校的距离，以及路上所花费的时间与 GPA 的相关度不高。

（三）图书馆利用

王和丽等在香港浸会大学图书馆进行了一项实验，对 8 701 名学生的研究发现，图书及音视频电子资源借阅与 GPA 之间呈正向相关，对学生学业发展产生影响是评价图书馆绩效的重要手段。孔兰·班勒曼的研究也有同样的结果，使用图书馆资源的学生比不使用图书馆资源的学生拥有更高的累积 GPA，图书馆使用与学生 GPA 之间存在显著的正向相关。萨贾德·乌拉·扬等对巴基斯坦 725 名本科生的分析发现，图书馆利用越多的学生，学业表现越好，但图书馆焦虑与学业表现之间呈显著的负相关。

埃瑟琳·惠特曼研究了图书馆使用、图书馆绩效与以学生批判性思维培养为表征的教育产出之间的关系，来自 4 种类型 36 所大学的 7 958 名学生参与了调查，结果表明，在拥有丰富图书资源的研究型大学中学习的本科生批判性思维能力最强，大三和大四学生比大一、大二学生批判性思维能力更强。但是，图书馆服务与研究型或综合型大学的本科生图书馆利用之间却呈现负相关，也就是提供更多图书馆服务的大学中，本科生的图书馆利用反而更少。他建议，建立以图书馆利用促进本科生教育产出为标准的图书馆绩效评价新模式，而不是简单以图书数量和运行经费的多少来评价。

三、个人特征对高校学生学业表现的影响

个人特征包括认知相关因素和心理相关因素，是个体表现出与他人不同的相关特征。认知相关因素包括智力、能力倾向和既往成就等。智力因素主要是指智力测试的得分，能力倾向因素主要是指 SAT、ACT 等，既往成就主要是指高中 GPA 或高中排名等大学入学前的学业成就。理查德森对 1997—2010 年 1 100 多项学业表现相关研究进行元分析，总结出 5 种类别共 42 个影响学业表现的心理相关因素，包括人格特质、动机、自主学习策略、学习方法、心理环境影响等。本书的研究结合大学生学业表现的特点，以及既往文献的研究成果，从认知相关因素（智力、能力倾向、既往成就）和心理相

关因素（人格特质、动机因素、自我效能、坚毅性、情绪智力和拖延症）等方面对相关文献进行回顾。

（一）智力因素

智力属于个体差异。对个体差异的系统研究始于 1796 年，天文学家马斯基林发现助手记录行星的运动总存在出入。20 年后，另一位天文学家贝赛尔对此事感兴趣，提出了"人差方程式"，也就是对同一刺激的反应存在着由个体本身的特质所决定的差异。1869 年，高尔顿肯定这种个体差异的存在，并认为这种差异是由遗传而来。比内和西蒙发现儿童的个体认知能力能够解释教育表现的差异，并于 1905 年编制了比内西蒙量表来对智力进行测量，为未来的关于智力和智力测验的研究打下了基础。后期的相关研究成果包括斯皮尔曼的一般因素和群体因素智力理论、吉尔福特的智力结构模型、斯滕伯格的三元智力理论等，比较著名的智力量表有斯坦福—比奈智力量表、韦克斯勒智力量表等。

关于智力的起源有遗传论和环境论的观点，遗传论者坚持认为智力是遗传的结果，而环境论者则认为智力的个体差异是环境造成的。现在大多数人认为智力是由遗传因素和环境因素相互作用决定的，持该观点者也分为两派：一派认为环境因素相对更重要，另一派认为遗传因素更为重要。虽然目前这个问题还没有完全解决，但遗传因素确实是影响智力测验得分的一个重要因素。高斯林描述了可能会对智力测试产生影响的多种因素，包括一般智力、培训的具体能力，以及有机体发展的环境、个人的文化背景、正规的培训经历（学校等）、类似的测试经验、总体健康状况、成就动机、个人对测试的兴趣、与测试情境相关的焦虑、测试的重要性、个体对自己的信心、在测试时的特定的身体状态、在测试施用期间来自环境的干扰、在一般情况下评估测试者的效果、测试对于专门的学习和能力要求的影响、考试对所要求的反应速度的要求、误导性或错误构成项目所起的作用、猜测和书写错误。不管这些影响智力测验得分的相关因素的重要性如何，毫无疑问的是，学校的成功部分需要一定的认知技能。同时，通过智力测试，这些能力能够被显著测量。

智力与学历、GPA 和成就测验等之间都存在一定的相关性。智力与学历的相关系数为 0.7，与 GPA 也有一定的相关性，但都低于其与成就测验的相关系数。智力测验与一些标准化成就测验的相关性可达 0.9，也就是说，可以消除成就测验与智力测验的差异，两者测量的是同一种东西。

在不同的教育水平上，智力与学业表现都存在一定的相关性，但其相关性是逐渐降低的。也就是说，小学和中学阶段的相关系数最高，大学阶段次之，而研究生阶段最低。中小学阶段的相关系数比其他阶段高的原因可能是智力差异分布在这个阶段是最广的，而大学阶段通过严格的筛选程序降低了智力分布的差异性。

（二）能力倾向测验

能力倾向测验是对认知（智力）或者心理运动的测量，它用来预测一个人在某一科目、某一工作或某一方案中成功的可能性。用于美国大学入学的学业能力倾向测验主要包括 SAT 和 ACT。

SAT 测验是由成立于 1900 年的大学入学考试委员会组织的，目的是规范美国大学入学前的教学内容。SAT 最初采用论文形式的考题，1926 年起开始采用选择题。现在每年有数百万人参加 SAT 测验，SAT 也成为北美地区使用最广泛的标准化大学入学测验。SAT 包括言语（V）和数学（M）等分测验，后又增加了批判性阅读和作文等分测验。

ACT 测验由美国大学测验组织主办，由 4 个学术测验组成，分别是英语运用、数学运用、社会研究阅读和自然科学阅读。ACT 测验的得分由 4 个学术测验的平均标准分数合成。ACT 测试的得分范围是 1～36，平均分是 16，标准差是 5～8。高校根据 ACT 测试得分成绩对学生进行筛选，27～31 分可以被 Highly Elective 级别高校录取（通常为顶尖高校），22～27 分可以被 Selective 级别高校录取（通常为重点高校，排名在前 100 名），20～23 分可以被 Traditional 级别高校录取（排名中间的美国高校）。

SAT 测验和 ACT 测验被证明与一般智力因素高度相关。费雷和德特曼的研究证明，SAT 分数与一般智力因素的相关系数达到 0.82。凯尼格、费雷和德特曼验证 ACT 分数与一般智力因素的相关系数为 0.77。

　　亚历山大·阿斯廷对 1966 年 180 所高校 36 581 名学生的学业数据进行分析，把 SAT、ACT 得分分成 11 个分数段，并列出了各分数段的大学 GPA 取得 B 等级以上学生的比例（见表 1-4）。从中可以看出这样的一个趋势：SAT 或 ACT 得分越高，取得 B 以上成绩的概率就越大。

表 1-4　SAT、ACT 与 B 等以上学生比例对应表

等级	SAT	ACT	B 等以上比例
1	＜769	＜16	16%
2	770～837	17～18	21%
3	838～906	19～20	25%
4	907～979	21～22	31%
5	980～1 054	23～24	38%
6	1 055～1 133	24～25	40%
7	1 034～1 215	26～27	50%
8	1 216～1 296	28～29	56%
9	1 297～1 380	29～30	63%
10	1 381～1 469	30～31	67%
11	≥1 470	≥32	74%

　　近年来，关于 SAT、ACT 与大学生学业表现关系的研究文献更加丰富。阿加尔瓦尔等研究了 SAT、ACT 与商科大学生学业表现的关系，ACT 得分与 GPA 的平均相关系数为 0.28，SAT 得分与 GPA 的平均相关系数为 0.37，ACT 得分与市场营销专业学生 GPA 的相关系数为 0.44，高于其他商科专业学生的相关系数。许和舒伯特对俄勒冈州大学 2000—2004 年的学业数据进行分析，发现 SAT 分数与 GPA 的相关系数为 0.35～0.50，SAT 分数低但 GPA 高的超成就者绝大部分是女生，SAT 分数高但 GPA 低的未成就者绝大部分是男生，SAT 和 GRE 得分的相关系数大约为 0.75。林恩等发现，通过 SAT 得分预测的 GPA 在性别和种族上存在差异，女生的 GPA 高于预测值，男生的 GPA 低于预测值；白人学生的 GPA 被低估，而亚裔、拉丁裔和非裔学生的 GPA 被高估，其中非裔学生的 GPA 与预测值差距最大。

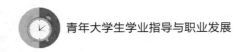

根据相关的研究成果，我们认为 SAT、ACT 等能力倾向测试得分可以取代智力测试得分，成为大学生学业表现预测的重要指标。

（三）高中成绩

高中 GPA、高中班级排名等也是大学生学业表现预测的重要指标。有些研究认为，高中成绩比 SAT 或 ACT 更能有效预测大学生学业表现。阿莱莫尼和奥波尔对伊利诺伊州立大学香槟分校 4 283 名大一学生的学业数据进行回归分析，发现高中班级排名是第一学期 GPA 的最佳预测因素，与 GPA 的相关系数为 0.43，能够解释 18.4%的 GPA 差异；SAT 得分是次佳的预测因素，与高中班级排名一起能够解释 20%的 GPA 差异。桑内尔和琼斯研究发现，高中排名比 ACT 分数更能够预测大学第一学期的 GPA。

可以将 SAT 得分、ACT 得分与高中成绩结合，作为大学生学业表现的组合预测因子。卡玛拉·韦恩对 46 739 名学生的分析结果显示，SAT 得分单独与大学 GPA 的相关系数是 0.36，高中 GPA 单独与大学 GPA 的相关系数是 0.39，SAT 得分与高中 GPA 组合起来与大学 GPA 的相关系数为 0.48，提高了 0.09。马拉布尔综合 SAT 得分、高中 GPA、高中所修学分数，构建了一个有效的非裔美国新生第一学期 GPA 的预测模型。SAT 得分、高中成绩与大学生学业表现的相关系数具有稳定性，摩根对 1976—1985 年的数据追踪分析发现，SAT 得分与大一 GPA 的相关系数为 0.37～0.45，高中成绩与大一 GPA 的相关系数为 0.48～0.52。

通过以上的分析，可以发现认知因素是大学生学业表现的重要影响因素。但认知因素是一个门槛，在达到一定的认知水平以后，其能够发挥的作用就很有限。认知因素只能解释不到一半的大学生的学业表现。要使学业表现的预测更加精确，不能仅仅依赖于认知因素，还需要重视非认知因素的作用。

（四）人格特质

人格特质指的是在不同的时间与不同的情境中保持相对一致的行为方式的一种倾向。早期根据特质形容词对人格进行分类的卓越研究成果包括卡特尔的 16 因素人格（16PF 问卷）和艾森克的四维度人格（EPQ 问卷）。根据人格特质形容词调查和分析人格结构的研究工作在 20 世纪末取得了长足的进展，被称为人格心理学的"一场静悄悄的革命"。一系列采用特质形容词的研究，无论是以这些词进行自我描述，对他们进行语义判断，或是用于临床研究，大多数结果都得出了相似的五个主要因素，形成了著名的"大五"因素模型。五大因素及内涵是：神经质（Neuroticism）具有焦虑、敌对、压抑、自我意识、冲动、脆弱等特质；严谨性（有时称"尽责性"，Conscientiousness）显示了胜任、公正、条理、尽职、成就、自律、谨慎、克制等特质；宜人性（Agreeableness）具有信任、直率、利他、依从、谦虚、移情等特质；开放性（Openness）具有想象、审美、情感丰富、求异、创造、智能等特质；外倾性（Exlraversion）表现了热情、社交、果断、活跃、冒险、乐观等特质。

奥康纳和波诺宁的一项元分析发现，学业表现与严谨性的平均相关系数为 0.24，90%案例的相关系数为 0.12～0.36；与开放性的平均相关系数为 0.06，90%案例的相关系数为 -0.11～0.22；与外倾性的平均相关系数为 -0.05，90%案例的相关系数为 -0.15～0.05；与神经质的平均相关系数为 -0.03，90%案例的相关系数为 -0.10～0.04；与宜人性的平均相关系数为 0.06，90%案例的相关系数为 0.01～0.10。川普曼等对 1980 年以来相关文献的元分析认为，严谨性与学业成绩呈正相关，而神经质与学业满意度呈负相关，宜人性、开放性、外倾性与学业表现没有相关性。

波罗帕特对大五人格与学业表现关系的历史文献进行了元分析，累计样本达到 7 万多份，大部分是大学生样本，也有部分中学生和小学生样本。结果显示，宜人性、严谨性、开放性与学业表现显著相关，其中严谨性是最佳的学业表现预测因子，并且在很大程度独立于智力因素，与智力因素对于学业表现的预测力相当。教育水平、平均被试者年龄，以及教育水平和年龄的交互显著调节与学业表现的关系。维德尔通过对 1996—2013 年 21 个案例累计 17 717 份样本的分析发现，学业表现与大五人格中的宜人性、严谨性和开放性显著相关，并且严谨性也是最强的预测因子，加权汇总效应为 0.26。

（五）成就动机

美国哈佛大学教授戴维·麦克利兰对人的需求和动机进行研究，于 20 世纪 50 年代提出成就动机理论。他将人的高层次需求归纳为对成就的需要（Need for Achievemenl）、对权力的需要（Need for Power），以及对亲和的需要（Need for Affiliation）。

早期成就动机用两种方式来衡量：投影实验和纸笔问卷。投影实验是按照主题呈现一系列图片，并要求被试者撰写一个故事来回应，根据故事中成就主题的出现频率进行评分。这种方法也被称为"主题统觉测试"（Thematic Perception Test），呈现给被试者的图片卡被称为"TAT 卡"。戴维·拉文回顾了 9 项关于 TAT 投影实验测量的成就动机与大学生学业表现相关性的文献，其中有 4 项研究发现两者之间存在相关性。一项以男学生作为样本的研究中，由 TAT 测量的成就动机与学业表现之间的相关系数为 0.39；另一项研究中，成就动机与学业表现的相关系数为 0.34，智力与学业表现的相关系数为 0.55，成就动机与智力组合起来与学业表现的相关系数是 0.63；还有 2 项研究也发现成就动机的加入能够提高与学业表现的相关系数；其余 5 项研究则没有发现成就动机与学业表现的相关性。

TAT 测量结果的差异性被归结于投影实验的不稳定性和低可靠性。使用问卷测量成就动机的研究呈现出比 TAT 测量更清晰的结果。戴维·拉文的文献回顾中，有 6 项采用问卷的研究发现成就动机和大学生学业成绩呈现正向相关，其中 3 项使用爱德华兹（Edwards）个人偏向量表中的成就需求量表，另外 3 项采用一种愿望水平作为成就动机的指标。

近些年，成就动机与学业表现的相关性在许多研究中也得到验证。罗宾斯等人通过元分析发现，成就动机是较好的 GPA 预测因子。弗里德曼和曼德尔对 487 名大一学生使用需求评估量表（Needs Assessment Questionnaire，NAQ）进行调查，通过分层回归分析发现，动机因素是大一学年 GPA 的有效预测变量。泰莎·考德威尔对 202 名非裔美国大学生的研究表明，成就动机（使用成就动机量表，Achievement Motive Scale）与教育价值（Edu-cational Value）组合对于 GPA 方差变异的解释度达到 28.1%，性别、成就动机、教育价值三个因素组合的回归模型对 GPA 的解释度达到 42.1%,但只有追求成功的动机有显著作用,避免失败的动机没有显著影响。

学习动机与成就动机是两个关系密切的概念,学习动机是学生个人内部促使其从事学习活动、追求学习目标、获得学业成就的驱动力,在教育研究领域,两者可以通用。科姆卡拉朱等在大五人格与学业表现关系研究中引入学业动机,以 308 名本科生为被试者,完成大五人格量表和学业动机量表 (Academic Motivations Scale,AMS),回归分析的结果显示,严谨性和开放性解释了 17% 的内部动机,严谨性和外倾性解释了 13% 的外部动机,严谨性和宜人性解释了 11% 的动机缺乏。大五人格中的严谨性、宜人性、神经质、开放性解释了 14% 的 GPA 差异,完成事务的内部动机解释了 5% 的 GPA。严谨性是内部动机和 GPA 的部分调节变量,这表明具有完成事务内部动机的学生,可能会通过表现出更高水平的严谨性行为,比如更加自律、更加有组织、更加投入课堂、学习更加系统化,从而取得更好的学业表现。

费特等也认为大五人格不是直接对学业表现产生影响的,而以学业动机作为中介变量,以自我效能感作为调节变量。在高自我效能水平上,神经质对于学业表现有正向的非直接影响。在低效能水平上,神经质对学业表现有正向的直接影响,严谨性通过学业动机非直接地正向影响学业表现。

(六)自我效能

自我效能(Self-efficacy)概念来自班杜拉的社会学习理论,该理论的核心是自我效能信念有助于确定个人追求什么活动,他们在追求这些活动时付出的努力,以及他们在面对障碍时会坚持多久。班杜拉提出自我效能概念的论文被引用高达 2.5 万余次。自我效能概念在心理学家理解和预测人类行为的过程中占据了中心地位,在职业、咨询和教育领域都得到了广泛的应用。

自我效能被认为是学生学业成功和持久的有效预测因素。密尔顿进行的一项元分析表明,自我效能在不同的被试者、不同的实验方法和不同的评估方法下都被证明与学业表现存在显著的正向相关,平均能够解释 14% 的学业表现差异。罗宾斯等对 109 项研究的元分析也表明,自我效能是最好的学业表现预测因素(优于成就动机)。

凯米斯·马丁等探讨了学业自我效能和乐观对于大一学生学业表现的作用，他们以加州大学圣克鲁斯分校的学生为样本进行问卷调查，采集有效问卷256份，通过结构方程模型等进行分析，结论是学业自我效能直接与学业表现相关，间接地通过期望和应对直觉对课堂表现、压力、健康、整体满意度和继续就读的意愿产生影响。戈尔认同学业自我效能对学业表现的预测作用，但他认为预测效果依赖于何时进行自我效能测量，测量自我效能的哪些方面，以及要预测哪种形式的大学产出。

斯塔科维奇·亚历山大更加深入地分析了自我效能在大五人格与学业表现之间的关系，提出了三种理论模型：Trait模型、Independent模型和Intropersonal模型。Trait模型表示大五人格直接影响学业表现或通过自我效能的部分中介影响学业表现。Independent模型中，大五人格分别单独影响自我效能和学业表现。Intropersonal模型中，大五人格对学业表现的影响全部由自我效能调节。他通过2个国家3所大学共875个样本进行分析后发现，自我效能通过这些模型与学业表现相关，大五人格中的严谨性和神经质能够预测自我效能与学业表现。

（七）坚毅性

坚毅性（Grit）是由安吉拉·达克沃斯定义的一个观念。坚毅性可以通过量表来进行测量。坚毅性的主要特征是坚持不懈、对长期目标的热情像沙堆中的颗粒一样坚硬耐磨。通过多次的样本实证分析，达克沃斯发现坚毅性能够解释4%的成功差异，案例包括两个成人群体的教育成就（样本数分别为1 545和690）、美国西点军校两组学员的保持率（样本数分别为1 218和1 308），以及一个拼词比赛的排名（样本数为175）。安吉拉·达克沃斯认为，坚毅性与IQ并不存在正向相关，但与大五人格中的严谨性高度相关，坚毅性不仅显示了超越IQ和严谨性的对成功的预测效率，而且说明对于困难目标的成功不仅需要潜能，还需要长时间聚焦于保持潜能的应用。

安吉拉·达克沃斯探讨了坚毅性与学业表现之间的关系，以美国宾夕法尼亚大学心理学本科专业138名学生作为被试者，使用SAT分数作为一般智力的衡量标准，测试坚毅性是否比SAT分数更能解释更多的GPA差异。研究结果显示，坚毅性评分与 GPA 呈显著正相关（$r=0.25$）；当控制 SAT 分数后，坚毅性评分与 GPA 的关系更为强烈；坚毅性也与低 SAT 分数呈显著负相关（$r=0.20$），这表明"聪明的学生可能比他们的同伴更加不坚毅"。基于以上的研究发现，达克沃斯认为教育者应该鼓励学生以强度和毅力来获得成功。

积格和弗里曼研究了美国东北大学工程类学生坚毅性得分的差异性，发现女生的坚毅性得分高于男生；化学工程和机械工程专业学生的坚毅性分数最高，而计算机工程专业学生的得分最低；荣誉与非荣誉工程学生之间的坚毅性得分没有差异。

斯特雷霍恩探讨了一所以白人为主的高校中黑人男生的坚毅性对学业表现的影响。他发现，坚毅性得分高的黑人大学男生的学业表现要高于得分低者，并倾向于拥有更高的高中 GPA 和更高的 ACT 分数；大学成绩与坚毅性评分呈正相关（$r=0.38$，$p<0.01$），且略高于高中 GPA（$r=0.35$，$p<0.01$）和 ACT 分数（$r=0.23$，$p<0.01$）与大学 GPA 的相关性。由年龄、高中 GPA、ACT 分数、坚毅性得分、学生状态信息等变量构成的多元回归模型能够解释24%的大学 GPA 差异；坚毅性得分与高中 GPA、ACT 成绩对于模型的贡献度相当。

张文妮对一所私立精英高校 342 名学生的研究显示，性别、SAT 分数、种族和坚毅性得分能很好地预测第一年的 GPA，她建议高等教育管理者和教师应该培养学生的坚毅性以提升学业表现，通过学习策略介入、学术支持、学习经验、师生互动等方式提升和发展学生的坚毅性。

国内学者的研究中，魏怡和胡军生探讨了影响坚毅性人格的因素及作用机制，提出了深入探讨坚毅性的概念与结构、丰富坚毅性的测量方法和研究方法等建议。蒋虹和吕厚超通过对初中和高中 756 名学生的调查分析发现，坚毅性在未来时间洞察力的六个维度与学业成绩之间起中介作用，但各不相同。林宛儒和刘建榕对 766 名初中生进行研究，发现青少年的坚毅性和抑郁之间存在显著的负相关，自尊对坚毅性与抑郁的关系起部分中介作用。

（八）情绪智力

情绪智力（Emotional Intelligence，EI）是指能够精确评价情绪、理解情

绪和使用情绪去帮助思考的能力。测量情绪智力的问卷主要有两种：Bar-on
问卷和 Schutte 问卷。巴昂·鲁文发现在学业成功、一般和不成功学生的 EQ-i
量表中 15 个子项的得分存在显著差异。舒特等人发现 33 个问题的自我报告
量表的得分与大一学生的成绩之间存在显著的相关性，相关系数为 0.32。

弗洛斯进行了一项研究，目的是确定情绪智力（通过 Bar-On EQ-i 问卷）、
学业表现（通过累积 GPA）和实训表现（通过运动训练教师的评分）之间是
否存在关联，被试者是 77 名体育训练教育本科专业大三或大四的学生。情
绪智力则被认为是体育训练教育专业的核心能力，包括内部和人际的技能、
适应性、压力管理和一般情绪，但该研究没有发现 EQ-i 得分与实训表现评
价之间的显著关系，但 GPA 与实训表现存在中度相关性。

赛义德·拉杰弗等采用简单随机抽样的方法选择了 291 名博士研究生作
为样本，通过 Bar-On EQ-i 量表和 McCRAE 人格特质量表采集数据。结果显
示，情绪智力和人格特质都与学业表现有显著的正向相关性。人格特质中的
严谨性和开放性可以预测学业表现、情绪智力和能力，如调节情绪的能力、
解决问题的能力、内部能力、人际交往能力与学业表现密切相关。这个结果
表明，情绪智力和人格特质可以用于学生的入学审核。

克里斯托弗·托马斯探讨了情绪智力、认知考试焦虑和应对策略对于本
科生学业表现的影响，对 534 名大二、大三年级的被试者填写 Schiute 情绪
智力量表（Schutte Emotional Intelligence Scale）XC PE 问卷（COPE
Inventory）和认知考试焦虑量表（修订 Cognitive Test Anxiety Scale-Revised），
同时获取学生的 GPA 数据；在控制第一年 GPA 后，分析影响四年 GPA 的变
量。研究结果显示，认知考试焦虑和情感面向的处理策略是学生长期学业
表现的显著预测因素。认知考试焦虑和情感面向处理策略的增长与四年 GPA
的降低是关联的。

巴查德通过多种量表从认知领域、人格领域及情绪智力等维度对 150 名
被试者进行分析，认为不经过预筛选的情绪智力量表测量的结果对于预测学
业表现是没有作用的，尽管有些情绪智力（比如对于情绪理解的测量）与学
业表现有一定的相关性，但在认知因素和人格因素基础上，加入情绪智力因
素并不能提高学生学业表现的预测效率。

四、学生投入对学业表现的影响

（一）全美大学生投入调查问卷

全美大学生投入调查问卷得分应该是学业表现较好的预测因素。根据学生投入理论，学生的全美大学生投入调查问卷得分越高则学业表现就应该越好，但实际结果与预期并不一致。罗伯特·卡里尼和乔治·库等发现全美大学生投入调查问卷 11 个分量表中有 5 个是 GPA 的显著预测因子，但没有一项能解释超过 1.8% 的 GPA 方差变异，可见全美大学生投入调查问卷得分对 GPA 的预测作用不如预期。戈登发现全美大学生投入调查基准分不能作为学习产出的有效预测因子，当将学生全美大学生投入调查基准分加入回归模型预测 GPA 时，全美大学生投入调查基准得分仅能解释不超过 2.4% 的 GPA 方差变异。

福乐等分别对 2 578 名大一学生、2 292 名大二学生的单年全美大学生投入调查数据和 127 名学生的纵向全美大学生投入调查数据与 GPA 的相关性进行分析。在单年数据中，全美大学生投入调查问卷中的学业挑战水平只能解释大一学生 0.8% 的 GPA 差异，积极和协作学习只能解释大二学生 0.1% 的 GPA 差异；在纵向数据中，学业挑战水平和学业挑战水平的变化程度能共同解释 2.3% 的 GPA 差异。他认为，全美大学生投入调查不能有效预测 GPA 的原因有这样几个：全美大学生投入调查要求学生回答的是关于大学能力的更宽泛的相关问题，通过这些问题难以预测绝对数量化的 GPA；全美大学生投入调查采用学生自我报告的方式采集数据，在采集学生主观教育收获等问题上存在局限性；采集时间段上也存在问题，全美大学生投入调查代表学生在某一时刻的状态，而 GPA 是随着年级增长而不断变化的；还有一些被试者始终不响应全美大学生投入调查。

虽然全美大学生投入调查问卷对于直接预测学业表现的作用有限，但学生投入理论对于预测学业表现的指导作用不会变，可以分析学生投入活动的各个维度，分别探讨其对学业表现的影响，比如时间管理、师生互动、社团参与等。

（二）时间管理

时间管理在提高学生的学习表现中起着至关重要的作用。梅纳兹·考萨尔认为，每个学生都应该具有时间管理能力，包括设定目标和优先次序，运用时间管理机制（如"工作列表"），以及有效地组织时间。麦肯等运用时间管理行为量表（Time Management Behavior Scale）对165名学生进行问卷调查，采集了包括时间管理行为、态度、压力和自我感知的表现，以及GPA等数据。结果显示，最强的预测因子是对时间控制的感知，那些能够感知控制时间的学生，报告了更高的对自我感知表现的评价、更高的GPA、更高的工作和生活满意度和更低的任务压力。

特鲁曼和哈特利运用时间管理量表对293名大一心理学专业学生进行调查发现，女生的时间管理技能要显著高于男生，大龄组（大于25岁）学生的时间管理能力要显著高于小龄组（小于21岁）和一般组（21～25岁），学业表现与时间管理能力存在中度的相关性。阿尔沙亚等对89名沙特医学院学生的研究也验证了学业表现与时间管理能力的中度相关性（$r=0.331$）。

（三）师生互动

阿斯廷等认为，学生与教师的交流是学生投入的一个重要方面，师生互动越频繁，学生投入越多。科马拉等从美国中西部某中等规模公立大学抽取242名学生进行调查，通过师生互动量表、学业动机量表和学业自我概念量表等采集数据，结果显示学生的学业自我概念、内部动机、外部动机，以及GPA都与师生互动的某一或某几个方面有显著的相关性。那些认为教师平易近人、值得尊敬和能够经常在课堂外联系老师的学生，对自己的学业能力更加自信，更容易被激发，师生互动为学生提供了更多讨论课程、答疑和了解教师科研领域的机会，与教师的非正式交流也激发了学生对，于学习过程的兴趣和信心。

坎贝尔等研究了学生导师计划对学生学业表现和学生保留的影响。研究采用配对设计，样本为339对分配导师和未分配导师学生。研究结果表明，分配导师组学生的GPA更高，每学期能完成更多学分，辍学率更低，师生互动次数与 GPA 呈正相关，学生学业表现和学生保留与导师的性别、种族、受教育程度、性别和民族等均无关。安纳亚和科勒抽取 CSEQ（大学生就读经验）问卷中来自 30 所大学的 836 名拉丁裔大学生的问卷数据进行分析，也发现师生互动的质量、与教师交谈和课后非正式的师生联系是预测学业表现的有效因子。

但是，对于师生互动与学业表现关系的研究也存在不同的结果。约翰·本和乔治·库对一所研究型大学的 1 096 名大一和大二学生进行调查，结果显示学业表现与非正式的师生互动之间并没有很强的相互作用。GPA 受高中成绩和学业整合的影响最大，而师生互动对于导师的联系、课堂交流和校园社团成员的影响最大，男生和女生，大一、大二学生受师生互动的影响作用也不相同。

（四）同辈影响

同辈影响的研究主要是从舍友对学生学业表现的影响角度来进行的。戴维·齐默尔曼对威廉姆斯学院学生进行准实验研究，将学生依据学业能力随机分配宿舍，结果显示，SAT 成绩中等的学生与 SAT 口语成绩处于后 15% 的学生成为舍友，则其学业表现相对更差；SAT 成绩较好的学生较少受舍友的影响。布鲁斯·萨切尔多特对达特茅斯学院学生的研究结果表明，在宿舍随机分配的前提下，舍友高中成绩等对大一学生 GPA 有较小的显著正向影响。张羽等对清华大学 5 个年级的本科生的研究表明，同班同学的学习能力对学生学习成绩有非常重要的影响，其显著性和影响力度受室友的影响，女生比男生更容易受周围同学的影响。

（五）参与社团

国外对于学生参与社团对学业表现的影响主要聚焦于学生对大学生联谊会、兄弟会、姐妹会的参与。帕斯卡雷拉等基于"美国全国学生学习研究"的研究表明，参与大学生联谊会对于大一学生的学业表现存在负向影响，建议将大学生联谊会的入会时间调整至第二学期或者大二。20 年后，帕斯卡雷拉等又对 18 所不同类型高校的 3 331 名本科生进行调查研究，发现大一学生参加大学生联谊会对于学业表现仍存在负面影响，其中男生在阅读理解、数学、批判性思考、综合成绩等四个方面存在负相关，女生在阅读理解和综合成绩两方面存在显著负相关，与不参加大学生联谊会的学生相比，男生学业成绩低 7.72%，女生学业成绩低 4.97%。法利·格鲁布的研究发现，在控制了性别、专业等变量后，SAT 分数中口语分数高但数学分数低的学生更愿意参加大学生联谊会，但参加大学生联谊会对于累积 GPA 有 1%～10% 的负向影响，男生所受影响要高于女生。安得烈·多纳托等的研究结论也相似。

对于大学生联谊会与学业表现关系的研究也有不同的声音。加里·派克的研究发现，参加大学生联谊会的学生比不参加的学生拥有更高水平的社会投入和一般能力的提升，但没有显著低的学业投入、学校体验和数学逻辑推理能力。德巴德和萨科斯对于 17 所大学 45 000 名学生的研究发现，参加大学生联谊会的男女生都比不参加的学生大一学年的平均 GPA 高，而且获得的学分多，但是秋季入会（大一上学期）学生的平均 GPA 要显著低于春季入会（大一下学期）的学生，他建议推迟学生加入大学生联谊会的时间。

（六）参与体育运动

对于参与体育运动对学业表现的影响作用有不同的研究结果，有的研究者报告有正向的作用，有的研究者认为是负向的作用。费尔南多·穆尼奥斯—布兰等分析一所西班牙大学 2008—2014 年的学生数据，对参与体育运动的学生和未参与体育运动学生的学业表现进行比较，结果显示参加体育运动与高学业表现相关。他认为，参与体育运动除了对健康有利之外，也促成了学校所期望的学业表现目标。

杰米·阿维以 1 600 名大学生为样本，采用非参数检验和描述性统计方法，研究了体育活动模式（适度运动、剧烈运动和力量训练，以及是否达到体育活动标准）与 GPA 的关系。结果表明，GPA 高的女性比 GPA 低的女性参与更多天数的适度运动，但该研究没有发现 GPA 与体育活动模式存在显著的相关性。杰米·阿维认为，问题在于数据是通过自我报告的方式采集的，存在一定的不准确性，应该通过测量大学生实际的体育活动水平和 GPA 来进行进一步研究。

（七）拖延症

拖延症，通常被定义为一种自愿的、非理性的行为延迟，是在大学生中普遍存在的现象，80%～95%的大学生都有拖延症的症状。拖延症与学业表现之间也存在着一定的相关性。一些研究者认为，拖延症对于学业表现有负向的影响，拖延症导致的时间压力会降低学业的准确度和时效性，从而出现较低的学业成绩或课程不通过的情况。

纳格什·拉克什米纳拉扬等以印度一所医科大学的 209 名大二至大四学生为样本，通过一个包含 16 个问题项的问卷来测量拖延症的水平，研究结果表明，拖延症水平与学业表现之间呈显著的负相关，相关系数为 – 0.63。

金建荣等对 33 个探讨拖延症与学业表现之间相关性的研究进行元分析，发现拖延症与学业表现总体呈负向相关性，这个关系会受自我报告量表使用的干扰，因为通过自我报告量表获得的拖延症水平可能会与真实的拖延症水平之间存在较低的相关性。

拖延症可以分为被动拖延症和主动拖延症。被动拖延症的测量使用布鲁斯·塔克曼开发的包括 16 个问题项的拖延症量表，主要问题包括"我无意义地拖延完成工作，即使它们特别重要""我总是为不做某些事情找到借口""我是个不可救药的浪费时间的人"（该量表的信度是 0.89）。对主动拖延症的测量使用崔和摩根开发的量表，包括四个维度 16 个问题：取得满意结果的能力（如"如果我以较慢的速度完成任务，我会取得更好的结果"）、时间压力，当我不得不匆忙赶上最后期限时，我感到很沮丧）、对拖延决策的认知（"为了更有效地利用我的时间，我故意推迟一些任务"）、满足最后期限的能力（"我经常在最后一刻开始做事，发现很难完成"反向计分），该量表的信度是 0.77，四个维度的信度为 0.76～0.860 基姆等的研究分析了主动拖延症、被动拖延症与大五人格和学业表现的相关性，以 178 名瑞士大学生为样本，发现外向性和神经质与主动拖延症相关，主动拖延症预测 GPA 的效率比大五人格和被动拖延症的预测效率高。

（八）饮酒、吸烟与睡眠

阿斯廷于 20 世纪 60—70 年代和 20 世纪 80 年代组织了两次 CIRP 调查

项目，把饮酒、吸烟和熬夜的学生定义为"享乐主义者"（Hedonism）。调查数据显示，大学生饮用白酒的比例从 1966 年的 39.9%增加到 1970 年的85.2%，增加近一倍；饮用啤酒的比例从 56.5%增加到 84.4%，增加近 50%；吸烟人数比例从 36.6%增加到 46.4%，增加近 25%；熬夜人数比例 1970 年比1966 年下降 7.1%。1966 年与 1970 年表现出享乐主义者行为学生的相关系数是 0.47，超过平均水平增长的是男性、天主教徒和父母教育水平较高的学生；低于平均水平增长的是女性、大龄学生和宗教性上得分高的学生。在学校住宿的学生比与父母同住的学生表现出更高的享乐主义行为增长率，这得归因于大学生活对学生行为的影响。在 1985 年与 1989 年的数据比较中，大学生饮酒的比例从 66%增长到 73%，经常抽烟的比例从 7.2%增加到 8.3%，熬夜比例从 75.4%降低到 67.2%。一些投入变量与吸烟行为呈现负相关，比如修读数学类课程数、参加运动或活动数以及大学 GPA。本书的研究从饮酒、吸烟和睡眠三个维度对相关文献进行回顾，探讨其对大学生学业表现的影响。

1. 饮酒

阿特格尔和邦丁克斯对比利时鲁汶大学的 3 518 名大一学生进行问卷调查，其中酒精滥用者占 10.4%，酒精依赖者占 3.6%，这 14%的学生比正常学生增加了 25%的学业失败可能性。罗伊斯·辛格尔顿的研究详细探讨了酒精使用与 GPA 的关系。他对 754 名文理学院学生（其中有 392 名女生）进行调查，采集饮酒量、性别、种族、父母教育水平、高中 GPA、SAT 得分、大学 GPA 等信息，并进行相关分析，结果显示饮酒量与 GPA 呈现显著负相关（相关系数为 -0.26）。通过普通最小二乘法进行 I 回归，结果显示性别和参加聚会解释了 43%的饮酒量差异，参加学术课程和父母收入水平对于饮酒量有非直接的正向影响。饮酒量仍然是 GPA 的显著预测因子。他认为，饮酒量差异是受大学环境和个人因素的影响。

奥辛和阿列克塞维奇对欧洲 3 所大学的 46 名学生进行调研，发现饮酒者的 GPA 在 4 个学期比不饮酒者低，饮酒行为降低了学生的学业表现。沙什瓦特·梅达等对美国一所大学的 1 142 名学生进行为期 2 年的跟踪调查，让学生每个月填报酒精使用问卷，结果发现酒精使用影响大脑结构和功能，削弱决策能力和记忆，通过对学生的酒精使用情况进行聚类分析，中度至重度的酒精使用者拥有显著低的 GPA。

2. 吸烟

川根和松岛对日本川崎医学院医学专业五年制大学生吸烟状况与学习表现的关系进行了为期 2 年的数据调查。学生依据学业表现被分为两组：直升组（正常通过五年考核）和延迟组（至少一次留级）。在直升组中，男大学生 2 年的吸烟率分别为 48.9%、39.1%，而延迟组分别为 80.6%，65.4%。女大学生中，直升组 2 年的吸烟率分别为 8.7%、9.1%，延迟组分别为 25%，37.5%。这个结果表明，吸烟率与较低的学业表现是有关联的，需要进行更积极的禁烟教育，以降低学生的高吸烟率。

胡赛因等研究了不吸烟的青少年接触二手烟与学业表现的关系，通过对 23 052 名年龄在 11～20 岁的不吸烟学生进行问卷调查，记录学生学业表现、家庭每周接触二手烟天数、家中吸烟者数量及与学生的关系、社会人口统计学特征等数据。研究结果显示，与未接触二手烟的学生相比，在家中每周 1～4 天和 5～7 天接触二手烟的学生分别有 14%（95% 置信区间，5%～25%）和 28%（15%～41%），报告了较低的学业成绩；与 1 个、2 个和大于 3 个吸烟者同住，比与不吸烟者同住的学习表现低的概率更高，分别是 10%（0.1%～20%）、43%（23%～65%）和 87%（54%～+27%）。这说明，接触二手烟与不吸烟的青少年的学业表现呈现相关性，在家庭中接触二手烟对学生的学业表现影响更大。

对于吸烟与学业表现的相关性也有不同的研究结果。沃博敦等从三个方面对大学生中吸烟者和不吸烟者的学业表现进行了比较。尽管吸烟者和不吸烟者通过第一年大学考试的百分比相同，但吸烟者取得了明显的高分。同样，吸烟者比不吸烟者在大学最后一年考试中取得的成绩明显要高，他认为学生吸烟是因为相信能帮助他们学习和保持注意力。

3. 睡眠

托克尔等从一所私立大学中随机抽取 200 名学生进行健康行为与学业表现关系研究，采集了运动、饮食和睡眠习惯、压力感知、每周兼职时间、情绪状态等数据，通过相关分析和逐步回归分析等方法进行研究，结果表明，睡眠习惯尤其是起床时间对 GPA 差异的解释力最强，晚起床时间与较低的学业表现关系密切。

辛格尔顿和沃夫森采用随机抽样的方法，对某文理学院 236 名学生（其中 124 名女性）进行问卷调查，采集酒精消费量、就寝与起床时间，以及白天嗜睡等数据，其中 95%的样本准许获得官方记录的 GPA 和 SAT 得分数据。对这些数据采用普通最小二乘法进行回归分析，结果显示，饮酒是四种睡眠模式的一个重要预测因子，能够解释睡眠持续时间、入睡时间、工作日和周末夜间睡眠时间（睡眠过度）的差异，以及工作日和周末睡眠之间的差异。女性和入睡迟的学生更容易报告白天嗜睡。当其他变量被控制后，SAT 得分是 GPA 的最强预测因子，性别、饮酒、睡眠持续时间和白天嗜睡也是 GPA 的重要预测因子。除了发现饮酒与 GPA 有直接相关外，中介分析还表明，酒精对睡眠和 GPA 有间接的影响。

埃利亚松等关注了总睡眠时间和睡眠习惯对学生学业表现的影响。他们通过问卷收集详细信息，包括睡眠习惯、缺少睡眠的原因、午睡习惯和学业表现等。研究结果表明，高学业表现者比低学业表现者呈现出更明显的早睡早起特征。高学业表现者中，午间小睡习惯更加普遍，但是两组之间的总睡眠时间、有无小睡习惯、周末睡眠习惯、学习时间、性别、种族、熬夜原因、是否使用咖啡因饮料等没有显著差异，睡眠习惯比总睡眠时间和其他因素与学业表现之间的相关度更高，因此应针对睡眠习惯制订计划，以提升学业表现。

雷马等在两所埃塞俄比亚大学中通过多级抽样程序选出 2 143 名大学生（471 名女生，1 672 名男生）作为样本，通过问卷收集匹兹堡睡眠质量指数，并探讨睡眠质量与学业表现的相关性。结果显示，拥有更好睡眠质量的学生能够取得更佳的学业表现。同时，每天睡眠时间为 6～7 小时的学生比低于 5 小时和高于 7 小时的学生有着更好的学业表现。

戈麦斯等对葡萄牙 1 654 名 17～25 岁的大学生（其中 55%为女性）进行调查，被试者被要求填写一个关于睡眠、学业、生活方式和幸福感的问卷。对于问卷数据的单因素分析发现，睡眠阶段、早睡早起/晚睡晚起倾向、睡眠缺乏、睡眠质量和睡眠不规律等与学业表现均存在显著相关。他们通过逐步多元回归分析方法，从 15 个预测因子中确定了 5 个学业表现的显著预测因子：先前的学业成就、班级出勤率、自我报告的充足睡眠频率、夜间外出和自我报告的睡眠质量。

巴哈曼等在沙特阿拉伯国王大学医学院进行了一项评价睡眠习惯、睡眠时间与学业表现关系的研究，通过系统随机抽样选取大一、大二、大三年级学生共 410 名（其中男生占 67%），问卷采集信息包括基本信息、睡及醒的时间、睡眠习惯、睡眠时长。该研究使用 EPWORTH 睡眠量表来评估 F1 间嗜睡，学业表现被分为"优秀"和"一般"两组。410 名学生中，28% 的学生学业表现为"优秀"，72% 的学生学业表现为"一般"。研究结果显示，学业表现"一般"组学生的 ESS 得分更高，并且有更高比例的学生在课堂上感到瞌睡；学业表现"优秀"组的学生有更早的就寝时间。通过逻辑回归分析，获得充足睡眠的主观感觉和不吸烟是学业表现"优秀"的显著预测因子。

高尔特尼通过一个睡眠障碍问卷获取了美国东南部一所公立大学 1 845 名大学生一学年（2007—2008 学年）的睡眠数据，结果显示，20% 的学生至少有一种睡眠障碍，非洲裔和亚洲学生与白人和拉丁美洲学生相比，失眠风险相对较低。患有睡眠障碍的学生处于学业危险的较多。

海莉等评估了 DIMS（Difficulties Initiating and Maintaining Sleep，启动和维持睡眠困难）与学业表现之间的关系，有 12 915 名挪威大学生参加了调查。通过 HSCL-25（Hopkins Symptoms Check List）来评价 DIMS 得分，结果显示，高的 DIMS 得分与课程不通过、学习进程延迟和低自我效能显著相关。

格雷和沃森探讨了人格因素与睡眠、学业表现之间的关系，以美国艾奥瓦大学的 334 名学生为样本，通过 NEO-FF1 大五人格问卷、匹兹堡睡眠质量问卷进行调查，并采集学生学业表现和近期睡眠数据。研究结果显示睡眠质量能够维持好的心理状态，睡眠计划与大五人格中的严谨性显著相关，严谨性得分高的学生有着更早的入睡时间和更高的学业表现。

（九）社交网络及手机使用行为

1. 社交网络使用行为

大学生中社交网络使用已经是普遍现象，对美国 126 所大学和加拿大 1

所大学共 36 950 名学生的调查显示，90%的学生使用社交网站，其中 97%的人使用过 Facebook。基施纳等以美国某中西部大学的 219 名学生（102 名本科生，117 名研究生，其中男生占 39.7%）为样本，通过问卷采集个人信息（年龄、学校排名、专业）、学业信息（GPA、学业时间、课外活动参与）、计算机及网络使用（计算机操作熟悉度、网络使用时间）、Facebook 使用情况（每天使用 Facebook 时间、参加群组数及应用程序使用），以及学生关于 Facebook 使用与学业表现关系的主观感受，通过方差分析发现，Facebook 使用组与不使用组的 GPA 存在显著差异，使用组学生的 GPA 相对更低（平均值分别为 3.06 和 3.82），每周平均学习时间更少（平均值分别为 1.47 和 2.76）。

洪科对更大样本（样本数为 1 839）的大学生进行问卷调查，通过分层线性可归分析 Facebook 使用频率、参与 Facebook 活动的次数、课堂准备时间与 GPA 之间的关系，结果显示，在 Facebook 花费的时间与总体 GPA 呈显著负相关，对大学 GPA 差异的解释力相当于高中 GPA 对大学 GPA 解释力的一半。

奥布莱恩研究了本科生互联网和 Facebook 的使用模式与学业表现之间的相关性。160 名大学生完成了一个在线调查，这项调查测量的是关于互联网和 Facebook 使用的频率、时长、强度和对学业表现的影响。结果显示，大学生使用互联网主要在学业（每天平均 1.82 小时）和休闲性（每天平均 2.5 小时）活动上。96%的学生每天花在 Facebook 上的时间是 2 个小时，基本是一半的网络使用时间和 80%的休闲时间。回归分析的结果显示，本科生互联网和 Facebook 使用模式与学业表现之间没有显著的相关性，这与之前的关于互联网和 Facebook 使用模式对学业表现产生负向影响的结论不一致。尽管 GPA 不受互联网和 Facebook 使用模式的影响，但问卷调查的结果表明，网络使用行为的确对学习过程有影响。大部分学生相信网络使用行为分散了他们的学习注意力，导致拖延症的出现，占用了原本可能会用来学习的时间。大部分学生说他们能够控制网络使用行为，不对学业产生影响，但也有一部分学生说他们不能够控制网络使用行为。

刘东和基施纳等通过元分析探讨了社交网络使用和学业表现之间的关

系，对包含 28 个案例（总样本为 101 441）的关于社交网络使用和学业表现关系的文献进行定量研究，结果显示，社交网络使用与学业表现之间存在显著的负向相关，且在大学女生中更为显著。

2. 手机使用行为

在技术世界中，智能手机已成为每个人生活的重要组成部分。费利索尼和戈多伊进行过一个实验，探讨学生每天的智能手机使用时间与学业表现之间的关系，并开发了一个 App 应用来测量手机使用时间。他们获取了巴西一所学校商学院 43 名学生的手机使用数据，经过研究发现，在控制已知的学业表现预测因素后，手机使用时间与学业表现之间存在显著的负向相关，每天多 100 分钟的手机使用时间，能使学生的成绩排名降低 6.3%，这证明过量的手机使用存在潜在危害。

阿罗巴阿扎姆汗对巴基斯坦 2 所私立大学的 360 名 19～24 岁学生进行问卷调查，对问卷调查数据进行线性相关分析和回归分析。结果表明，智能手机成瘾与学业成绩存在负向相关关系，具有良好时间管理技能的学生能比那些时间管理技能差的学生获得更高的 GPA。萧文焕研究了一所马来西亚大学学生的智能手机使用与 GPA 的相关关系，来自 3 个专业的 176 名学生记录了他们每天的智能手机使用情况。研究发现，智能手机使用存在专业差异，智能手机使用越多则 GPA 越低。总体而言，智能手机的使用，特别是智能手机成瘾与学业表现呈现负相关。

第二章 学习理论在学业指导中的应用

第一节 学习概述

一、学习的含义

一说到"学习",相信大家都不会陌生,当你打开本书进行阅读时,就已经开始了学习。然而,你也可能会对学习产生一些误解,把学习限定在学校学习范围内。一般来说,学习具有广义和狭义之分。学校学习属于狭义的学习,广义的学习是指由经验(或实践)引起的个体知识或行为的相对持久的变化。

学习是一个极其复杂的过程,在讨论学习及其规律之前,需要对什么是学习进行界定和辨别。第一,行为的变化不等同于由学习所导致的变化。学习所产生的变化是由经验反复作用引起的,而非由本能、疲劳、适应和成熟等其他原因引起的。由学习引起的行为变化比较持久,并且会使行为水平提高;而由疲劳、创伤、药物、适应所引起的行为变化都比较短暂,并使得行为水平降低;而由成熟所带来的变化要比学习所带来的变化要慢得多。成熟往往与学习相互作用,引起行为的变化。第二,学习导致的变化不一定能够立即反映在外显的行为上,有时也需要经过长时间才能表现出来,因此,学习导致的变化不仅包括行为变化,还包括行为潜能的变化。第三,学习所带来的行为变化往往要通过行为表现出来,但学习与表现不能等同。表现容易受情境性和个体差异性影响,不能只依靠个体的表现判断学习与否。第四,学习包含的范围广泛，它不仅是人类普遍具有的，也是动物所具有的。学习不仅指有组织的知识、技能、策略等学习，也包括态度、行为准则等的学习，既有学校的学习，也包括从出生以来就出现并一直持续终身的日常生活中的学习。

二、学习的种类

由于学习范围广泛，为了更好地对学习规律进行研究和讨论，研究者们从不同的角度对学习进行了分类。

第一，根据学习主体不同，可分为动物学习、人类学习和机器学习。动物学习属于消极被动适应环境变化的学习。人类学习则更具有主动性和积极性，不仅为了适应环境，也包括主动认识世界和改造世界。机器学习是随着人工智能技术发展新兴起来的一种学习类型。机器学习模拟人类神经系统的分层结构和功能，借助算法使系统能够不断对环境进行特征提取，获得对环境的识别并做出反应。对于教师教育领域，重点关注人类学习的规律。但是，随着人工智能技术应用领域的扩展，机器学习将对人类未来的学习和教育模式产生深远影响。

第二，认知心理学家加涅 1965 年根据学习由简单到复杂、由低级到高级把学习分为信号学习、刺激—反应学习、连锁学习、言语联想学习、辨别学习、概念学习、规则学习和问题解决学习八个层次。这一划分可以帮助教师分析教学内容的难易程度，并据此制订不同的教学计划。

20 世纪 70 年代，加涅在此基础上提出一个系统分类，根据学习内容和学习结果将学习分为言语信息、智慧技能、动作技能、认知策略和态度学习五种类别，其中前四项属于能力的习得，第五项属于学习倾向。言语信息学习是对事物"是什么"的学习，包括事物的定义、属性等相关描述性、事实性信息的学习。智慧技能学习是指对问题解决技能，即"怎么做"的学习。动作技能的学习是指个体对动作模式的学习。认知策略学习是指学习者对如何调控注意、记忆和思维等自身内部认知能力，以保证学习顺利进行的相关策略的学习。态度学习是指使学习者对人、事和物产生某种情感、态度或价值评价的学习，如德育教育，以及学习兴趣的培养等。根据教育心理学家的研究，不同的学习内容和学习规律有着不同的特点，教师在教学时要遵循这些学习规律，才能够实现学习目标。

第三，认知心理学家奥苏贝尔根据两个维度对学习进行划分。一个维度是学习的形式，分为接受的学习和发现的学习；另一个维度是学习的性质，即学习材料与学习者原有知识的关系，可分为机械的学习和有意义的学习。这两个维度互不依赖，彼此独立。每一个维度都存在许多过渡形式，其具体的组合可见图 2-1。学习性质不同，学习方法也存在差异，学生在学习中所扮演的角色也不同。在学习新知识时，意义学习需要将新知识与旧知识进行联系，而机械学习则是简单地对新知识进行机械复述。而从接受学习向自主发现学习的过渡中，教师和学生的主体地位也在发生变化。在接受学习中，教师是学习的主体，学生只能被动地接收教师传授的知识。而在发现学习中，学生成为学习的主体，通过问题引导，学生经过自己的观察和研究，发现事物内在的联系或规律，获得新知识。意义学习使学生对知识的掌握更加牢固，发现学习能够使学生对知识的理解更加深刻。之后的学习理论介绍中，还会对这些学习类型和对应的学习方法进行详细阐述。

图 2-1　奥苏贝尔的学习分类及其示例

第四，根据规划程度可分为正式学习与非正式学习。正式学习指在学校的学历教育和工作后的继续教育中发生的学习，是通过课程、教学、实习，以及研讨等形式进行的。非正式学习指由学习者在自主地、在非正式的学习时间和场合，通过非教学性质的社会交往而进行的学习，如家庭中父母说教、旅游观光、网络通信和聊天、观看电视与电影等。非正式学习可随处进行，不需要专门的教室，不存在鲜明的组织性和制度性，可以发生在工作场所、博物馆、科技馆、动物园、植物园、水族馆、社区中心，以及运动场等。

三、学习与发展的关系

学习是有机体赖以生存的重要能力。一方面，个体的发展离不开学习。学习不仅能够帮助个体获得对环境的认识，趋利避害，还能够促进个体生理和心理的发展。大量的研究发现，在人或动物初生时，神经元如果得不到使用，其功能和相关联结通路就会消退。相比于处在贫乏环境中的老鼠，在丰富刺激环境中的老鼠的大脑神经发育更健全。如果对初生的动物剥夺某方面的刺激作用，其相应的感觉器官的发育和成熟就会受到影响。这些研究结果证明，没有环境的刺激作用及学习活动，正常的成熟和发展是难以进行的。学习激发神经系统的发展，进而促进个体感知觉、注意、记忆、思维和语言等认知能力的发展。

另一方面，个体的学习能力也受限于个体的发展水平。个体的生理结构和机能为学习提供了可能性。首先，脑发育水平对个体的认知能力、情绪调节能力及执行和控制能力产生影响，进而对个体的学习能力产生影响。在儿童和青少年时期，大脑负责高级认知和执行控制功能的前额叶发展还不成熟，这会使小学低年级儿童难以理解抽象概念，并且在执行计划、自我监督、自我调节和自我控制方面也比较薄弱。此时，教师需要采用更多具体、形象的例子帮助其理解抽象概念，并增加一些指导和学习辅助工具帮助其完成学习任务。对于正处于生理发育第二高峰的青少年，其大脑前额叶的发展仍不成熟，又受大脑感官奖赏刺激和情绪体验相关的神经系统的影响，倾向于追求感官刺激和体验冒险活动，情绪波动也较大，这些都会对青少年的学习产生影响。其次，大脑发育的敏感期也会对学习能力产生影响。大脑发展敏感期又叫发展关键期，是指在大脑发育过程中，存在某一时期，大脑对某种类型的信息输入产生反应，以创造和巩固某一特定神经网络。此时，相应的神经系统可塑性大，发展速度特别快，与此相应的某种能力就更容易形成和培养。过了这一时期，虽然大脑的塑造作用还在继续，但是个体的学习则比较困难，需要花更多的时间和精力。相关研究发现，人的视觉功能发展的敏感期大约在幼年期；对语言学习来说，音韵学习的敏感期在幼年，而语法学习的敏感期则大约在 16 岁以前；运动发展的敏感期在 6 岁以前；数学—逻辑能力的敏感期在 1～4 岁之间；情绪控制能力的敏感期在 3 岁以前；器乐演奏能力的敏感期在 3 到 10 岁之间。因此，个体发展在哪一阶段学习什么、从何开始都要以学习者相应成熟为条件。再次，生理发展的个体差异也会对个体学习表现差异产生影响。由于每个人的生理发展水平存在快慢差异，因此，每个人的学习表现也会呈现出差异。对于教师而言，对教学目标的制定和教学方法的采用都要遵循发展的规律，考虑学生的发展水平，不可揠苗助长。同时，教师也要正确对待学生的学习反应，认识到个体发展的差异对学习表现差异的影响，能够因材施教，给予学生积极的反馈。

该如何进行学习、什么是有效的学习，不同的理论将会给出不同的答案，本章接下来将对各种学习理论及其应用进行详细介绍。

第二节　行为主义的学习理论

行为主义是心理学的一个重要流派，其思想起源于 20 世纪初的美国。行为主义主张心理学应该研究可以被观察和直接测量的行为，反对研究"看不见"的意识。行为主义认为人和动物行为的产生皆是由环境中的刺激所产生的反应，环境对人的发展起着重要的作用。因此，受行为主义影响的学习观认为学习的结果是行为的变化，他们对学习的解释聚焦于外部事件。行为主义认为知识是一成不变的，学习的实质是通过刺激—反应建立联结获得对事实、技能和概念的认识。教师在学习中扮演管理者、监督者的角色，负责纠正学生的错误答案；而学生在学习中只需要被动接收信息。

一、经典条件作用论

（一）非条件反射和经典条件反射

在日常生活中，我们有很多无意识的、自动化的反应，比如当针刺痛手指时，手指会缩回来；当有物体快速地接近某人时，某人会躲开；吃东西的时候口腔会分泌唾液；还比如膝跳反应。这些反应是人天生就有的，是当相关的刺激出现时，自然而然产生的本能反应，这种反应被称为非条件反射。非条件反射主要包括不随意行为和情绪反应。而这些能够直接引发非条件反射的刺激则被称为非条件刺激。相反地，那些无法直接引发非条件反射的刺激就被称为中性刺激。

到了 20 世纪 20 年代，生理学家巴甫洛夫在研究狗的消化系统时有了意外的发现。巴甫洛夫在测量"狗在喂食后多长时间会分泌唾液"时，发现狗分泌唾液的间隔时间是不断发生变化的。开始喂食的时候，狗会在预期的时间内分泌唾液；接着，只要它们一看见食物就可以分泌唾液，再后来，只要一听到科学家走进实验室的脚步声，它们就开始分泌唾液。于是，巴甫洛夫决定先放下之前的研究计划，转而研究影响狗唾液分泌时间的因素。在巴甫洛夫的一个实验中：他先敲击音叉，然后记录狗的反应。这种情况下，音叉响声是一个中性刺激，因此并没有观察到狗分泌唾液。紧接着，巴甫洛夫给狗喂食，狗分泌了唾液。食物引起的唾液分泌是自然发生的，二者之间的联系是自然建立的，不需要训练或先前的条件。这时，唾液分泌是无条件反射，食物是无条件刺激。之后，巴甫洛夫希望使用食物、唾液分泌和音叉这三个要素得出这样的结果：狗听到音叉发出的声响后能引起条件作用，分泌唾液。为此，他不断地将声音与食物进行配对，他敲击音叉后很快给狗喂食，如此重复几次后，发现狗在听到声音但尚未得到食物之前就已经开始分泌唾液了。此时，经过条件作用，中性刺激（声音）能够单独引起非条件反射（唾液分泌），这种反射被称为经典条件反射，声音被称为条件刺激，如图 2-2 所示。

（二）分化、泛化和消退

在条件作用开始建立时，除条件刺激本身外，那些与该刺激相似的刺激也或多或少具有条件刺激的效应。例如，用 500 Hz 的音调与进食相结合来建立唾液分泌条件作用。在实验的初期阶段，许多其他音调同样可以引起唾液分泌条件作用，只不过它们跟 500 Hz 的音调差别越大，所引起的条件作用效应就越小。这种现象称为条件作用的泛化。泛化是指条件作用形成后，

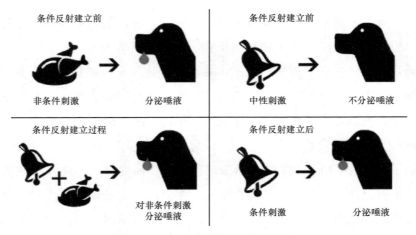

图 2-2　经典条件反射形成过程

机体对与条件刺激相似的刺激作出条件反应。以后，只对条件刺激（500 Hz 的音调）进行强化，而对近似的刺激不给予强化，这样泛化反应就逐渐消失。动物只对经常受到强化的刺激（500 Hz 的音调）产生唾液分泌条件作用而对其他近似刺激产生抑制效应。这种现象称为条件作用的分化。分化是指只对条件刺激做出条件反应，而对其他相似的刺激不做出条件反应。

条件作用建立之后，如果多次只给条件刺激而不用无条件刺激加以强化，结果是条件反射强度将逐渐减弱，最后将完全不出现。例如，对以铃声为条件刺激而形成唾液分泌条件作用的狗只给铃声，不给食物强化，重复多次以后，则铃声引起的唾液分泌量将逐渐减少，甚至完全不能引起分泌，即出现条件作用的消退。消退是指条件作用形成后，由于没有无条件刺激的结合，机体对条件刺激的反应逐渐消失。

（三）第一信号系统和第二信号系统

研究发现，能够引起条件反应的刺激可分为两大类。第一类是能够引起条件反应的物理性的条件刺激，这类刺激叫作第一信号系统的刺激，比如灯光、铃声等。第二类是能够引起条件反应的以语言符号为中介的条件刺激，这类刺激叫作第二信号系统的刺激，比如，谈虎色变中的"虎"。由于谈到虎之后的情绪反应不是因为现实中的虎引发的，而是听到"虎"这一词汇之后联想出的相关观念或语义导致的情绪反应，所以属于第二信号系统的刺激。

经典条件作用理论的提出具有重要的意义，它可以解释日常生活中在某些情境下出现的无意识行为或情绪反应。比如有些人具有"白大褂综合征"，即在医生办公室接受检查时，只要看到医生常穿的白大褂，就会血压上升，那是因为他们把白大褂与打针吃药建立联系，一看到白大褂就感到害怕。又比如有些学生可能一遇到考试就会焦虑，这可能是与他们之前某次考试失败产生的不愉快体验建立了联结，从而使他们形成对考试的焦虑和恐惧的条件反射，因而一听到考试就心跳加快、手心冒汗。以此类推，在实际的教育教学中，如果学习环境或某个科目的学习经历与不愉快的情绪反应建立了联结，学生就会产生消极情绪的条件反射，这也解释了为什么有的学生会产生厌学情绪。因此，经典条件作用对教师的教学工作有着重要启示：在教学过程中，可以将快乐事件作为学习任务的无条件刺激，给学生营造舒适、温馨的学习环境，给予学生积极的关注和鼓励，使学习与学生的积极情绪建立联结，使学生产生温馨的感觉，并将这种积极感觉泛化到学习活动中，从而提高学生的学习兴趣和动机。

二、操作性条件反射

虽然经典条件作用可以解释动物和人类的很多行为和情绪反应，但是行为主义后期代表人物斯金纳却认为，经典条件作用的原则只能解释人类被动习得的行为。实际上，人们会积极主动地操纵环境，以获得奖赏或避免伤害。研究者们把这些有意识的行为称为操作性行为，把包含了操作性行为的学习过程叫作操作性条件作用。正是在对环境实施操作的过程中习得了特定方式的行为。行为主义后期代表人物桑代克和斯金纳分别对学习形成的规律和行为强化规律进行研究，他们的研究结果被广泛应用到教育教学中。

（一）桑代克对学习过程的研究

桑代克的理论与早期行为主义学家们的观点是一致的，他们都认为学习的实质在于形成刺激—反应联结（无须观念作媒介）。但是，桑代克在此基础上，通过实验研究还发现了行为之后的结果也能够影响后续的行为反应，并提出三大学习律。

桑代克的实验中最著名的是猫开迷笼的实验。他将一只饿猫关在他专门设计的实验迷笼里，笼门紧闭，笼子外面放着一条鲜鱼，笼内有一个开门的旋钮，碰到这个旋钮，门便会开启，猫可以出笼吃鱼。一开始饿猫无法走出笼子，只是在里面乱碰乱撞，偶然一次碰到旋钮打开门，便得以逃出吃到鱼。经多次尝试错误，猫学会了碰压旋钮打开笼门的行为。据此，桑代克认为，人和动物学习的过程是通过盲目的尝试与错误的渐进过程，并且遵循三条重要的学习律。第一，练习律，重复一个学会了的反应将增强刺激—反应之间的联结，有奖励的练习越多，联结就变得越强；反之，联结就变得越弱。第二，效果律，在一定情境下，刺激与反应形成可改变的联结。如果行为之后跟随一个满意的结果，那么在类似的情境中，这一行为重复的可能性增加。第三，准备律，个体在学习开始时存在预备定势。个体有准备又有反应就会感到满意，有准备而不反应会感到烦恼，个体无准备而强制反应也会感到烦恼。如果饥饿的猫关进迷笼，就有学习的准备状态，猫会想要逃出去获得食物；而一只吃饱的猫被关进迷笼，则不会想逃出去。桑代克的学习理论指导了大量的教育实践：练习律指导人们通过大量的重复的练习和操练来训练学生；效果律指导人们使用一些具体奖励如小红花、口头表扬等来奖励学生的预期望行为；准备率提醒我们在学生学习之前要增强学生的学习动机，从而促进学习效果。

（二）斯金纳的强化学习理论

强化学习理论由行为主义后期另一代表人物斯金纳提出，他通过研究发现人或动物为达到某种目的，会在所处环境下采取特定的行为，而行为之后的结果会对后续行为产生影响。结果类型不同，行为增强或减弱的频率也不同。斯金纳设计了一个箱子，箱子里有一个复杂的连锁装置。在箱子里面有一个杠杆，在箱子之外有一个食物的传输装置，按下箱子里的杠杆，食物就会通过传输装置落入箱子中（见图2-3）。然后，他将一只老鼠放入箱子中，没多久，老鼠就学会了拉下杠杆获得食物的行为。通过观察老鼠的行为可发现，行为的结果对行为产生了强化作用，老鼠为了获得食物，会一直去按箱子的杠杆。由实验可知，个体行为结果影响了后续行为反应，当行为带来的某种反应或结果对个体有利时，这种行为就会在以后重复出现；当行为的结果对个体不利时，这种行为就会减弱或消失。斯金纳称这些作用为操作性条件作用，并根据行为结果和后继行为的关系，把行为结果分为强化和惩罚两种类型。

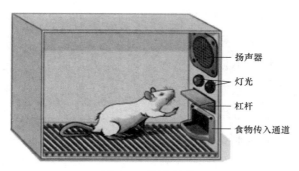

图 2-3 斯金纳箱

在强化学习理论中，能够增强后继行为的结果叫作强化物，引起这一行为反应的过程称为强化作用，降低后继行为的结果则叫作惩罚。强化可分为正强化和负强化。正强化是个体采取特定行为之后，出现令其满意的结果，后续该行为出现频率增加的过程。如学生认真完成作业得到教师的奖励之后，学生以后的作业都能认真完成。负强化是个体采取特定行为之后，令其厌恶的结果或情境被撤除，后续该行为出现的频率增加的过程。如乘车时如果不系安全带，车里就会发出刺耳的蜂鸣声，乘客为了不听到蜂鸣声就会系上安全带。正强化和负强化的区别在于，正强化是呈现积极刺激以增加行为发生频率，而负强化是撤除消极刺激以增加行为发生频率。与强化一样，惩罚也有两种形式。第一种被称为Ⅰ型惩罚，也称为呈现性惩罚，即行为后出现令个体厌恶的刺激，从而抑制或减少了行为。如学生上课不专心听讲，被教师批评，之后学生上课不专心听讲的次数就降低了。另一类惩罚称为Ⅱ型惩罚，也称为撤除性惩罚，即在行为出现后撤除令个体满意的刺激，个体为了这些令其愉悦的刺激不被取消，便会降低之前行为出现的频率。如教师或父母在小孩行为不良时，撤销其娱乐活动，运用的就是撤除性惩罚。这两种类型的惩罚是为了减少惩罚的行为。

值得注意的是，正强化并不与积极行为相对应。比如学生上课说话或捣乱会因为受到老师关注而形成正强化，这就是为什么有时候会出现老师越关注，学生在课堂上的不良行为却越多的现象。因此，任何行为结果都是可能起到强化作用的，这取决于个体对事件的认知以及此事件对他的意义。另外，负强化中的"负"也不是意味着得到强化的行为是消极或不好的，负强化的"负"可以理解为撤除、减少的意思。

此外，负强化常常与惩罚相混淆。负强化与惩罚的区别如下。实施目的不同。惩罚是为了抑制不良行为出现，不一定要形成良好行为；负强化的目的是建立良好行为。实施方式不同。负强化的厌恶刺激在个体行为改变之前是一直存在的，它给了学生一个练习自我控制的机会，学生对于不愉快情境最终是否会出现保有控制权。只要他们表现出适宜的行为，不愉快的情境就会结束。反之，惩罚往往发生在行为反应之后，学生不能很容易地控制或制止不愉快反馈。实施后果不同。惩罚的后果是不愉快、痛苦和恐惧的，而负强化的效果是愉快的。总之，强化（无论正、负）过程总是与行为的增加有关，而惩罚则涉及减少或抑制行为。研究发现，惩罚并不能促进良好行为的形成，因此在教育实践过程中，应尽量采取负强化代替惩罚。

不同的行为结果会对行为反应产生不同的强化作用，此外，强化程序，即行为受到强化的时机和频次，也会对行为反应产生影响。强化程序可以分为两种，一种是连续强化程序，即在每一次行为出现之后都给予强化，如打开电脑，每次打开开关，电脑就会开机；一种是间隔强化程序，即有选择地对行为反应进行强化。间隔强化程序根据时间和比率、固定和变化两个维度又可以组合出4种强化程序：固定时距强化、固定比率强化、变化时距强化和变化比率强化。固定时距强化是指在一段固定的时间后给予强化，如学校的周考、月考。固定比率强化是指在一定的反应数量后给予强化，如计件工作。变化时距强化是指在变化的、不确定的时间间隔后给予强化，如突然测验。变化比率强化是指在变化的、不确定的反应数量后给予强化。不同的强化程序对行为的影响是不同的，可以根据不同的目的采用不同的强化程序。连续强化在学习新联结时最有效，间隔强化比连续强化具有更高的反应率和更低的消退率。行为表现速度依赖于强化的可控性，根据反应数量的强化比根据时间的强化更能激发行为的发生，个体可以通过控制数量控制强化的出现，做得越多，强化也会越多。而行为的持续性则依赖于强化的不可预测性。连续强化和两种类型的固定强化都是可以预测的。固定时距强化可以知道过了多长时间就能得到强化，因此反应会随着时间的邻近而比率增高，强化过后比率降低。固定比率强化可以知道做多少次反应可以得到强化，因此反应速度快，但是强化过后行为便暂停。因此，如果为了行为能够持续，变化强化更为合适。由于变化强化的不可预测性，在强化过后，行为还能够继续，尤其是变化比率强化，即使最后降低强化的比率，人们也能在长时间无强化的情况下坚持该行为。赌博成瘾者就是受到变化比率的强化而无法摆脱赌博行为的。而当强化完全停止时，行为则会消退。

三、观察学习

20 世纪 50 年代，美国心理学家班杜拉指出了传统行为主义学习观的局限性。班杜拉在 1965 年做了这样一个研究：他给幼儿园孩子观看一部"榜样人物"拳打脚踢充气玩具"波波"的影片。在观看前把这些孩子分成三组，第一组孩子看到榜样人物得到奖励；第二组孩子看到榜样人物受到惩罚；第三组则没有看到奖励或惩罚的结果。之后，让这些孩子独自待在一个有充气玩具"波波"的房间里，观察这些孩子的行为反应。研究发现，看到电影中榜样人物因攻击行为获得奖励的孩子受到了强化，对玩具的攻击性最强；那些看到榜样受惩罚的孩子对玩具的攻击性最弱。研究并没有到此结束，当研究人员告诉孩子谁模仿攻击行为就能获得奖励的时候，发现所有孩子都将他们刚才观察到的行为表现了出来。这个研究结果说明，人们可以通过观察他人的经验习得行为；另外学习和表现是不同的，即使学习已经发生，但情境不合适或没有诱因（如实验中的奖励），也不会表现出来。因此，班杜拉对知识获得（学习）和以知识为基础的可观察地表现（行为）两个过程进行了区分，并提出了直接学习和观察学习的概念。直接学习是指个体通过亲身实践并体验行动的结果进行学习。经典条件反射和操作性条件反射就是个体根据自身直接经验产生的，可以认为属于直接学习的范畴。与之相对应的观察学习，又称为间接学习或替代学习，是指个体可以通过观察其他个体来进行学习。观察学习是班杜拉与传统行为主义学习理论不同的地方。

班杜拉认为从观察榜样到自身习得行为，需要注意、保持、再现、动机和强化四个要素的参与。注意。为了通过观察进行学习，人们必须集中注意力。在教学中，教师需要通过清晰地呈现，以及对重点部分的强调，以保证学生的注意力集中在课程的核心部分。在展示一项技能时（如操作车床），学生需要与教师站在同一方向，认真观察教师的动作操作，这样可以引导学生将注意力关注在正确的情境特征上。保持。为了模仿榜样的行为，学生需要记住它，学生可以通过言语或表象进行心理演练（想象模仿的行为），或是实际练习而得到提升。在观察学习中的保持阶段，练习能够帮助学生记住目标行为的要素，以及步骤的顺序。再现。即使学生已经知道了一种行为是什么样的，并记住了它的构成要素或步骤，学生可能依然不能熟练地表现出来。有时，在学生能够再现榜样的行为之前，需要大量的练习、反馈和细微的指导。在再现阶段，反复的练习能够使行为变得更加流畅和熟练。动机和强化。在前面的研究中，已经发现学习和行为表现是不同的，可能通过观察掌握一个新的技能或行为，但是如果没有动机或刺激物的激发，可能不会表现出来。强化在观察学习和维持过程中都发挥着重要作用。如果学生期待通过模仿榜样的行为而受到强化，那么学生可能会更有动力去注意、保持和再现行为。而一个尝试新行为的人如果没有强化，是不可能坚持下去的。

班杜拉认为有三种可以促进观察学习的强化形式。首先是观察者模仿榜样的行为后得到了直接的强化。例如，当一个体操运动员成功地完成一个前翻动作时，教练或是榜样会高呼"太棒了！"其次是替代强化，观察者可能仅仅看到他人因某个特定行为受到强化，进而激发自己再现这种行为。商业广告中经常运用到替代强化作用，当人们开着某种车或是喝着某种饮料时，会表现得异常兴奋，观众的行为就会因演员们明显的愉悦感而被替代性地强化。惩罚也可以是替代性的，当你在高速公路上行驶时，看到前面有几个人领到了罚单，你有可能会降低速度。最后是自我强化，也就是自己控制强化物，如学生通过自我激励提高学习动力，教师通过对职业价值的认同降低职业倦怠。在之后的章节中，将会介绍更多通过自我调节提高行为动机的方法。

在观察学习的情境下，个体在行为反应受到强化前，就已经通过注意、记忆、思维等内在认知操作在头脑中进行多次演练，之后在类似的情境下做出反应。这一观点强调了认知因素在学习中的作用，是对只关注行为的行为主义提出了挑战。随着时间的推移，班杜拉又发展出社会认知理论，成为当今教育心理学领域中最具有影响力的理论之一。

四、学习行为观在教育教学中的运用

（一）根据学生发展水平选择强化物

强化可分为一级强化和二级强化。一级强化是指满足人和动物的基本生理需要的强化，如食物、水、安全、温暖、性等。二级强化是指任何一个中性刺激与一级强化反复联合，获得了自身强化效力的强化。二级强化又可分为社会强化（如社会接纳、积极关注、微笑等）、代用券（如钱、级别、奖品等）和活动（如自由地玩、听音乐、旅游等）。

在实际教育中，教师需要根据学生的发展水平确定强化物，这样强化才能奏效。对于幼儿和小学生而言，简单的贴纸、小红花、笑脸、做谜题、帮助教师可能就是有效的强化物，但是对初中生和高中生来说，和朋友聊天、玩电子游戏、看杂志或听音乐则可能是更合适的强化物。教师可以事先让学生填写一个问卷以了解学生的需要，如"在课堂上你最喜爱做的 3 件事是什么""如果你去商店，你将买哪 3 件喜爱的物品（或玩具）"等，这些问题需要针对不同年级加以修改。另外，社会强化如教师的表扬和关注是一个强有力的强化物，但是要注意表扬时不能说一些很笼统的话，而是要认真系统地进行表扬，应该是针对良好行为的真诚认可，清楚具体地说明受到表扬的行为是什么。

（二）根据学生发展水平应用强化程序

不同强化程序对行为影响是不同的，因此，教师需要了解如何调整提供反馈的时间和频率，以获得预期的效果。首先，强化要及时，应该在被强化的行为发生后立即给予反馈。如果在幼儿安静地坐着听故事的隔天再奖励他，那么是无法将奖励与儿童的行为相联结的。其次，强化和惩罚在设置提供结果的频率上是不同的。虽然间隔强化和连续强化一样对儿童和青少年起作用。但是间隔强化程序更加有效，因为它不要求教师抓住每一个积极行为。但是如果要实施有效的惩罚，就可能要抓住每个不规范的行为，让问题行为学生认识到惩罚是不可以避免的。最后，在强化时，可以使用普雷马克原理，即用高频的活动作为低频活动的强化物，或者说用学生喜爱的活动去强化学生参与不喜爱的活动。例如，"你吃完这些青菜，才可以吃鸡腿"。这一原则有时也叫作"祖母的法则"：首先做我要你做的事情，然后才可以做你想做的事情。如果一个儿童喜爱做航空模型而不喜欢阅读，那么教师可以让学生在完成一定的阅读之后再去做模型。注意，低频行为（学生不太喜欢的行为）必须首先发生，才能使普雷马克原理奏效。

（三）利用塑造强化学生的行为

在教学实践中，经常可以发现，有些学生会因为做数学题时经常出错而不喜欢学数学；有些学生会因为英语课上难以听懂对话而逐渐对学习英语失去兴趣；有些学生会因为跳远不理想而讨厌上体育课；等等。在这些情境中，学生因为他们努力的最终结果都不够好，所以对该学科产生厌恶、逃避的心理，拒绝学习该学科，甚至讨厌任课老师和学校。

一般为了解决这一类问题或防止该类问题发生，教师在教学时可以采用一种叫塑造的策略，也称连续接近技术。塑造的要点是注重对过程的强化，而不是等待尽善尽美时才进行强化。为了使用塑造策略，教师必须首先熟悉学生将要学习的复杂行为，然后将这个行为分解成许多小步骤。确定小步骤的方法叫任务分析，该方法最早由米勒在 1962 年提出，用于帮助军队训练士兵。任务分析首先需要确定最后的表现要求，也就是学生在项目或单元结束时必须做到的事情，如教师要求学生基于图书馆的文献研究，写一篇表明自己观点的论文。然后，确定通向最后目标的子步骤，即把技能分解为各种子技能或子目标，如把写一篇论文的过程分解成使用数据库进行文献搜索、进行文献阅读、梳理现有观点、对这些观点进行评价、形成自己的观点、撰写论文等子过程。最后，逐一完成子步骤，达成写作目标。在进行任务分析时，小步骤要具有一定的逻辑顺序，这样才能帮助学生明确他们现在处于哪一阶段、已经拥有哪些技能、如何进行下一步骤，当学生遇到困难时，教师能够指出问题所在。

（四）抑制不良行为

第一，使用负强化。当学生的不良行为发生改变时，停止不愉快的刺激。教师实施负强化时还需要注意方式方法。教师要以积极的方式描述期望出现的良好行为改变；不要有欺骗；确信有能力改变不愉快的情境；要坚持强化学生的行为而不是承诺，如果学生答应了"下次会表现得更好"就终止不愉快情境，那么强化的是学生做出承诺，而不是行为改变。

第二，使用满足策略。满足是通过要求学生反复实行不良行为来降低满足感。例如，要求乱扔纸团的学生整节课都进行做纸团和丢纸团的行为。虽然开始时，其他学生的关注和嘲笑可能强化这种行为。但是，最后做纸团和丢纸团将变得无趣，没有意义，学生就会停止这种行为。当学生表示对这种行为厌烦时，这时不要停止，再保持一段时间。当然，要确保这种行为不危害他人时才可以使用这一策略。

第三，消退。根据条件反射，当不再给予强化时，行为就会消退。消退在处理一些不良行为时十分有效。例如，老师对上课说话的学生采取不关注的态度，不给予正强化，学生上课说话的行为就会减少或者消退。刚开始使用消退时，由于老师减少强化，学生可能为了希望老师屈服，为获得先前的强化，不良行为反而会增加。但是数次之后，学生就意识到不良行为无法得到老师的关注，不良行为就会减少。同样，只有当不恰当行为可以轻易被忽略且不具有危险时才可以使用消退策略。

第四，采用过度矫正。比如，教师不仅要求在教室课桌上涂画的学生清除自己的涂画，还必须清除所有桌子上的涂画，这便是在过度矫正他们的行为。

第五，谴责训斥。谴责训斥是对行为进行言语批评，是一种正惩罚。进行口头批评时，老师应与学生目光接触，要靠近学生，以一种平静而隐秘的方法指出他的不良行为，同时，避免在公众场合批评学生，以免造成反效果。

第六，采用反应成本策略。反应成本策略属于撤除性惩罚，通常是撤走学生想要的东西。对青少年而言，这种成本是指无法与朋友一起活动，如不允许和朋友一起在食堂吃午饭或者是不能参加班级的实地考察旅行等社交孤立惩罚。研究发现，反应成本的介入能有效地减少问题行为并且效果持久。一项关于多动症儿童的研究发现，用失去自由时间作为反应成本将比开处方更能有效地增加儿童的主动行为和学业学习。使用反应成本的关键在于从发展水平和个体水平决定哪些东西是个体渴望得到的，并在发生不良行为之后撤走它。

在抑制不良行为过程中，要注意惩罚及其本身不能导致任何积极的行为。惩罚倾向于让学生关注行动对其自身造成的结果，且不会让学生思考行为对他人的影响。惩罚并没有教导学生对他人产生同情与共情。因此，要尽量使用负强化替代惩罚；在实施惩罚时要注意只是针对学生的行为进行惩罚，而不是攻击其人格；不要在情绪激动时惩罚学生；当惩罚不奏效时，应立即停止惩罚。

（五）利用观察学习效应引导学生行为

教师在教学中可以发挥自身的榜样作用。教师可以将所期望的行为、技能、态度和情感以明确外显的方式示范出来，或者树立理想的榜样，让学生观察得到，并对学生的模仿予以强化。在解决问题的过程中，教师可以说出思维过程、好奇心、情绪控制、对他人的尊重和兴趣、良好的倾听和交流习惯等，这些行为可引导学生形成相同的品质。

在示范过程中，教师要注意身体力行。如果一位教师总是要求学生不断学习，而自己从来不学习本学科的新知识，学生们可能会认为这门学科知识已经失去了活力从而没有学习的激情。如果一位教师对学习本身的巨大热情为学生树立了良好的榜样，那么学生将加以模仿，并从中体验到学习的乐趣，获得内在的学习动力。

对于学生的一些不良行为，教师可以利用抑制效应。抑制效应是指个体由于看见榜样得到惩罚的结果而引起的反应倾向减弱。例如，考试作弊行为的学生看到其他学生因作弊受到重罚，可能就不敢考试作弊。

对于学生的一些受到抑制的良好行为，教师可以利用去抑制效应。去抑制效应指个体看到榜样因做出自己原来抑制的行为而受到奖励时，加强这种反应的倾向。例如，有的学生曾经在课堂上积极主动地向教师提问，但受到了教师的嘲讽，之后就不敢在课堂上发言，如果在新的课堂上，当他看到其他同学纷纷主动地向教师提问并受到教师的表扬、同学们的尊敬时，以后就敢在课堂上积极主动地提问了。

在树立榜样的过程中，教师还可以利用社会促进效应，引发学生产生相同行为。社会促进效应是指学习者通过观看榜样行为引发其行为库中已有的反应。例如，教师对学生表示出尊敬，使用礼貌敬语，学生就可能受到激励而表现出这些行为。如使用"你好""谢谢"和"对不起"等敬语，并非学生从教师那里学到的新行为，而是学生早已学会了的，只是教师带头，引发了学生的相同行为。

第三节　认知主义的学习理论

一、学习的实质

行为主义者认为学习是形成刺激—反应的联结，只需要关注个体行为的改变，不需要关注行为改变背后认知活动（包括注意、记忆、思维、判断等）的变化。但是，行为主义这一观点受到了主张关注人的认知能力的认知学派的批评。认知学派认为，学习是人们通过使用认知策略对外界信息进行加工而获得关于世界的知识，这一过程是一系列内在、不能被直接观察到的智力活动。认知学派认为教学就是引导学生获得更精确与完整的知识体系。教师的作用是教授和示范有效的策略，纠正学生的错误概念，而学生在学习中扮演积极的信息加工者、策略使用者、信息组织者和记忆者。因此，认知心理学家更关注认知活动，如思维、记忆和问题解决对学习的影响。

二、认知学习理论

（一）早期认知理论

1. 苛勒顿悟学习理论

认知学派的理论思想可追溯至 19 世纪末 20 世纪初在德国出现的格式塔

学派。"格式塔"是来自德语"完形"（Gestalt）的音译，格式塔理论认为个体在认知活动中，对事物、情境的各个部分及其相互关系形成整体理解，而不是对各种经验要素进行简单的集合。他们通过动物实验来说明他们对学习中产生变化的实质及其原因的理解。其中的代表人物苛勒于 1913—1917 年用黑猩猩做了一系列实验，证明了黑猩猩的学习是一种顿悟，而不是桑代克认为的尝试错误。其中一个著名的实验是将黑猩猩关在一间屋子里，屋子里放着几个箱子，屋顶用一段绳子挂着一根香蕉，黑猩猩在没有借助工具的情况下是无法够到香蕉的。实验观察到，刚开始时黑猩猩尝试伸手够悬挂的香蕉，在多次失败之后，黑猩猩变得烦躁，在屋里频繁走动和锤墙，但是仍无济于事。之后，黑猩猩坐在箱子上观察屋子的环境，经过一段时间的观察，黑猩猩突然学会用屋子里的箱子作为工具，站在箱子上去取香蕉。苛勒对此解释道，当动物遇到问题时，可能会审视相关的条件，也许还会考虑某种行动成功的可能性，当突然把一件工具看作达到目标的手段，如箱子，即看出站在箱子上可以够着香蕉时，它便产生了顿悟，解决了这个问题。这个学习的过程是缓慢的，但是一旦发现了这一方法，它遇到类似情境就能够运用相同的策略。在格式塔心理学家看来，学习就是知觉的重新组织，把感知到的信息组织成有机的整体，这一过程不是渐进的尝试与错误的过程，而是顿悟，也就是通过对问题情境的观察，理解它的各个部分的构成及相互联系，分析出制约问题解决的各种条件，从而发现通向目标的途径。之所以产生顿悟，格式塔和桑代克之间的明显对立在于顿悟和试误。格式塔学习理论强调学习者知识经验的整体性和知觉经验的组织作用，关注知觉和认知（解决问题）的过程。他们探讨记忆是如何反映知觉组织的，以及解决问题的能力是如何在理解学习任务、重建记忆或把学习原理迁移到新情境等过程中产生的。这对美国流行的 S-R 联结主义来说是一个挑战，具有积极的意义，启发了后来的认知派学习理论家们。

2. 托尔曼的符号学习理论

对行为主义理论提出挑战的还有来自新行为主义学派的学者，托尔曼就是其中著名的代表人物。他受格式塔学派影响，经常用动物的动机、认识、预期、意向和目的来描述动物的行为。他关心行为理论如何同知识、思维、计划、推理、目的意向等概念相联系。他的理论被称为目的行为主义、整体性行为主义、符号—完形说或预期说。他以白鼠学习方位迷宫的实验证明了自己的理论。

托尔曼的迷宫装置如图 2-4 所示，迷宫有一个出发点和 3 条长度不等的从出发点到达食物箱的通道。实验开始时，他将白鼠置于出发点，然后让它们自由地在迷宫内探索，一段时间后检验它们的学习结果。检验时，他再将白鼠置于出发点，并对各通道做一些处理，观察它们的行为。结果发现，若 3 条通道畅通，白鼠会选择最短的通道 A 到达食物箱；若 X 处堵塞，白鼠会选择通道 B；若 Y 处堵塞，白鼠会选择最长的通道 C。

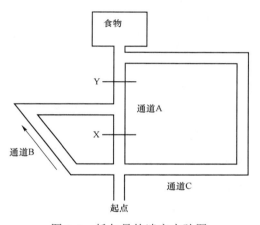

图 2-4　托尔曼的迷宫实验图

根据这一实验，以及许多类似的实验，托尔曼提出了符号学习论，这种理论有以下 3 个基本观点：① 学习是有目的的行为，而不是盲目的。② 学习是对"符号—完形"的认知。白鼠在学习方位迷宫图时，并非学习一连串的刺激与反应，而是在头脑中形成一幅"认知地图"，即"目标—对象—手段"三者联系在一起的认知结构。③ 在外部刺激（S）和行为反应（R）之间存在中介变量（O）。他主张将行为主义 SR 公式改为 S-O-R 公式，O 代表机体的内部变化。

此外，托尔曼还做了一个潜伏学习的实验。他将白鼠分为 3 组走方位迷宫（见图 2-4）：第一组无食物奖励；第二组有食物奖励；第三组前 10 天无食物，而在第 11 天之后有食物奖励。结果发现，第三组在前 10 天的表现与无食物奖励组相当，但在第 11 天获得食物奖励后其行为表现发生剧变，后来甚至优于经常获得奖励组。这一结果表明，外在的强化并不是学习产生的必要因素，动物未获得强化前学习已出现，只不过未表现出来，托尔曼把这种在无强化条件下进行的学习称为潜伏学习。潜伏学习实验也证明学习并不是刺激与反应的直接联结。在未受奖励的学习期间，认知结构也发生了变化。托尔曼通过两个实验证明了白鼠在走迷宫时，在头脑里形成一种预期或者假设。动物的行为受其预期的指导，在多次尝试中，有的预期被证实，有的未被证实。预期的证实形成一种内在强化，即由学习活动本身所带来的强化。托尔曼提出的认知学习理论和内部强化理论对现代认知学习理论的发展有一定的贡献。

（二）布鲁纳的认知—结构理论

布鲁纳是美国著名的教育心理学家，在西方学界和教育界都享有很高的声誉。19 世纪末 20 世纪初，受行为主义思潮的影响，美国教育把关注点放在学生行为的变化上，而忽视了内在知识结构的变化。1957 年，苏联成功发射了第一颗人造地球卫星，对美国社会造成巨大冲击，引起美国社会的反思。美国人把缺乏科技创新归因于教育的落后。1958 年，美国颁布《国防教育法》，美国联邦政府开展了一场指向教育内容现代化的课程改革运动——"学科结构运动"。1959 年，美国科学院召集科学家、学者和教育家在马萨诸塞的伍兹霍尔召开会议，由时任美国科学院科学教育委员会主席的布鲁纳主持，布鲁纳在会议期间提出了认知结构理论，得到了普遍的响应和认同，并对之后美国现代教育的发展产生了深远的影响。

1. 认知结构理论

人类要适应复杂的外部环境，就需要对环境中事物的利害属性进行判断，进而做出反应。认知心理学家认为，人们是通过对各种事物进行归类，然后依据事物归属的类别来推断其属性的。布鲁纳认为，这些相关的类别构成了编码系统，形成"一组相互关联的、非具体性的类别"。

布鲁纳进一步认为，编码系统对相关的类别做出有层次结构的安排，较高级的类别比较一般，较低级的类别比较具体。这种内在编码系统就是认知结构。它是人用以感知外界的分类模型，是新信息借以加工的依据，也是人的推理活动的参照框架。例如，一名儿童已经形成了有关食物的编码系统：食物包括肉类、蔬菜类、主食类、水果类和饮料类，各类下面又存在许多不同的子类。如果有一天他知道火龙果是一种水果，他就可以根据水果类食物的属性推导出火龙果具有水果的一切属性。

编码系统是人们对环境信息进行分组和组合的方式，是在不断变化和重组的。在布鲁纳看来，学习就是认知结构的形成或改变。在上面的例子中，儿童不仅通过水果推断火龙果所具有的属性，在他头脑中有关食物的编码系统也发生了改变。在新的编码系统中，水果类食物中多了一个新成员。可见，学习不是简单地接受眼前的信息，而是要将新信息与头脑中同类的事物联系起来，形成新的编码系统或改变原来的编码系统，推导出更多有意义的联系。这对教学具有深刻的启示意义。学生获得信息本身并不是学习的目的，学习应该超越所给的信息，形成一套知识网络。

2. 发现学习

布鲁纳认为，让学生学习一般的原理固然重要，但更为重要的是发展学生解决新问题、探索新情境、发现新事物的态度和能力。布鲁纳极力倡导发现学习。所谓发现学习，是指学习者用自己的头脑亲自获得知识的一切形式，包括人类现有和尚未知晓的知识。教育工作者的任务是把结论性知识转换成形成性知识的过程，通过设计学习活动，让学生亲自经历对知识的发现过程。在发现学习过程中，知识按照表征系统的发展顺序，从动作表征到影像表征，最后形成符号表征。例如，布鲁纳根据儿童踩跷跷板的经验设计了一个天平，让儿童调节砝码的数量和砝码离支点的距离，以此让儿童发现、学习乘法的交换律，如"$3 \times 6 = 6 \times 3$"。他先让儿童动手操作天平，然后使用想象，最后用数字符号来表示这一数学规律。

一般来说，发现学习的教学包括 4 个阶段。① 提出问题。教师创设问题情境，使学生在这种情境中发现其中的矛盾，提出问题。② 做出假设。教师促使学生利用提供的某些材料，针对所提出的问题，提出解答的假设。③ 验证假设。学生用理论或者通过实验数据检验自己的假设。④ 形成结论。学生根据实验获得的一些材料或结果，在仔细评价的基础上得出结论。

以下是发现学习应用于单摆规律学习的例子。

步骤一，教师向学生演示一个单摆，系在一根绳子上的重物被推动一下后会有规律地前后摆动。教师介绍单摆频率的概念（在一定时间内摆动的次数），要求学生探索单摆的频率与什么因素有关系。

步骤二，学生个人或小组根据教师提供的不同长度的绳子、不同质量的重物提出自己的假设。例如，摆动的频率依赖于绳子的长度、物体的质量或推力的大小。学生应当在教师的指导下提出假设（教师千万不要先告诉学生这一规律"单摆的频率取决于绳子的长度"），然后让学生进行检验。

步骤三，学生利用单摆的支架、绳子、剪刀、一些重物进行变量控制实验，探索绳长、物体质量，以及推力大小与单摆频率之间的关系；观察每次改变之后单摆的频率，并记录实验数据，然后对数据进行分析、总结，看看是否验证了自己的假设。

步骤四，学生总结不同变量控制的数据，形成一个综合结论：单摆的频率取决于绳长，而不取决于物体的质量和推力的大小。教师在整个过程中给学生提供一些提示和指导，如一次只变化一个变量的实验控制方法、如何制作数据记录表格等。教师在最后也可以继续让学生利用所发现的规律解决一些问题。例如，试着做一个每分钟摆动 15 次的单摆，或者试着用两个不同的绳长做两个频率一样的单摆。

3. 评价

布鲁纳是推动美国以认知—结构学习理论为指导进行改革教学运动的极为重要的人物，在心理学为教育教学服务方面作出了显著的贡献。他把教育的关注点放在学生获得知识的内部认知过程和教师如何组织课堂以促进学生"发现"知识上。该理论强调学生学习的主动性，强调学习的认知过程，重视认知结构的形成，注重学习者的知识结构、内在动机、独立性与积极性在学习中的作用。

然而，布鲁纳的学习与教学理论也存在一些偏颇的地方。第一，他的学习与教学理论完全放弃知识的系统讲授，而以发现法教学来代替，夸大了学生的学习能力，忽视了知识学习活动的特殊性，忽视了知识的学习（知识的再生产过程）与知识的生产过程的差异。第二，布鲁纳认为，"任何科目都可以按某种适当的方式教给任何年龄的任何儿童"，然而实践证明这是无法实现的。第三，发现学习在当时虽然有积极作用，然而人们指出，发现法运用范围有限，从学习主体来看，真正能够用发现法学习的只是极少数学生；从学科领域来看，发现法只适合自然科学领域某些知识的教学，对于文学、艺术等以情感为基础的学科不是完全适用的；从执教人员来看，发现法教学没有现成方案，过于灵活，对教师知识素养和教学机制、技巧、耐心等要求很高，一般教师很难掌握，反而容易弄巧成拙；从效率上看，发现法耗时过多，不经济，不适用于在短时间内向学生传授一定数量的知识和技能的集体教学活动。

（三）奥苏贝尔的认知—同化学习理论

1. 有意义学习

奥苏贝尔注意到发现学习在实践中的局限性，提出了有意义学习的概念，并对机械学习与有意义学习之间的关系进行仔细区分。奥苏贝尔认为，有意义学习过程的实质是符号所代表的新知识与学习者认知结构中已有的适当观念建立非任意的和实质性的联系。实质性联系和非任意性联系是有意义学习区别于机械学习的两条标准。所谓实质性联系，是指新的符号或观念与学习者认知结构中已有的表象、符号、概念或命题的联系。非任意性联系是指新知识与认知结构中有关观念存在某种合理的或逻辑上的联系。例如，学习者原有认知结构中已有命题"三角形内角之和等于180°"，现在学习新命题"四边形的内角之和等于360°"，可以通过推导出任何四边形都可以分成两个三角形，来记住"四边形的内角和为 360°"这一定理，这种联系就是合理的而非任意的联系。与之相反，机械学习只是记住字面意义，不仅记忆效果不好，而且知识很难进行迁移，只要问题情境稍微产生变化，学生就无法找到答案，很难做到举一反三。奥苏贝尔有意义学习的提出，为教学提供了新的启示。不一定仅是通过发现学习获得认知结构的变化，也可以通过新旧知识的联系更新认知结构。

2. 认知同化过程

奥苏贝尔认为，新信息与认知结构中已有的有关观念相互作用是一种认知同化的过程。根据新旧观念的概括水平及其联系方式的不同，奥苏贝尔提出了3种认知同化的过程。

第一，下位学习。下位学习又称为类属学习，是指将概括程度或包容范围较低的新概念或命题，归属到认知结构中原有的概括程度或包容面较广的适当概念或命题之下，从而获得新概念或新命题的意义。比如，学生学习了"杠杆"的概念，知道了杠杆的力臂原理，而后他们学习定滑轮的知识，把"定滑轮"同化到"杠杆"的概念下，理解了定滑轮实质上属于等臂杠杆，就能很容易地理解定滑轮为什么不省力。随着对定滑轮概念的同化理解，学生对杠杆的理解也会有一定变化：杠杆并不一定是一根细长的杆，也可以是一个圆轮子。下位学习分为两种类型。一种是派生类属，即新的学习内容仅仅是学生已有的、包容面较广的命题的一个例证，或是能从已有命题中直接派生出来的。例如，如果儿童知道"猫会爬树"这一命题，那么他就能理解"邻居家的猫正在爬门前那棵树"这一新命题。另一种是相关类属，即当新内容扩展、修饰或限定学生已有的概念、命题并使其精确化时，表现出来的就是相关类属。例如，儿童已知"平行四边形"这一概念的意义，那么可以通过"菱形是四条边一样长的平行四边形"这一命题来界定菱形。在这种情况下，通过对"平行四边形"加以限定，产生了"菱形"这一概念。

第二，上位学习。上位学习是指新概念、新命题具有较广的包容面或较高的概括水平，这时，新知识通过把系列已有的观念包含于其下而获得意义，新学习的内容便与学生认知结构中已有观念产生了一种上位关系。例如，儿童往往是在熟悉了"胡萝卜""豌豆"和"菠菜"这类下位概念之后，再学习"蔬菜"这一上位概念的。

第三，组合学习。当新概念或新命题与认知结构中已有的观念既不产生下位关系又不产生上位关系时，它们之间可能存在组合关系。这种只能凭借组合关系来理解意义的学习就是组合学习。学生在各门自然学科、数学、社会学科和人文学科中学习的许多新概念，如质量与能量、热与体积、遗传与变异、需求与价格之间的关系，都属于组合学习。这类关系的学习虽然既不隶属于学生已掌握的有关观念，也不能总括原有的观念，但它们之间仍然具有某些共同的关键特征。在这种学习中，实际学习者头脑中没有可以直接加以利用的观念,学习者只能在更一般的知识背景中为新知识寻找适当的固定点。这种学习通常会更为困难。

3. 接受学习

根据认知同化理论,奥苏贝尔倡导接受学习的方法。接受学习是一种由教师引导学生接受事物意义的学习,有时也称为讲授教学,是指以有组织、有意义的方式将知识讲授给学生的教学。这种教学主要适用于有意义的言语信息的学习。

奥苏贝尔认为接受学习需要遵循逐渐分化原则和整合协调原则,并利用先行组织者技术进行教学。逐渐分化原则是指先传授最一般的、包摄性最广的观念,然后根据具体细节对它们逐渐加以分化。整合协调的原则是指要求学生对认知结构中的现有要素重新加以组合。奥苏贝尔认为,所有导致整合协调的学习同样也会导致学生现有知识的进一步分化。此外,奥苏贝尔还提出了另外两条原则:① 序列组织原则,强调前面出现的知识应为后面出现的知识提供基础;② 巩固原则,强调在学习新内容之前必须掌握刚学过的内容,确保学生为新的学习做好准备,为新学习的成功奠定基础。

奥苏贝尔就如何贯彻"逐渐分化"和"整合协调"的原则提出了一项具体应用的技术:设计先行组织者。先行组织者是指先于学习任务本身呈现的一种引导性材料,它要比学习任务本身具有更高的抽象、概括和综合水平,并且能清晰地与认知结构中原有的观念和新的学习任务关联。先行组织者可以是一个概念定义、一个新材料与已知例子共属的类别、一个概括、一个类比或者一个故事。设计组织者的目的是为新的学习任务提供观念上的固定点,增加新旧知识之间的可辨别性,以促进类属性的学习。教师通过呈现组织者,为学习者已知的东西与需要知道的东西之间架设一道知识之桥使他更有效地学习新材料。具体而言,先行组织者起到 3 个作用:① 把学习者的注意引向即将学习的材料中最重要的内容;② 集中概括即将呈现的概念之间的关系;③ 提示学习者已有知识和即将遇到的新材料之间的关系。

(四)加涅的学习的信息加工理论

认知主义学习理论受信息加工理论的影响,把学习过程类比计算机的工作机制,把学习看作是对信息的编码、保存和提取的过程。信息加工的代表人物加涅认为,学习过程是人类学习者内部的功能结构所完成的各种信息加工过程。这些过程把环境刺激转换成多种形式的信息,逐渐形成长时记忆的某种状态,这种状态构成了能力倾向的基础。不同能力倾向的变化需要不同的内部和外部条件。教学就是要合理安排可靠的外部条件来支持、激活、促进学习的内部条件和过程。

在信息加工模式中,环境中的刺激作用于学习者的感受器,通过感觉登记器进入神经系统。最初的刺激以影像的形式保持在感觉登记器中,保留0.25~2 秒。当信息通过注意进入短时记忆后,被以语义的形式进行更精确的编码。短时记忆一般只保持 2.5~20 秒,但是经过复述、精细加工和组织等编码,信息从短时记忆转移到长时记忆中进行储存。长时记忆可以保持很久,甚至一生。保存在长时记忆中的信息构成了学习者的知识系统,当新的学习部分依赖于对学生原先学过的东西的回忆时,这些原先学习过的东西就从长时记忆中检索出来并重新进入短时记忆,这时短时记忆也被称为工作记忆。从短时记忆或长时记忆中检索出来的信息要通过反应发生器,从反应发生器中传来的神经传导信息使效应器(肌肉)活动起来,产生一个影响学习者环境的操作行为。这种操作使外部的观察者了解原先的刺激发生了作用——信息得到了加工,也就是说学习者确实学了点什么。

加涅认为,在这个信息加工过程中,一组很重要的结构就是"执行控制"和"预期"两个部分。"执行控制",即已有的经验对现在学习过程的影响;"预期",即动机系统对学习过程的影响。整个学习过程都是在这两个结构的作用下进行的。学习过程是一个从不知到知的活动过程,分成 8 个阶段:① 动机阶段,学习者被告知学习目标,形成对学习结果的期望,激起学习兴趣;② 领会阶段,依据其动机和预期对外在信息进行选择,只注意那些与学习目标有关的刺激;③ 习得阶段,对信息进行编码和储存;④ 保持阶段,将已编码的信息存入长时记忆;⑤ 回忆阶段,根据线索对信息进行检索和回忆;⑥ 概括阶段,在变化的情境或最现实的生活中利用所学知识,对知识进行概括,将知识迁移到新的情境中;⑦ 操作阶段,利用所学知识,对各种形式的作业进行反应;⑧ 反馈阶段,通过操作活动的结果认识学习是否达到了预定目标，从而在内心得到强化，使学习活动告一段落。

三、认知教学法

（一）利用有指导的探索进行发现学习

发现性学习鼓励学生对要学习的信息进行非结构化探索，从而主动地发现概念、规则或者原理。然而，没有来自教师的任何指导，缺乏预备知识或者激活了不恰当的知识，学生可能无法将需要学习的原理整合到自己的记忆系统中；也可能因为发现过程中的可能性太多，学生根本无法发现原理。因此，在发现学习中，可以采用指导性探索的方法。在这种方法中，教师提供足够的指导以确保学生发现要学习的规则或者原理。对于寻求发现物理原理的高中生，教师要提供一般的实验指南，指导他们的实验，并对他们的进展进行监控，在必要的时候将他们的活动引导到正确的方向上。有指导的探索能有效地促进小学至高中的学生对新知识的学习和迁移，但是，教师在决定提供多少，以及何种类型的指导时还是需要考虑学生的个别能力和需要。

（二）提供以有意义学习为目的的讲解式教学

讲解式教学的目标不是让学生独立地发现要学习的内容，而是要确保学习者以一种有意义的方式把新信息整合进记忆。讲解式教学对科学、数学、社会学或健康等科目，尤其是对小学高年级到高中的学生都是很有效的。

在讲解式教学中，教师介绍新知识时要强调它与学生已知知识、现实生活中的事例和情境的关联。教师可以使用先行组织者技术，在教学前呈现一般信息，提供给学习者以整合新信息的框架。如花一些时间回顾本部分开头的本章大纲，还可以视觉呈现流程图，介绍一个过程或一个类比。例如，用相机类比人类的眼睛来教小学生人类的眼睛是如何工作的。在激活学生的相关知识后，教师可以以一种高度组织的方式呈现学习内容，即先呈现整体的或前提性知识，然后再到其分化部分的、更具体的学习内容，为学生整合新知识提供可靠的基础和框架。此外，教师可以给学生提供在多种不同的情境中练习新知识的机会，以达到对新内容的完全理解。

（三）根据学生的注意规律设计和实施教学

随着时间的推移，学生获取新信息的能力和分辨重要信息的能力在不断变化，教师应注意根据学生的心理发展水平来设计课程。在课堂上可综合采用多种教学方法使学生集中注意力。一节课前几分钟由老师讲课和演示，之后可以考虑停下来让学生讨论和练习新的概念，或是让他们以小组形式完成一项任务。如果有条件，可以让学生亲身参与角色扮演、演示、做实验，以及调查研究。在课堂上，利用重复将学生注意力集中到重要的概念上，让学生做笔记、画概念图或者是图表。提问学生关于材料的问题，来指引他们注意的方向，可以向全班提出问题，也可向某个学生提问，这都可以帮助学生注意并开始思考。在从一个活动转向另一个活动或者转向另一个主题之前，让学生记录刚才讨论过的或学习到的问题或是总结。这种做法鼓励学生在活动、讨论和讲座进行的时候注意它们并在结束前进行信息加工。读懂学生的肢体语言和面部表情，识别他们节奏变化的时机。通过引入变化和新奇的东西，维持学生的好奇心。此外，注意在学生久坐之后提供休息时间。

在课堂管理中，设计出一种信号告诉学生停下手中的事将注意力集中在教师的身上（如以铃声、一种掌声、一种熟悉的口号来开始一堂课）。在课堂环境的设置中，可以合理安排座位，使学生的注意力能集中在老师身上。一般来说，坐在教师身边的学生能更好地集中注意力。要使教室里的注意力分散现象降到最低，这样就不会干扰学习。

第四节　认知理论在知识学习中的应用

一、知识的分类与获得

（一）知识的分类

安德森从信息加工的角度，将知识分为陈述性知识和程序性知识。陈述性知识是关于"是什么"的知识，是对事实、定义、规则和原理等的描述。

程序性知识则是关于"怎么做"的知识，如怎样进行推理、决策或者解决某类问题等。陈述性知识容易被人意识到，而且人能够明确地用词汇或者其他符号将其系统表述出来。例如，中学生可以说出功的计算公式"W＝FS"，而程序性知识体现在实际活动中，个体到底有没有程序性知识不是通过他的回忆而是通过他的活动才能判断出来。如同样对知识"功"，学生不仅可以说出功的计算公式，而且可以根据公式对所接收的信息进行加工变换，用公式来解决有关的问题，如果他知道了力的大小为 5 牛顿，物体在力的方向上通过的距离为 10 米，他就可以计算出功的值为 50 焦耳，这就意味着他具有了这方面的程序性知识。程序性知识是与一定的问题相联系的，在一定的问题情境面前，它会被激活，而后被执行，这一过程几乎是自动进行的，不需要太多的意识。

（二）知识的表征

知识的表征指知识在头脑中的表示形式和组织结构。个体一旦获得知识，就会在头脑中用某种形式和方式来代表其意义，把它储存起来。例如，用"狗"这个词来代表那样一类擅长跑、嗅觉灵敏的动物，但有时说起狗，我们头脑中就会浮现出狗的形象。不同类型的知识在头脑中以不同方式表征。陈述性知识以概念、命题、命题网络、表象或图式表征，而程序性知识主要以产生式表征，有时也可能以图式表征。

1. 概念

概念代表着事物的基本属性和基本特征，是一种简单的表征形式。比如"眼镜"就包含了这样一些特征：有两个圆镜片，有两条眼镜腿，用来矫正近视等。特征本身又分为直觉特征（如颜色）、功能特征（如用于凿洞）、关系特征（如表弟是某人的阿姨的孩子）等。不同概念在头脑中是互相联系的，又具有一定的层次关系，因此它们就构成了概念层次网络组织。

2. 命题和命题网络

命题是知识的最小单元，用于表述一个事实或描述一个状态，通常由一个关系和一个以上的论题组成，关系限制论题。例如，在"小狗吃骨头"这一命题中，"小狗"和"骨头"是两个论题，"吃"是两个论题的关系。

命题用句子来表达，一个句子可以包含一个或多个命题。例如，"妈妈给小花买了一件漂亮的衣服"。这个句子由两个命题组成，分别是"妈妈给小花买了一件衣服"和"这件衣服很漂亮"。虽然命题由句子组成，但命题不等同于句子。句子代表着交流观念的方式，有一定的语法结构、句式，而命题只涉及句子表达的意义，跟具体的句式无关。

共同涉及某些信息的命题能相互联系起来形成命题网络。如"孩子们正在玩过家家的游戏"中包含两个命题，分别是"孩子们正在玩游戏"和"这个游戏叫过家家"。这两个命题共享"游戏"这个信息，就构成了一个简单的命题网络。长时记忆中的大部分陈述性知识就是以相互联系的概念和关系构成的命题网络的形式存在的。与命题一样，命题网络储存的也是事件的意义，当人们要回忆一些信息时，可以将事件的意义转化为熟悉的短语、句子或心理图像。命题网络能够保持大量的相关信息，从而使人们在回忆一些信息时可以引发对另一些信息的回忆。因此，网络式的信息表征有利于信息的记忆和有效提取。

3. 表象和表象系统

表象是个体对当前不存在的物体或事件的外观、结构或其他物理特性的心理表征。表象可以在多种感觉通道（如视觉、听觉、嗅觉、味觉和触觉）中产生。例如，想象中的鸟的形象是视觉表象，想象中的火车的汽笛声是听觉表象。

表象具有直观性、概括性和可操作性。表象具有直观性，它是以过去知觉过的内容为基础的。但表象较之知觉可能是不完全的、不稳定的。表象具有概括性，它是对某一类对象的表面感性形象的概括性反映。表象还具有可操作性，它可以被分析综合，被放大缩小，也可以被旋转嫁接。表象是感知与思维之间的过渡形式，让形象思维和创造性思维成为可能。

表象作为一种特殊的信息表征方式在词汇学习、阅读理解、问题解决、推理，以及创造性活动中均有重要作用。例如，科学家凯库勒发现的苯的环形化学结构、沃森和克里克建立的 DNA（脱氧核糖核酸）双螺旋分子结构模型，都是利用了表象来实现创造。教学中借助表象训练还能够提高教学质量，并有助于学生发展思维能力。例如，在学习立体几何时，教师要训练学生运用表象做心理旋转；在语文课上，教师也可以鼓励学生想象课文中描绘的情景。教师还可为学生提供一些视觉辅助，如图片、概念图或实物教具等以促进学生形成更好的视觉表象，提高记忆质量。

4. 图式

图式是指有关某一主题的有组织的知识结构。它是在个体记忆中有关一个物体、事件、概念或者技能的重复发生的经验模式，是用来组织相关概念的认知框架。例如，一想到教室，就会马上想到与它有关的概念要素，如教师、学生、讲台、课桌等，会想到一节课的典型模式。图式具有下列一些特征。

（1）图式内含有变量。例如，在"猴子"的图式中有毛、眼睛、爪子和尾巴等变量，这些变量的值是可以改变的，不同的猴子猴毛有长有短，眼睛的颜色也不尽相同。

（2）图式具有层次。图式可以是一个很小、单一的观念，也可以是足够大并且内部有关联的观念。例如，你可能对自己的宠物小猫有一个图式，你也可能对猫科动物，如老虎、狮子等有一个较为综合的图式。

（3）一个图式可以成为另一个图式的一部分，并且图式之间能够内部关联。例如，随着一个教师学习了越来越多的教学知识，其教案的图式可能包含教师管理、对学生学习情况的评价，或者与之关联起来。

（4）图式可以不断丰富和发展。随着对同一事件有越来越多的经验，对这个事件的图式会变得越来越丰富和具体。

（5）图式是灵活的、可以推论的。图式存储了事件的一般特征，并且能够被应用到理解这种事件的不同例子中。如果建立起快餐用餐的图式，就知道在任何一家快餐店如何用餐。

（6）图式具有不同的分类，如物体图式（如房子的图式）、事件图式（脚本）、动作图式（如洗衣服的图式）等。事件图式（或"脚本"）是指行动的顺序或存储在记忆中的行动计划。都有关于事件的脚本，例如，乘坐交通工具出行，由于交通工具不同（如飞机或者火车），这些脚本并不完全相同。在餐馆吃饭也符合某个脚本：找到合适的位子—看菜谱—点菜—服务员上菜—买单等。脚本会影响预期，并引领我们在各种情境中的行动。

教师可以教授一些有关学习的事件图式来提高学生的学习效率，如解应

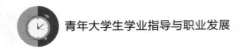

用题、做实验和阅读测验的程序等。

教师还可以利用有关文本或故事结构的图式——故事语法帮助学生理解和记忆故事，故事语法存储了出现在故事中的不同种类的组织结构。例如，故事七要素（时间、地点、任务、事件、起因、经过和结果）就是一种故事语法。要理解一个故事，就要选择一个合适的图式，然后利用这个图式的框架来决定要记住或寻找哪些信息。对故事结构的掌握会提高理解和回忆所读故事的能力。

5. 产生式和产生式系统

产生式，也称条件—动作序列，是指个体大脑中存储的一系列以"如果这样，则那样做"形式表示的规则。它是表征程序性知识的最小单位。例如，如果体育老师喊"预备，跑"，那么学生开始赛跑；如果走路累了，就坐下来歇一歇；如果你想在雪地上滑得更快，就稍微向后倾斜。当"如果"的这个条件满足时，就要采取行动。

产生式具有自动激活的特点，一旦满足了特定的条件，就会产生相应的行动，经常不太需要个体明确的意识。而且，一个产生式的结果可以作为另一个产生式的条件，从而引发其他行动，这样众多的产生式联系在一起就形成了相对复杂的产生式系统。产生式系统是指将多个产生式进行整合而形成的条件—动作系列。在这个系统中，个体将依次进行"如果……那么……"的检查，"如果"条件一旦满足，就采取相应的行动，然后看下一个"如果"条件是否满足，一旦满足就采取下一个行动。

（三）知识的获得

1. 陈述性知识的获得

知识的获得主要通过知识直观和知识概括两个环节得以实现。

（1）知识直观

知识直观是主体通过对直接感知到的教学材料的表层意义、表面特征进行加工，形成对相关事物的具体的、特殊的和感性的认识。直观是理解知识的起点，是知识获得的首要环节。

在实际的教学过程中，主要有三种直观方式，即实物直观、模象直观和言语直观。

实物直观是指通过直接感知要学习的实际事物而进行的一种直观方式。例如，观察各种实物、演示各种实验、到工厂或农村进行实地参观访问等。实物直观的优点是给人以真实感、亲切感，所得到的感性知识与实际事物间的联系比较密切，因此有利于激发学生的学习兴趣，调动学习的积极性。其缺点是由于实物直观的本质属性与非本质属性联系在一起，并且由于受时空与感官特性的限制，许多事物的特征与联系难以在实物直观中直接被觉察。

模象直观是指通过对事物的模拟性形象直接感知而进行的一种直观方式。例如，对各种图片、图表、模型、幻灯片和教学电影电视等的观察和演示。模象直观的优点是可以人为地排除一些无关因素，突出本质要素；并且可以根据观察需要，通过大小变化、动静结合、虚实互换、色彩对比等方式扩大直观范围，不受实物直观的局限，提高直观效果，扩大直观范围。因此，它已成为现代化教学的重要手段，是现代教育技术学研究的重要内容。但是，由于模象只是事物的模拟形象，与实际事物之间有一定距离，因此要使通过模象直观获得的知识能在学生的生活实践中发挥更好的定向作用，应注意将模象与学生熟悉的事物进行比较。同时，在可能的情况下，尽量使模象直观与实物直观结合进行。

言语直观是在形象化语言的作用下，通过学生对语言的物质形式（语音、字形）的感知及对语义的理解而进行的一种直观形式。言语直观的优点是不受时间、地点和设备等条件的限制，可以广泛使用。同时也能运用语调和生动形象的事例去激发学生的感情，唤起学生的想象。但是，言语直观所引起的表象，往往不如实物直观和模象直观鲜明、完整、稳定。因此，在可能的情况下，应尽量配合实物直观和模象直观。

（2）知识的概括

知识的概括是指主体通过对感性材料的分析、综合、比较、抽象、概括等深度加工改造，从而获得对一类事物的本质特征与内在联系的抽象的、一般的、理性的认识的活动过程。知识的概括包含感性概括和理性概括两种类型。感性概括即直觉概括，它是在直观的基础上自发进行的一种低级的概括形式。理性概括是在前人认识的指导下，通过对感性知识经验进行自觉的加工改造，来揭示事物的一般的本质的特征与联系的过程。感性概括和理性概括的区别如下：从内容上看，感性概括并没有反映事物的本质特征和内在联系，所概括的一般只是事物的外表特征和外部联系，是一种知觉水平的概括；理性概括是一种高级的概括形式，它所揭示的是事物的一般因素与本质因素，是思维水平的概括。从感性概括中，只能获得概括不充分的日常概念和命题。只有通过理性概括，才能获得揭示事物本质的科学概念和命题。

2. 程序性知识的获得

学生不仅要理解并记忆知识，更要能够运用知识解决问题。例如，学生能够按照指定规则造句、作文，计算平行四边形面积，进行异分母分数的加法运算等，这些都属于程序性知识的学习。程序性知识的学习实质是掌握做事的规则，也就是传统意义上的技能获得，程序性知识的获得包括相互联系的两个部分：模式识别学习和动作序列学习。

程序性知识是在陈述性知识学习的基础上，经过大量的练习和反馈，达到熟练和自动化的程序。根据安德森的理论，程序性知识的获得主要由以下三个阶段构成。

（1）程序性知识的获得阶段

认知阶段。学生通过学习以命题形式表征的陈述性知识来理解有关事实、命题、概念、原理和行动步骤等，例如学习公式：路程＝时间×速度。在学会运用这个公式之前，学生第一步需要知道这个公式的含义、适用范围，之后才能在此基础上灵活运用。

练习阶段。学生将以命题形式表征的陈述性知识转变为以产生式形式表征的程序性知识，将原理和行动步骤转变为一系列的条件—动作。如已知路程的公式，已知速度和时间（条件），那么根据"路程＝速度×时间"，就可以求解出路程（动作）。

自动化阶段。随着进一步的练习，学生无须有意识地控制或付出心理努力就能够自动完成有关活动步骤。这时操作的准确性和速度均得到了很大提高，表现为纯熟的技能，不需要提取有关操作步骤的知识。例如，学生不用想着具体的步骤就能快速而准确地计算圆的面积、半径、直径和周长。

（2）模式识别的学习

模式识别是指学习者将输入刺激（模式）的信息与长时记忆中的有关信息进行匹配，从而辨认出该刺激属于什么范畴的过程。例如，学生学习圆形的概念后，就可以根据圆形的概念进行图形判断。圆的模式识别的产生式如下：如果图形是两维的，图形是封闭的，且图形上各点距中心的长度相等，那么判断该图形为圆，并说出这是圆。

（3）动作序列的学习

动作序列是指学习者顺利执行、完成一项活动的一系列操作步骤，涉及对动作进行排序。这一过程涉及两个阶段：程序化和程序组合。

程序化是指将动作步骤从陈述性知识的表征转换成程序性知识表征的过程，程序化之后执行某个动作不再需要提取陈述性知识。

程序组合是指把若干个产生式合成一个产生式，把简单产生式合成复杂的产生式。程序组合的基本条件是有关联的两个产生式同时进入工作记忆，第一个产生式的行为项成为第二个产生式的条件项，第一个产生式的条件项保留，两个产生式的行为项合起来成为行为项，这就形成了一个新的产生式。例如，学习蛙泳的产生式如下：

P1，如果双手划水时，那么头抬起来；

P2，如果头抬起来时，那么要赶快换气；

程序合成为 P，如果双手划水时，那么头就抬起来，并赶快换气。

二、学习的策略

（一）学习策略的界定

学习策略是指学习者为了提高学习的效果和效率，有目的、有意识地制定有关学习过程的复杂方案。这一界定明确了学习策略的四个方面的特征。① 学习策略是学习者有意识、主动使用的。学习者为了完成学习目标、提高学习的效率，主动使用学习策略。学习者学习时先要分析学习任务和自己的特点，然后根据这些条件，制订适当的学习计划。② 学习策略是有效学习所必需的。学习策略的使用是为了提高学习效率。例如，记忆英语单词，如果反复朗诵，最终也能记住，但是，保持时间不会太长，记忆也不会很牢靠。相反，如果采用分散复习、尝试用背诵或关键词联想的方法，记忆的效果和效率一下子会得到很大的提高。③ 学习策略不等同于学习方法，它是有关学习过程的方案。它规定学习时做什么不做什么、先做什么后做什么、用什么方式做、做到什么程度等方面的问题。④ 学习策略是学习者制订的学习计划，由规则和技能构成。严格说来，所有学习活动的计划都是不相同的，每一次学习都有相应的计划。但相对而言，同一种类型的学习存在基本相同的计划，这些基本相同计划就是常见的一些学习策略，如阅读策略、组织策略、画线策略等。

许多学者对学习策略的成分和层次进行了理论上的探讨。简单地说，策略是由两种相互作用的成分组成的，一种是基本策略，用来直接操作学习材料，如领会和记忆策略；另一种是辅助性策略，被用来维持合适的学习心理状态，如集中注意策略。迈克尔等区分了三种学习策略（见图 2-5）。

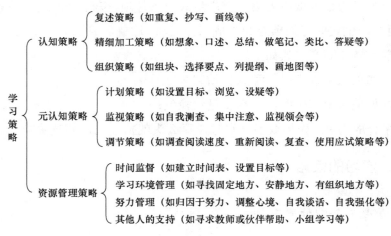

图 2-5　学习策略的分类

（二）学习策略的类型介绍

1. 认知策略

认知策略体现为加工信息的一些方法和技术，这些方法和技术有助于学习者有效地从记忆中提取信息。

（1）复述策略

复述策略指在工作记忆中为了保持信息，运用内部语言在大脑中重现学习材料或刺激，以便将注意力维持在学习材料之上的策略。在某些简单的任务中，如查找一个电话号码，人们会用到复述策略。为了在长时记忆中建立信息，人们也需要复述策略。

复习是实施复述策略的一种重要形式，它对学习有重要的促进作用。良好的复习策略有及时复习、分散复习、复习形式多样化、尝试背诵、自问自答等。

① 及时复习。心理学家艾宾浩斯等发现，遗忘的进程是先快后慢，在识记后的 20 分钟就差不多遗忘了 40%左右，过几天就忘得差不多了。如果过了很长时间，一直等到考试前才复习，就几乎等于重新学习了。要抵抗遗忘，就要在遗忘大量发生的时候进行复习。复习的黄金 2 分钟，是指在学习后 10 分钟，只用 2 分钟复习就能很好地抵抗遗忘。

② 分散复习。分散复习是指每隔一段时间重复学习一次或几次。对于大多数学习，分散复习更有利于长期保持，学习之后要复习四五次才能将所学内容长期牢固地存储在头脑里。大体复习间隔时间安排为：10 分钟、一天、一周、一个月、两个月、半年之后对同一个材料各复习一次。

③ 复习形式多样化。将所学的知识用实验来证明、写成报告、做出总结、与人讨论，以及向别人讲解等比单调重复更有利于理解和记忆。某一领域的专家之所以能记得住许多专业知识，是他们在反复地应用这些知识。只有善于在不同的情境下反复应用所学的知识，才能加深对知识的理解和保持。

学习金字塔（见图 2-6）是 20 世纪 60 年代美国缅因州贝瑟尔国家培训室提出来的。这个金字塔显示了学生以不同学习方法完成学习 24 小时后对新学内容的保持率。位于塔尖的方式是听老师讲授，一天之后学生只能记住 5%。从塔尖往下走，学生投入学习的程度越来越高，对内容的保持率也越来越高。塔底是向他人讲授或者立即运用所学内容，一天之后能够保持 90%。俗话说："教一年等于学三年。"让学生记住知识的最好方式不是一味简单重复而是让学生有机会讨论、讲解和应用所学知识。

图 2-6　学习金字塔

④ 尝试背诵。复习时可以采取阅读与回忆相结合的方法。阅读两遍自己觉得记住了，就合上书回忆书中的内容，回忆时用自己的话说出来效果会更好。回忆后再对照书或笔记看哪些地方有错、有难点，就在这些地方多下点功夫，直到能熟练回忆为止。

⑤ 自问自答。复习时可以一边阅读，一边自己提问题自己回答，然后根据回答或背诵的情况，检查自己的错误和薄弱环节，以便重新分配学习的内容。

（2）精细加工策略

精细加工策略指一种将学习材料与头脑中已有知识联系起来，从而增加新信息意义的深层加工策略。记忆术就是一种典型的精细加工策略。记忆术指一种通过给识记材料安排一定的联系以帮助记忆，并提高记忆效果的方法。记忆术的基本原则是通过精细加工和联想使无意义的材料意义化，使抽象的内容形象化，使分散而无内在联系的材料系统化。一个新信息与其他信息的联系越多，能回忆出该信息的原貌的途径就越多，也就是提取线索越多，回忆就越容易。因此，它是一种理解性记忆策略，和复述策略结合使用，可以显著提高记忆效果。

① 位置记忆法。位置记忆法是一种传统的记忆术。这种技术在古代不用讲稿的讲演中广泛使用，而且沿用至今。使用位置记忆法时，学习者在头脑中创建一幅熟悉的场景，在这个场景中确定一条明确的路线，在这条路线上确定一些特定的点，然后将所要记的项目全都视觉化，并按顺序和这条路线上的各个点联系起来。回忆时，按这条路线上的各个点提取所记的项目。位

置记忆法对于记忆有顺序的系列项目特别有用。古罗马元老院的政治家们常常用此法记住自己演说的要点。他们常常在自己的身体上、房间确定出许多特定的点来加以利用。

② 缩简和编歌诀。缩简就是将识记材料的每条内容简化成一个关键性的字，然后变成自己熟悉的事物从而将材料与过去经验联系起来。有时，可以将材料缩简成歌诀。歌诀韵律和谐，抑扬顿挫，非常有助于记忆。如《二十四节气歌》："春雨惊春清谷天，夏满芒夏暑相连，秋处露秋寒霜降，冬雪雪冬小大寒。"

③ 谐音联想法。谐音联想法是指学习一种新材料时通过谐音，运用联想，借助意义辅助记忆。例如，电流强度公式"$I = Q/t$"，可以谐音联想为"爱的丘比特"。

④ 做笔记。在学习时做笔记，能促进新信息的精细加工和整合。做笔记要求学习者对材料的中心思想进行心理加工，它要求学习者决定记什么。但笔记的种类会影响整合和组织信息的方法。逐字逐句地做笔记是对材料的详细编码，做总结性笔记将增进对材料的再组织和整合。用自己的话做笔记（用不同的词表达中心思想）和为了准备教别人而做笔记是很有效的，它们要求对信息进行高水平的心理加工，具有较高的生成性。在复杂的理论性材料中，用自己的话做笔记能起到很好的学习效果。要求有一定心理加工的笔记比纯粹笔录阅读材料更有效。为了增强学生做笔记的能力，教师在讲课或阅读之前，可以给学生提供一个"梗概"，这等于是给学生一个类目，引导他们做笔记。

有效的笔记需要两个步骤：自己做笔记和复习。只做笔记，不复习和借别人的笔记复习，学习效果都会比较差。

（3）组织策略

组织策略指整合所学新知识之间、新旧知识之间的内在联系，形成新的知识结构的策略。组织策略和精细加工策略是密不可分的，如做笔记和写提要等实际上是两者的结合。下面是一些常用的组织策略。

① 列提纲。列提纲是以简要的语词写下主要和次要观点，也就是以金字塔的形式呈现材料的要点。列提纲时，先对材料进行系统地分析、归纳和总

结，然后用简要的语词，按材料中的逻辑关系，写下主要和次要观点。所列出的提纲要具有概括性和条理性，但其效果取决于学习者是如何使用它的。一种有效的方法是让学生每读完一段后用一句话做概括，另一种方法是让学生准备一个提要来帮助别人学习这些材料，这种活动可以促使学习者认真考虑什么重要、什么不重要。

② 形成系统结构图。学完一门学科知识，可对学习材料进行归类整理，将主要信息归纳成不同水平或不同部分，然后形成一个系统结构图。复杂的信息一旦被整理成一个金字塔式的层次结构，进行理解和记忆就容易多了。在金字塔结构里，较具体的概念要放在较抽象概念之下，如图 2-7 所示。

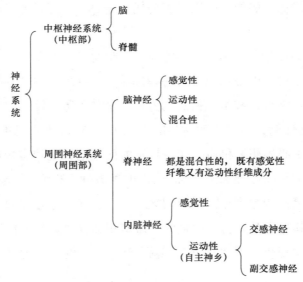

图 2-7　"神经系统"系统结构示意图

③ 制作表格。首先对材料进行全面的综合分析，然后抽取主要信息，并从某一角度出发，将这些信息全部罗列出来，力求反映材料的整体面貌。例如，学习心理学各流派理论，可以将各理论的主要观点归纳整理在一份表格之中。

2. 元认知策略

元认知是对认知的认知，具体地说，是个体关于自己认知过程的知识和调节这些过程的能力。元认知包含元认知知识和元认知控制两个部分。

（1）元认知知识

元认知知识是有关认知的知识，即关于个人的认知活动，以及影响这种认知活动的各种因素的知识。具体来说，可分为三个方面。

第一，关于个人的知识，即关于自己与他人作为认知思维者的主体的一切特征的知识。具体来说，包括三方面的知识：关于个体内差异的认识。包括正确地认识自己的兴趣、爱好、学习习惯、能力限度，知道如何克服自己在认知方面存在的不足，并且认识自己的学习观和知识观等。例如，"我擅长图解材料"或"我不擅长理解课本内容"。高年级学生甚至能够知道自己在某一段时间内能够掌握多少信息。关于个体间差异的认识。包括知道人与人之间在认知方面及其他方面存在的种种差异。关于主体认知水平和影响认知活动的各种主体因素的认识。包括知道记忆、理解有不同的水平，知道注意在认知活动中的重要性，知道人的认知能力是可以改变的。

第二，关于任务的知识，即对学习材料、学习要求和学习目的的认知。最重要的任务知识涉及对任务难度的感知。学生往往基于三个方面的因素来判断任务难度：内容，例如，"这是一条有关英语的不规则动词的说明"；长度，例如，"这个单词很长"；任务类型，例如，"在考试中，选择题需要对材料信息进行再认，而简答题和论述题则需要对信息进行回忆"。

第三，关于策略的知识，即个体意识到自己对学习策略的选取、调节和控制有所认识。一般来说，年幼儿童不擅长使用策略知识。3岁幼儿可以在一个特定的任务上学会一种策略，但不会自发地将这种策略应用到类似任务上；到8岁时，儿童不用他人推动就能自发地使用策略；小学高年级学生已开始认识到在某种情境下使用某种策略效果更好。

（2）元认知控制

元认知控制是学习者努力控制自己的认知、信念、情感和价值观的一种目的性行为，它是指学习者在进行认知活动的过程中，对自身认知活动所进行的积极的、自觉的监视、调节与控制。它包括认知活动前制订计划，认知活动中实行监控、评价和不断反馈，认知活动后对结果不断检查、调节和修正。

① 计划策略。计划策略指根据认知活动的特定目标，在一项认知活动之

前计划各种活动，预计结果、选择策略，想出各种解决问题的方法，并预估其有效性。计划策略包括设置学习目标、浏览阅读材料、产生待回答的问题以及分析如何完成学习任务。给学习做计划就好比足球教练在比赛前针对对方球队的特点与出场情况提出对策。不论是完成作业，还是为了应付测验，学生在每一节课都应当有一个一般的"对策"。优秀的学生并不只是听课、做笔记和等待教师布置测查的材料。他们会预测完成作业需要多长时间，在写作前获取相关信息，在考试前复习笔记，在必要时组织学习小组，以及使用其他各种方法。换句话说，优秀的学生是一个积极的而不是被动的学习者。

② 监控策略。监控策略指在认知活动的实际过程中，根据认知目标及时评价、反馈自己认知活动的结果与不足，正确估计自己达到的认知目标的程度、水平并且根据有效性标准评价各种认知行动与策略的效果。监控策略包括阅读时对注意进行跟踪、对材料进行自我提问，考试时监视自己的速度和时间。这些策略使学习者警觉自己在注意和理解方面可能出现的问题，以便把它们找出来并加以修改。例如，学习者为了应考而学习时，会向自己提出问题，并且会意识到某些章节自己并不懂、自己的阅读和记笔记方法对这些章节不适用，需要尝试其他的学习策略。

③ 调节策略。调节策略指根据对认知活动结果的检查，如发现问题，则采取相应的补救措施，根据对认知策略效果的检查，及时修正、调整认知策略。元认知调节策略与监控策略有关。例如，当学习者意识到他不理解课文的某一部分时，他就会退回去重读理解有困难的段落；在阅读困难或不熟悉的材料时放慢速度；复习他不懂的课程材料；测验时跳过某个难题先做简单的题目；等等。调节策略能帮助学生矫正学习行为，补救理解上的不足。

元认知策略的几个方面总是相互联系在一起运作的。在学习过程中，学习者一般先认识自己的当前任务，使用一些标准来评价自己的理解、预计学习时间、选择有效的计划来学习或解决问题，然后执行学习计划并同时监视自己的进展情况，根据监视的结果采取补救措施。

3. 资源管理策略

资源管理策略是辅助学生管理可用环境和资源的策略。它有助于学生适应环境并调节环境以适应自己的需要，对学生的动机具有重要的作用。它包括学习时间管理策略、学习环境的设置策略、学习努力和心境管理策略，以及学习求助策略等。其中，学习环境的设置策略主要表现为善于选择安静、干扰较小的地点开展学习，充分利用学习情境的相似性，等等。学习努力和心境管理策略主要指掌握一些方法来排除学习干扰，使自己的精力有效地集中在学习任务上。这里重点阐述学习时间管理策略和学业求助策略。

（1）学习时间管理策略

时间是极其重要的学习资源，有效的时间管理可以促进学习，并增强自我效能感；无效的时间管理则削弱信心，降低学习效率。齐默尔曼把学习时间管理视为一种有效的自我调节学习策略。他认为，自我监察是时间管理中的重要因素，学生没有意识到自己的时间使用情况，就不可能计划和合理使用自己的时间。

以下列出的是一些有效的时间管理策略。

① 确立有规律的学习时段。每天只要预留固定的几个小时来学习，那么学习就不用每天重新计划，而会成为一种习惯化的活动。

② 确立切合实际的目标。很多学生倾向于低估完成一个学习任务所需的时间，因此他们应该稍微高估所需的时间，直到有比较精确的估计能力为止。

③ 使用固定的学习区域。当学生在一个采光良好、远离噪声、没有分心因素、能够集中注意力的地方学习时，他们的时间利用会更高效。有些学生发现图书馆是学习的好地方，而有些学生则在家里营造一个高效读书空间。

④ 分清任务的轻重缓急。当学生有很多事情需要做时，应分清事情的轻重缓急，先完成相对重要的事情。通常来说，先解决困难的科目，然后完成相对容易的科目。因为人们的注意力往往是在开始的时候更为专注，可以运用"重要"和"紧急"两个维度进行自我判断，要学会将重要的事情先完成。

⑤ 学会对分心的事物说"不"。在学习中，经常会出现许多分心刺激，如朋友邀约、电子游戏、手机等，如果不能抵抗诱惑，就会浪费掉许多宝贵的时间。当学习中断后，学生往往需要花费很多时间将学习状态调整到最佳状态，由此容易造成时间浪费。

⑥ 自我奖励学习上的成功。学生可以把完成学习任务后就可做自己喜欢

的其他活动作为条件，来提高自己的注意力。各种奖励是在学习目标实现之后才可以得到的。

（2）学业求助策略

在学习的过程中，学生总会碰到各种各样的困难，其中，有些困难是自己无法解决的，在这种情况下，学习者需要向他人寻求帮助。学业求助策略指学生在学习上遇到困难时，向他人请求帮助的行为。它是一种重要的社会支持管理策略。奈尔森—黎高按照求助者的目的将学业求助分为两大类。一种是执行性求助，它是指学习者面临自己不能解决的学习困难时，请求他人"替"自己解决困难。这种求助类型的学生只想要答案或者希望尽快完成任务，自己不作任何尝试就放弃了获得成就的能力，选择了依赖而非独立掌握。另一种是工具性求助，也称为适应性求助，它是学习者遇到学习困难时，借助他人的力量达到自己解决问题或者实现目标的目的。适应性学业求助的目的是独立地学习，而不是仅仅获得正确答案。因此使用工具性求助策略的学生，在自己能够解决问题的时候会拒绝他人的帮助；在需要帮助时，又能够主动寻求他人的帮助。除了这两种求助类型的学生，也有一些学生在遇到无法独立解决的困难时选择了回避求助，因为他们担心别人会认为他们很笨。

第五节　建构主义的学习理论

一、建构主义理论的基本观点

建构主义的思想可以通过一个故事来阐述。这个故事叫"鱼牛的故事"。故事内容如下。在一个小池塘里住着一条鱼和一只青蛙，它们俩是好朋友，都想出去看看外面的世界。但因为鱼不能离开水，所以只能由青蛙独自去完成这项任务。有一天青蛙回来了。青蛙告诉鱼，外面有好多新奇有趣的东西。"比如说牛吧，"青蛙说，"它的身体很大，头上长着两只弯弯的犄角，吃青草为生，身上有黑白相间的斑块，长着四只粗壮的大腿。"青蛙已经描述得很清楚了，在鱼的脑海里，出现的"牛"的形象是什么样的呢？原来是这个样子的牛——鱼牛（见图2-8），也就是在鱼的身体上，加上了鱼所听到的牛的特征。鱼牛的故事体现了建构主义的基本思想，个体对知识的建构是基于经验的。

图 2-8　鱼牛

（一）建构主义理论的知识观

传统的知识观认为知识是对客观事物的表征，因此，知识是客观的，对所有人是统一的，这是客观主义的观点。而建构主义则是与客观主义相对立的，它强调，意义不是独立存在的，个体的知识是由人建构起来的，对事物的理解不仅取决于事物本身。事物的感觉刺激（信息）本身并没有意义，意义是由人建构起来的，它同时取决于我们原来的知识经验背景。不同的人由于原有的经验不同，对同一种事物会有不同的理解，也就是说，知识不可能以实体的形式存在于具体个体之外，尽管通过语言符号赋予了知识一定的外在形式，甚至这些命题还得到了较普遍的认可，但这并不意味着学习者会对这些命题有同样的理解，因为这些理解只能由个体学习者基于自己丰富和独特的经验背景而建构起来，这取决于特定情境下的学习历程。建构主义在某种程度上对知识的客观性、可靠性和确定性提出了怀疑，强调知识的相对性、主观性和情境性。

（二）建构主义理论的学习观

学习不是简单的知识由外到内的转移和传递，而是学习者主动地建构自己的知识经验的过程,通过新经验与原有知识经验的双向相互作用,来充实、丰富和改造自己的知识经验。

学习不是知识由教师向学生的传递过程,而是学生建构自己知识的过程,学习者不是被动的信息吸收者,相反,他要主动地建构信息的意义,这种建构不可能由其他人代替。学习者的这种知识建构过程具有以下三个重要的特征。

1. 主动建构性

面对新信息、新概念、新现象或新问题,学习者必须充分激活头脑中先前的知识经验,通过高层次思维活动,即需要付出高度心理努力,有目的、有意识、连贯性地对知识进行分析、综合、应用、反思和评价。学习者要不断地思考,对各种信息和观念进行加工转换,基于新、旧知识进行综合和概括,解释有关的现象,形成新的假设和推论,并对自己的想法进行反思性的推敲和检验,学习者作为学习活动的主人,承担着学习的责任,需要对学习活动进行积极自主的自我管理和调节。

2. 社会互动性

学习是通过对某种社会文化的参与而内化相关的知识和技能、掌握有关工具的过程,这一过程常需要通过一个学习共同体的合作互动来完成。所谓学习共同体,即由学习者及其助学者(包括教师、专家、辅导者等)共同构成的团体,他们彼此之间经常在学习过程中进行沟通交流,分享各种学习资源,共同完成一定的学习任务,因而在成员之间形成了相互影响、相互促进的人际联系,形成了一定的规范和文化。学习共同体的协商、互动和协作对于知识建构有重要的意义。

3. 情境性

传统教学观念认为,概括化的知识是学习的核心内容,这些知识可以从具体情境中抽象出来,让学生脱离具体物理情境和社会实践情境进行学习,而所习得的概括化知识可以自然地迁移到各种具体情境中。但是,情境总是具体的、千变万化的,抽象概念和规则的学习无法灵活适应具体情境的变化,因此,学生常常难以灵活应用在学校中获得的知识来解决现实世界中的真实问题,难以有效地参与社会实践活动。因而,建构主义者提出,知识是生存在具体的、情境性的、可感知的活动之中的。它不是一套独立于情境的知识符号（如名词术语等），不可能脱离活动情境而抽象地存在。它只有通过实际情境中的应用活动才能真正被人所理解，学习应该与情境化的社会实践活动结合起来。

（三）建构主义理论的教学观

由于知识的动态性和相对性以及学习的建构过程，教学不再是传递客观而确定的现成知识，而是激发出学生原有的相关知识经验，促进知识经验的"生长"，促进学生的知识建构活动，以促成知识经验的重新组织、转换和改造。教学要为学生创设理想的学习情境，激发学生的推理、分析、鉴别等高级的思维活动，同时给学生提供丰富的信息资源、处理信息的工具，以及适当的帮助和支持，促进他们自身建构意义以及解决问题的活动。

综上所述，当今的建构主义者对学习和教学做了新的解释，强调知识的动态性，强调学生的经验世界的丰富性和差异性，强调学习的主动建构性、社会互动性和情境性。学生是自己的知识的建构者，教学需要创设理想的学习环境，促进学生的自主建构活动。

二、建构主义理念下的教学方法

建构主义理论的出现给教育心理学的发展注入了新鲜的血液，对现代教育产生了重大的影响，受到各国教育界的重视。在不断强调素质教育的今天，这种理论更是适应了时代发展的要求，适合于教育改革。应重视建构主义理论在实际教育中的应用，不断提高学生的能力，使教育体系更加完善。

在建构主义理论的指导下，教学原则应该做到：以学生为中心，强调综合能力的培养而不只是对书本知识的理解；在课堂教学中使用真实的任务和日常的活动或实践来整合多重的内容或技能。学生的学习应该是合作协商的而不是孤立完成或老师强加的；学习评估的标准应是灵活的而不是同一的；同时在学习中要鼓励学生有不同的观点和想法，让他们进行积极的思考和自我反思评价。在这样的教学原则指导下建构主义已形成了一些行之有效的教学设计模式，主要有以下几种。

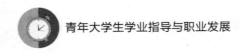

（一）认知学徒式教学

认知学徒式教学被许多研究者视为建构主义教学的一个重要模式，这种教学方式侧重概念知识与认知技能在不断变化的真实情境中的应用，而这些变化的情境既有助于深化对概念或认知技能的理解，又有助于构建反映概念、认知与问题解决情境之间重要联系的网络。在此教学活动中，强调学习共同体，学习者通过参与共同体的活动和社会交互，进行某一领域的学习。教师（专家）像"师傅"一样会根据每个学生的不同特点给予指导，学生根据不断变化的问题情境进行探索，寻求解决问题的方法，在情境中反复地观察、演练和实践。教师（专家）和学生的关系类似于传统作坊中的"师徒"关系，学习者像手工业中徒弟跟随师傅那样在实际情境中进行学习，因此称为"认知学徒式教学"。认知学徒式教学的重点有：向学习者提供可应用的知识，让学生创造出可以用来整合学习经验的整体框架，反复变化观察的角度等。

（二）合作学习

合作学习也是建构主义十分重视的一种学习模式，每种教学设计中也都离不开合作学习。学习活动在小组成员之间展开，学习者自己发现完成总任务所需要完成的各自任务，自己解决所必需的各种知识技能，然后通过合作讨论来完成学习，此种学习模式强调成员之间的交流协作，小组成员间相互依赖、相互沟通，共同完成知识经验的建构，从而达到共同的目标。学习者之间的交流、争议有助于对知识更深层次地理解，有利于学习者更好地认知自己的思维过程，建立完整的经验表征。在建构主义看来，学生要在真正意义上掌握知识，就必须主动建立自己的知识体系，在学习中主动发现问题，讨论和分析有关信息，交流合作，建立起对知识的理解；在合作中自主监控，学会反思，修正学习策略，优化学习过程。

（三）支架式教学

支架式教学设计源于建构主义关于概念框架的观点，利用概念框架作为学习过程中的"脚手架"，这种教学是通过"支架"（教师的帮助）的作用把管理调控学习的任务逐渐由教师转移给学生自己，最后撤去"支架"。这是以维果斯基的"辅助学习"和"最近发展区"理论为基础的，在教学之初为学生提供一种概念框架来充当学生学习的"支架"，利用此种"支架"，学生在教师的引导下不断取得进步，不断进行更高水平的认知活动，同时教师指导的作用变得越来越小；最后撤掉"支架"，学生独自完成对所学知识的意义建构。这种教学不断地把学生的智力从一个水平提升到另一个更高的水平，真正做到使教学走在发展的前面。支架式教学的基本环节包括：搭"脚手架"、进入情境、独立探索、协作学习和效果评价。

（四）抛锚式教学

抛锚式教学也称"情境性教学""实例式教学"或"基于问题的教学"。这种教学要求以与现实情境相类似的情景为基础，以现实生活中遇到的问题为目标来完成意义建构，这类真实事件或问题被比喻为"锚"，整个教学内容和教学进程以此为中心。在这种教学设计中，教学情境与真实情景类似，教师呈现真实性任务或问题给学生即"抛锚"，让学生通过亲身体验和感受，主动识别、探索、发现和解决问题。同时，此种教学设计主张弱化学科界限；教师不将提前已准备好的内容教给学生，而是在真实情境中提供解决问题的探索过程，并指导学生进行探索。最后，不需要独立于教学过程的测验，而是实行与学习过程一致的情境化的评估。比起简化了的课堂环境教学，抛锚式教学更有利于培养学生解决问题的能力。它的多样性又可以培养学生的探索精神并且在完成任务的过程中表达自己的知识，具有一定的适用性。

在实际教学中，不一定只采用其中的一种方法，可以将几种方法结合在一起灵活地加以运用。

第六节 人本主义的学习理论

人本主义心理学的学习理论从全人教育的视角阐释了学习者整个人的成长历程，重视如何为学习者创造一个良好的环境，让其从自己的角度感知世界，发展出对世界的理解，达到自我实现的最高境界。

一、马斯洛的学习理论

（一）自我实现的人格观

人本主义心理学家认为人的成长源于个体自我实现的需要，自我实现的需要是人格形成、发展、扩充和成熟的驱动力。马斯洛认为自我实现的需要就是"人对于自我发挥和完善的欲望，也就是一种使他的潜力得以实现的倾向"。通俗地说，自我实现的需要就是"一个人能够成为什么，他就必须成为什么，他必须忠于自己的本性"。正是由于人有自我实现的需要，才使得有机体的潜能得以实现保持和增强。人格的形成就是源于人性的这种自我压力，人格发展的关键就在于形成和发展正确的自我概念。而自我的正常发展必须具备两个基本条件：无条件尊重和自尊。其中，无条件的尊重是自尊产生的基础，因为只有别人有好感（尊重），自己才会对自己有好感（自尊）。如果自我正常发展的条件得到满足，那么个体就能依据真实的自我行动，真正实现自我的潜能，成为自我实现者或功能完善者、心理健康者。人本主义心理学家认为，自我实现者以开放的态度对待经验，他的自我概念与整个经验结构是和谐一致的，他能体验到一种无条件的自尊，并能与他人和谐相处。

马斯洛同时还认为，人的潜能是自我实现的，而不是教育的作用。因此，在环境与教育的作用问题上，他认为"文化、环境、教育只是阳光、食物和水，但不是种子"，自我潜能才是人性的种子。他还认为，教育的作用只在于提供一个安全、自由、充满人情味的心理环境，使人类固有的优异潜能自动地得以实现。

（二）内在学习论

马斯洛批判传统的学习是一种外在学习，他认为外在学习是单纯依赖强化和条件作用的学习。其着眼点在于灌输而不在于理解，属于一种被动的、机械的、传统教育的模式。学习活动不是由学生决定的，是由教师强制的。学生只是对个别刺激做出零碎的反应而已，学生所学的知识缺少个人意义，

"学生学到的，顶多不过像是在他的口袋里装了几把钥匙或几个铜钱而已，学生所学的一切，对他个人的心智成长，毫无意义"。在他看来，目前学生们浸透着外在学习的态度，并且像黑猩猩对训练员的技巧做出反应那样对分数和考试做出反应，读一本书的唯一理由可能是它可能带来的外部奖赏，为了获得"一纸文凭"或"赚取学位"可概括为这一外在教育的弊端。

马斯洛认为，理想学校应反对外在学习，倡导内在学习。所谓内在学习就是依靠学生内在驱动，充分开发潜能，达到自我实现的学习。这是一种自觉的、主动的、创造性的学习模式。这种内在教育的模式会促使学生自发地学习，打破各种束缚人发展的清规戒律，自由地学他想学的任何课程，充分发挥想象力和创造力。

二、罗杰斯的学习理论

在人本主义心理学对教育产生的最直接而重要的影响中，罗杰斯当推首位。20 世纪 60 年代，罗杰斯将他的"来访者中心疗法"移植到教育领域，创立了"以学生为中心"的教育和教学理论，成为 20 世纪最重要的教育理论之一。

（一）知情统一的教学目标

罗杰斯认为，情感和认知是人类精神世界中两个不可分割的有机组成部分，两者为一体。罗杰斯的教育理想就是要培养"躯体、心智、情感、精神、心力融汇一体"的人，也就是既用情感的方式、也用认知的方式行事的知情合一的人。他称这种知情融为一体的人为"全人"或"功能完善者"。罗杰斯说："只有学会如何学习和如何适应变化的人，只有意识到没有任何可靠的知识，唯有寻求知识的过程的人才是可靠的人，才是有教养的人。现代世界中，变化是唯一可以作为确立教育目标的依据。这种变化取决于过程而不取决于静止的知识。"

教育的目标在于促进学生的发展，使他们成为能够适应变化、知道如何学习的"自由人"（即功能完备的人）。在这里，自由是指能使人敢于涉猎未知的、不确定的领域，自己做出抉择的勇气。

（二）意义学习与自由学习

罗杰斯认为，学习可以分为两类，分别处于意义连续体的两端。一类学习类似于心理学上的无意义音节。学生在课堂里学习的许多内容对于他们来说就具有这种无意义的性质。这种内容学起来困难，且容易遗忘。因此学校教育只是促使学生学习没有个人意义的材料。这类学习只涉及心智，是一种发生"在颈部以上"的学习，不涉及感情或个人意义，与完整的人无关。罗杰斯认为，这种独立认知学习的做法是现代教育的悲剧之一。另一类学习是意义学习。意义学习是一种使个体的行为、态度及个性发生重大变化的学习。例如，学生学习"烫"字，明白了在生活中避开开水、火源伤害。这不仅是一种增长知识的学习，而且是一种与每个人各部分生活经验都融合在一起的学习。这种学习，对学习者本身具有意义并存在联系。在这里，我们需要注意罗杰斯的意义学习和奥苏贝尔的有意义学习的区别。前者关注的是学习内容与个人之间的关系，而后者则强调新旧知识之间的联系，它只涉及理智，而不涉及个人意义。

从意义学习的观点出发，罗杰斯认为，凡是可以教给别人的知识相对来说都是无用的，而那些能够影响个体行为的知识只能靠个体自己发现并加以同化。教师的任务不是教学生学习知识（这是行为主义者所强调的），也不是教学生如何学习（这是认知理论所重视的），而是为学生提供各种学习的资源，提供一种促进学习的气氛，让学生自己决定如何学习。罗杰斯倡导的学习原则的核心就是让学生自由学习，只要教师信任学生，信任学生的学习潜能，并愿意让学生自由学习，就会在与学生的交往中形成适应自己风格的、促进学习的最佳方法。

（三）以学生为中心的教学

罗杰斯对传统教育的师生关系进行了猛烈的批判。他认为在传统教育中，"教师是知识的拥有者，而学生只是被动的接受者；教师可以通过讲演、考试甚至嘲弄等方式来支配学生的学习，而学生无所适从；教师是权力的拥有者，而学生只是服从者"。从教育政治的角度来看，这是一种壶与杯的教育理论。教师（壶）拥有理智的、事实性的知识，学生（杯）是消极的容器，知识可以灌入其中。罗杰斯主张废除教师这一角色，代之以学习的促进者。学生自身具有学习的潜能，促进者只需为他们设置良好的学习环境，提供各种学习资源，使他们知道如何学习，他们就能学到所需要的一切。

罗杰斯认为，促进学生学习的关键不在于教师的教学技巧、专业知识、课程计划、视听辅导材料、演示和讲解、丰富的书籍等（虽然这中间的每一个因素有时候均可作为重要的教学资料），而在于特定的心理气氛因素，这些因素存在于"促进者"与"学习者"的人际关系之中。那么，促进学习的心理气氛因素有哪些呢？罗杰斯认为，这和心理咨询领域中咨询师对来访者的心理气氛因素是一致的，这就是以学生为中心的三条原则。① 真诚一致。学习的促进者是一个表里如一、真诚、完整而真实的人，没有任何矫饰、虚伪和防御。② 无条件积极关注。学习的促进者关心学习者的方方面面，尊重其情感和意见，接纳其价值观念和情感表现，而且这种感受并不以对方的某个特点、某个品质或者整体的价值为取舍、为依据。③ 同理心。学习的促进者能了解学习者的内在反应，了解其学习过程，为其设身处地，感同身受。在这样一种心理气氛下，教师就真的只是学习的促进者、协作者或者说伙伴、朋友，学习者才是学习的关键，学习的过程就是学习的目的。

（四）非指导教学模式

非指导教学模式强调个体形成独特自我的历程，尤其重视情绪生活。这种模式认为，教育是要帮助个人发展自我与环境的关系，形成自我的独特看法，发展良好的人际关系，以及更高效的信息处理能力。学习环境应该鼓励学生学习而不是控制学生学习，教学旨在发展个人人格与长期的学习方式，而不是仅仅只为了短期教学目标。因此，教学应注重如何增进学生学习。下面列举能增进学习效果的几种最有效的教学方法。

① 以生活中所遇到的问题作为学习内容。

② 提供完善和丰富的资料来源。

③ 运用学习合同或契约，来促使学生设定自己的目标与计划。

④ 运用团体决策来订立学习目标与内容。

⑤ 帮助学生学习如何对自己问问题。

⑥ 利用启发式活动，使学生获得经验性的学习。

⑦ 利用程序教学，依据学生的学习速度，多给予正强化，使学生获得经验性的学习。

⑧ 采用基本的会心团体，以及敏感性训练。

⑨ 采用自我评价。

总之，整个教学过程以学生为中心，教师要从学生的观点里了解其世界，要形成移情沟通的气氛，以培养和发展学生的自我导向。

马斯洛和罗杰斯倡导以学生经验为中心的有意义的学习、内在学习和自由学习，对传统的教育理论造成了冲击，推动了教育改革运动的发展。人本主义的观点和主张从理论上说方向无疑方向是正确的，值得思考和借鉴，但是，在教育实践中实施起来却是相当不易的，即使在人本主义思潮鼎盛的时期，他们自身的教学主张，如"开放学校""开放课堂"等也没有得到真正实现。

第三章　高校学科专业建设与人才培养

在现代社会中，人才培养、科学研究、文化传承和社会服务依然是大学的主要职能，而高校履行培养人才的社会职能则必须以学科专业建设为载体。只有不断地提高大学中的学科水平，才能更好地承担起大学应尽的职责。任何一所大学的水平和地位，都取决于它的学科水平。

第一节　人才培养对专业建设的要求

大学是以学科专业为基础建构起来的学术组织，学科水平是高校办学水平和综合实力的最主要体现。研究专业建设方法和人才培养模式、培养满足经济社会所需的高技能人才，是摆在高等教育面前的重要任务。

一、专业建设的含义

"学科专业"常常被作为一个专有词使用，而在使用中被赋予的内涵却不尽一致。因此有学者认为它是一个含糊的说法。这个说法的确可以产生歧义。譬如，说"优先发展新兴学科专业""改造传统学科专业"等，说的是以这些学科为基础的专业；"学科专业"这一提法又可以解释为专业是学科下的一级建制，即把专业视为学科的分支，视为某一级学科下的次级学科。"专业以学科为基础"和"专业是学科下的一级建制"，差别极大，而后者则是值得商榷的。

专业不是某一级学科，而是处在学科体系与社会职业需求的交叉点上。

《辞海》将专业定义为"高等学校或中等专业学校根据社会专业分工需要所分成的学业门类",并指出"各专业都有独立的教学计划,以体现本专业的培养目标和规格"。其他一些辞书关于专业的定义,与此大同小异。有不少学者也从不同的角度给专业下过定义。从大学的角度来看,专业是为学科承担人才培养的职能而设置的;从社会的角度来看,专业是为满足从事某类或某种社会职业必须接受的训练需要而设置的。本书对专业界定如下:专业处在学科体系与社会职业需求的交叉点上。正是这种"交叉点"的性质决定了专业的基本特征:

第一,专业的教学计划,是三类课程的组合,即思想道德、科学与人文知识课程,学科基础知识课程,专业性(专门化、职业化)知识和技能训练课程的组合。第一类课程是对学生进行全面素质教育所必需的基础(大体相当于西方一些大学中的所谓的通识教育课程),第二类和第三类课程是为这个专业培养"高级专门人才"的目标所规定的。无论专业培养方案如何改革,无论这个课程组合中各类课程的分量如何此消彼长,也无论各个学校的同类专业有多少各自的特点,这种"三类课程组合模式"至今也未被突破。这种课程设置所体现的原则,就是"以育人为目标,以学科为依托,以社会需求为导向"。

第二,以一门学科为基础可以设置若干个专业,这些专业因学科基础知识课程大体相同而被称为"相近专业";一个专业可能涉及不止一门而是若干门学科,这些学科甚至可能属于不同的学科门类,因此这类专业往往被称为"跨学科专业"或培养"复合型"人才的专业。这里恰好反映出设置专业与划分学科依循的原则是不同的。学科的划分,遵循知识体系自身的逻辑,因而形成"树状分支结构"。学科及其分支,是相对稳定的知识体系。即使是在一些学科分化与综合的演变中形成的新的交叉学科、边缘学科和综合性学科,这些学科也都有自己相对稳定的研究领域。专业,是按照社会对不同领域和岗位的专门人才的需要来设置的。不同领域专门人才所从事的实际工作,需要什么样的知识结构作基础,专业就组织相关的学科来满足。专业以学科为依托,但它不是学科"树状分支结构"中的哪一个"分支"。如果说以一门学科为基础设置的若干专业勉强可以视为该学科的"分支",那么,培养复合型人才的"跨学科专业"无论如何都难以划分为哪一门学科之下的次级学科。这种培养复合型人才的专业，只是不同学科在教学功能上的交叉，而不是学科在自身发展意义上的交叉。换言之，"跨学科专业"并不能视为交叉学科的"分支"。

第三，大学中的专业会随着社会产业结构的调整和人才需求的变化而变动。这种变动表现为新的专业不断产生，老的专业不断被更新或淘汰，有的专业从"冷"变"热"或者相反。据统计资料，从 2008 年至 2011 年，我国普通高校本科专业的布点数从 8 887 个增至 13 344 个。其中，信息类专业点的增长幅度是 70.01%，生物科学类专业点增长 75.97%；有 69% 的本科院校开设了计算机科学与技术专业，专业点达 415 个，是布点最多的专业；人文社会科学类专业，尤其是应用文科类专业发展迅速，在布点最多的 10 个本科专业中，有 6 个属于人文社会科学类。普通高校本科专业布点总数中各类专业点数的增减，第一志愿报考各类专业的学生数与这些专业录取数的比率，是反映某些专业冷热变化的"寒暑表"。高等学校和学生在专业选择上的行为，虽然并不能完全准确地反映社会职业需求，但也从大体上"折射"出社会职业需求变化的趋势。专业是变动的，学科则具有相对稳定性。

二、专业建设与人才培养

专业是学科承担人才培养职能的基地。任何一所大学培养的人才质量，都取决于这所大学的学科水平。专业建设要在学科建设提供的基础之上，制订专业培养目标和规格，确定专业设置口径，制订专业教学计划（或称为人才培养计划）等。人才培养建设是专业建设的主要内容之一。

专业是高校培养人才的载体，是高校与社会需求的结合点，高等教育是否适应社会需求，适应程度如何，是要通过高校设置的专业及培养的人才来体现。目前国内很多高校在专业设置上普遍存在不合理的地方。我国高等教育重视知识灌输，缺乏素质教育和能力培养，很多教材是十几年甚至更长时间之前编写的，授课的方式和课程基本上一成不变。再加上有些高校基本上不研究社会需求，因人设岗，学校有什么条件就办什么专业，看到市场需要什么专业就办什么专业，在新兴、交叉、综合性专业发展上缺乏力度，使紧贴市场、适应社会需求的一批专业没有得到充分发展。长此以往，导致学校培养出来的学生知识面窄，学习能力和适应能力差，普遍缺乏社会实践能力和实际操作能力，无法与单位所需要的实用性强的岗位相适应。因此，对高校专业设置与就业市场的相关性进行研究，具有重要的理论价值和实践意义。

人才培养体系建设首先要把握好学科方向、学科专业的调整与组合；其次要加强课程体系建设，特别是要用现代生物技术、信息技术和工程技术改造传统的课程内容；要鼓励开设新的课程，学生可以选修其他专业的课程。另外，对学生技能和实际工作能力的培养则主要通过实验、实践和参与指导教师的科技研发及技术推广活动来实现。通过这些环节，使学科方向尽可能地适应学科未来发展的需要，使课程内涵尽可能地适应社会经济发展的需要，使培养出的学生尽可能满足社会对高层次人才的需求。通过培养体系建设还可以丰富本科生的教学和实验内容，提高本科生的教学水平，为培养硕士研究生的研究能力提供平台；为博士研究生独立从事本学科创造性科学研究工作和提高创新能力提供保障。国务院学位委员会颁发的《授予博士、硕士学位和培养研究生的学科、专业目录》（2016 年更新版）中把学科分成 12 个学科门类（哲、经、法、教育、文、史、理、工、农、医、军事、管），89 个一级学科和 393 个二级学科。这是以学科的知识体系为主，兼顾行业的特点对学科进行的归类，一级学科由若干二级学科组成，二级学科由若干学科方向组成。一个学科有多个方向，一所学校由于条件限制不能建设所有的学科方向。学科方向的选择与确立一般遵循二个原则：一是继承，二是发展。从专业目录中可以看出，学科方向的选择与确立是人才培养体系建设的前提。

三、专业设置与就业市场的关系

高校的专业结构设置主要是指各高校具体专业所构成的比例关系和组合方式，其中包括不同种类高校和学科专业的数量、布局，以及相互之间的联系等设置。高校专业设置和就业市场的关系是相辅相成、辩证统一的。通过市场特有的调节机制，专业结构系统与外部环境之间持续进行着物质、能量、信息的交流，从而使专业结构系统与外部环境系统的结构都不断趋于合理化。

两者存在着统一关系。一方面，高校进行专业设置要根据社会发展、职业变化的需要，依托学科优势培养适合社会发展的高层次专业人才，而对专业进行调整就是根据产业结构调整，以及职业变化对人才知识结构、培养模式提出新要求，在操作层面上表现为根据大学生的就业状况来决定专业的取舍和招生规模，使毕业生能够顺利就业；另一方面，由于现代职业分工的不断细化，经济产业结构调整不断优化升级，社会需要具有较强综合素质、宽厚知识背景，又掌握高精尖知识与技能的人才，而达到这一目的就需要大学在加强通识课程教学的同时，还必须不断强化专业教育，通过专业的设置调整来不断提高校业教育的水平。

两者还存在对立关系。对专业设置来说，它既要满足职业岗位对专业知识与技能的要求，同时要满足知识系统传授和科研向纵深发展的要求，两者很难同时兼顾。学生在稳定专业设置情况下学到的知识也是相对固定的。但由于现代科技日新月异的发展，产业结构不断升级，影响大学生就业的不确定性因素大大增加，就业状况呈现不规则波动。因此，专业设置的稳定性、滞后性与市场经济条件下就业的波动性、即时性存在较大的矛盾。

第二节　围绕人才培养优化专业结构

对于高校学科专业建设存在的上述问题，社会各界的认识是接近共识的，人们最大的困惑不在于发现问题，而是如何找到解决问题的方法，为促进学科专业建设适应经济社会发展，有些学校开展了一些相关的改革与探索，但从全国高校的整体情况来看，这种探索行动并不普遍，而且仅有的探索成效也不大，个别学校试图构建的学校与社会市场或者行业企业的融合协同机制，其结果是形式多于内容，内容还难以落实。出现这种局面的原因是纷繁复杂的，但由于长期以来我国高等教育办学体制造成学校不能脱离政府的"管、养、护"的惯性局面和"等、靠、要"的思维习惯是很重要的深层次原因。

一、加强人才培养的专业弹性

"按专业招生—按专业培养"是我国目前最为普遍的人才培养模式，但其弊端也日益凸显。一方面，在这种培养模式中学生专业选择自由度较小，学生对所学专业满意度不高。另一方面，刚性培养模式对市场变化的灵敏度低，容易出现高校专业设置、人才培养与市场需求间的错位，造成毕业生的结构性失业。对此，有学者指出学校应该根据市场供需变动趋势及时调整专业结构。但市场变化迅速而专业结构调整具有滞后性，调整专业结构既不能提高学生专业满意度，也不能及时解决结构性失业问题，加强专业弹性是解决这些问题的更优选择。

（一）传统刚性人才培养模式下的规范承诺和情感承诺

在传统的人才培养模式中，学生的专业选择权主要体现在入学前的志愿填报上，而一旦入学，由于高校在转专业方面分配的名额小、门槛高，学生转专业困难重重，专业选择权极小。面对该问题，有学者指出专业选择权是大学生应有的权利，赋予大学生自主选择专业的权利合情、合理、合法。此外，专业选择权将竞争机制引入专业设置，不仅有助于推动高校进行专业设置调整，从而提高教育服务质量，也有助于学生根据兴趣学习，从而提升学习质量。众多世界一流大学如哈佛大学、耶鲁大学、普林斯顿大学等，在专业上都有较高的弹性。其专业的设置虽主要由学校决定，但学生拥有充分的专业选择权：学生入学不注册到系科而由大学统一管理，学习一到两年后再自主选择专业，选定专业后如果兴趣发生变化，也可以比较容易地改变专业。

1960年美国社会学家贝克尔最早提出组织承诺的概念，后来随着组织承诺研究的深入，梅耶与艾伦提出组织承诺的三维结构理论，指出组织承诺由继续承诺（员工愿意继续留在所在组织的意愿）、情感承诺（员工对组织或工作的兴趣和感情）和规范承诺（员工对组织的责任感和规范感）构成。国内学者根据国外关于组织承诺的研究，结合大学生专业学习特点，提出专业承诺概念并扩展了专业承诺的维度。除了以上提及的继续承诺、情感承诺和规范承诺外，专业承诺还包括经济承诺（出于对经济因素方面的考虑而选择离开或者留在自己现在的专业）、理想承诺（依据自己所追求的理想来选择专业）等维度。

学生的规范承诺和情感承诺都是专业承诺的重要组成部分，也都对学生的学习投入有显著影响，但两者不论在内涵、发展水平还是影响力上都存在明显区别。规范承诺反映了学生对专业学习的责任感和规范感。教育在某种意义上是对学生的一种规训，学生经过多年的教育具有了较强的规范意识和责任感。进入大学之后，大学生普遍认为不管是自己选择的还是被调剂的专业，进入专业学习之后都有义务严格遵循学校规章制度和要求，学好自己的专业。通过研究发现，学生的规范承诺较高并在推动学生投入上发挥了重要作用，这是目前高校人才培养中的已有优势，也是保障学生深入专业学习的必要条件。但相对于点燃学生对专业学习的热情和兴趣、发挥学生特长和激发学生潜能而言，提升学生规范感和责任意识并不是目前人才培养的重点。情感承诺正是反映学生对专业的情感和兴趣的指标。同时研究也发现，情感承诺对学习投入的影响力远远低于规范承诺，可见，目前学生的学习投入更大程度受规范意识而非兴趣的影响。值得注意的是，学生的情感承诺处于较低的水平且并不会随着学习的深入而不断提升。这种现象的出现可能有两种原因：一是情感承诺具有较高的稳定性，在专业确定后就很难受到其他因素的影响；二是情感承诺在专业确定后依然能受到其他因素的影响，但目前的人才培养在教学方式、教学方法等方面存在一定程度上的问题，难以提升学生的学习热情。不论是出于哪一种原因，赋予学生选择自己感兴趣的内容进行学习的权利，并同时改进教师教学方式方法，有助于提升学生的情感承诺。此外，本研究也证实，选择承诺对情感承诺有较大的影响力，加强专业弹性、增强选择承诺是提升学生情感承诺的有效手段。

（二）加强专业弹性，提升选择承诺

专业弹性的上位概念是弹性学习。弹性学习强调教育应不断适应不同学习者需要、不同学习方式以及不断变化的学习环境，其核心是学习的选择性。相应地，学生的专业选择权是专业弹性的核心内容。专业选择权是指大学生自由选择专业的权利，包括入学前的专业选择权和入学后的专业选择权。

在我国，反映专业弹性的"大类招生，分流培养"模式也在部分高校展开，具体表现为按文理大类招生（如北京大学元培学院）、按学院招生（如清华大学人文社会科学学院）和按学科大类招生（如济南大学）。三种方式

的共同点在于先按大类招生再进行专业分流，区别在于学生分流时的专业选择自由度不同。尽管不少大学已经展开了人才培养模式改革，但传统的刚性培养模式依旧在大部分高校盛行，已经推行的一些人才培养模式改革也不同程度地遇到困难、遭受质疑，乃至中断。

研究发现，选择承诺不仅直接影响学生的学习投入，也通过影响情感承诺、规范承诺、继续承诺、经济承诺间接影响学习投入。提升选择承诺是人才培养中最为迫切也是最重要的任务之一。目前，以"大类招生，分流培养"为代表的加强专业弹性的人才培养模式改革在实践中出现了若干问题，例如，专业分流导致专业分化加剧和专业分流中的公平性等问题。但以上问题可能在实践中得以解决，不成为阻碍改革的理由。在加强专业弹性的具体实践中，应注意以下问题。第一，在专业分流之前，高校应该通过开展系列讲座、新旧老师交流、心理测评、让学生选修相关专业入门课程等多种形式加深学生对自身和各个专业基本情况的了解，为学生将来选择具体的专业做准备，减少专业分流时候的盲目性。第二，经过一段时间的通识教育之后，学生对自己和专业都有了一定程度的了解。在专业分流的时候，学校应该给予学生更多的专业选择自由，并引导学生基于自身能力、性格、兴趣和专业的匹配程度理性地选择专业。第三，高校应注意专业分流标准的科学性和分流程序的公平性。高校应该综合考虑学生的学业成绩、实践活动表现等多方面因素建立专业分流标准，并且严格参照标准进行笔试、面试，保证程序上的公开透明。第四，学生在专业分流选定专业之后，如果学生兴趣发生变化并满足再次选择专业的要求，学校应该允许学生重新选择专业。第五，在具有较高弹性的人才培养模式下，学生产生个体游荡感，并对大学生活感到迷茫。对此，学校应该加强对学生的学业指导与职业指导。这不仅是人才培养模式改革顺利进行的保障性措施，也是提升学生的经济承诺和继续承诺的有效手段。

二、创新特色专业人才培养体系

各高等教育应该围绕社会需求、结合地方经济建设、社会发展对高素质人才的需求，科学确定专业培养目标、合理构建课程体系、深入改革教学内容、努力强化师资队伍建设、大力加强实践和动手能力培养，办出优势和特色。

（一）明确专业发展定位

高校根据经济社会要求，从课程设置、师资队伍建设和教学环境优化等方面围绕人才培养模式这一主题，深入研究各项技能在知识和能力结构中的作用，总结出不断适应社会发展，富有创新意识和良好职业道德的技能型人才，建设行业特色鲜明的高等教育商务英语人才培养高地。

1. 建设服务地方辐射全国的双师培训基地

通过一系列教育教学改革，分解职业能力和岗位要求，实现课程组织项目化，课程结构模块化，总结适合本校学生的实训模式，建立多元化的评价体系。从一个省开始，逐步向全国推开，对贫困边远地区同类院校进行免费重点扶持，将该专业培训部改造升级为服务地方、辐射全国的双师培训基地。

2. 建设立体化多功能开放式实训中心

利用省级示范创业教育园中的实体和校内外各个实训基地，同时借助与地方各类协会，如企业家协会、计算机协会等行业协会及企业集团的合作，建立立体化多功能开放式实训中心。除满足本地科教园区的实训要求外，其他院校的同类学生也可在中心实习实训。考核合格后由企业和协会联合签发"工作经历证书"。

3. 建设共享型公共服务平台

为完善课程建设，与同类院校共享教研改革成果，该专业将开发专业资源库和网络服务平台。引进国际上先进的交互式学习平台，继续开发自主学习型网络和教学课件。建成包含试题库、信息文献库、多媒体课件库、音频库、视频库、案例库、5门以上高质量网络课程库等七大模块、多种媒体资源，并通过网络共享平台服务于高等教育专业的建设工作，建成后可满足全国范围内 1 000 人同时访问。

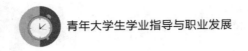

青年大学生学业指导与职业发展

（二）建立工学结合的新型教学模式

经过教育教学实践，形成"顶岗、轮动、复合、融通"的工学结合的人才培养模式，开辟行业知识、语言技能和职业能力相互融合的人才培养新途径。

轮动，根据社会对人才需求的不断变化，每年修订人才培养方案，使之在动态中优化。课程设置与教学内容不断调整，与时俱进。学生的基本技能、核心技能、综合技能、职业素质、岗位适应能力在学习进程中螺旋式上升。专业教师通过下厂调研、顶岗锻炼，到海外学习工作，到高校深造或攻读学位，为企业提供培训、翻译服务等多种形式，不断接触新观念，掌握新知识，熟悉新技能。

复合，专业建设的三重复合，即专业内容的复合、不同类型课程的复合、知识与技能的复合，决定了课程体系体现知识与能力，心智技能与动作技能，技术素养与人文素养，专业、就业与创业等多种元素的有效结合，实现知识、能力、素质的协调发展。

（三）优化专业建设与改革方案

1. 人才培养方案

一是建立校企合作教育伙伴关系，开创多元化人才培养方式。全方位、多样化地开展校企合作人才培养形式，形成产学合作、工学结合的双边多赢的教育环境。利用区位和行业优势，建立"校企合作联盟"，推进"工学结合"的人才培养方案，努力开发"订单式培养"的新途径。二是优化课程体系，构建以职业资格证书为主线的人才培养方案。三是强化实践教学环节，突出专业技能和职业能力的培养。进一步加强和扩大校外实习基地建设，在阶段性实训课程的教学过程中，突出学生专业技能的培养，深化学生一年顶岗实习中的过程管理，提高毕业生的职业能力。深化专业建设指导委员会的指导和监督作用，完善行业专家授课制度，建立专业教师企业挂职制度，在校企合作联盟的框架下加强订单式培养力度，确保学生的职业素质与企业要求零距离对接。

2．课程建设方案

一是围绕职业能力和人文素质培养完善课程体系。课程结构上体现多样性、灵活性和可选择性，使学生在校期间不仅具备职业岗位群所需的从业能力，而且培养可持续发展能力，为学生终身学习打好基础。二是加强精品课程建设，实施三级精品课程建设计划，陆续建设一批体现岗位技能要求、促进学生能力培养的精品课程。三是与企业密切合作，开发专业系列教材，修订校本教材。四是借助校企合作联盟，定期与国内外同类院校进行教学研讨，探讨新的人才培养模式和教学方法改革的课题研究，进行校企合作经验以及教学成果的交流。

3．师资培养方案

一是名师工程。特聘（柔性引进）曾参加过国家级重大文件起草和审定工作的专家委员会成员、在国际会议上多次做主旨发言的著名高校知名教授引领专业建设。二是双师工程。优化和提升专业教师的知识能力结构，鼓励教师获得相关行业和企业的商务类职业资格证书。同时，发挥校内外实训基地先进设备设施的优势，对所有专业教师开展多种形式的实践技能培训，安排教师在校内外实训基地挂职和顶岗锻炼，使双师型教师比例提高到100%。三是国际化工程。选聘具有行业背景和实践经验的外籍教师参与教学团队，提高教学团队的整体水平；拓宽专业教师的国际视野，每年选派 1～2 名优秀的专业教师到著名大学深造或培训，或到国内大学进修；鼓励教师参加各种类型的职业资格认证培训和短期学习。四是青年教师"三术"提升工程。从"三术"（教术、学术、技术）方面加强培养青年教师。按照"青蓝工程"的思路，选拔培养青年骨干教师；深化"青年教师带教"工程，以传帮带的方式提升青年教师的教术和学术水平；每年选派 1～2 名教师到国外进修 2 个月；选派 1 名外访问学者；选送 1～2 名青年教师参加在职或脱产学习；要求专业教师每年下厂累计实习时间不低于 2 个月，35 周岁以下年轻教师每年下企业实习不低于 2 个月；定期举办青年教师授课大赛、教案评比、论文竞赛等，培养浓厚的教学和学术研究氛围。

4．实训基地建设

功能系列化。为充分满足学生的岗位能力和基本素质需求，对现有的实训基地进行升级改造，实现功能系列化，环境真实化。实训基地按企业化模式运作，引入企业标准，使学生在"做中学，学中做"。校企合作联盟提供的实训基地将全方位承接学生的专业认识实训，专业体验实训和顶岗实习，校内实训室为学生提供实训服务的同时，承接对外服务，实现专业建设与企业化运营的双赢效应。

人员职业化。为了强化实训基地建设，讲求实战性，突出实效性，达到示范性，该专业将对实训基地进行人员职业化管理，培训人员中的 80%将聘请行业专家担任。

三、推进学科专业建设和人才培养改革的思路

（一）思想观念的革新和转变

思想是行动的先导，在教育事业的发展历史上，任何一次教育变革与进步，皆始于思想观念的变革与创新。推动解决高等教育目前存在的学科专业建设与人才培养的问题，必须从全国上下教育思想观念的革新转变开始，各种平台的创建，在很大程度上就是从学校领导层面的思想解放和观念转变开始，然后通过自上而下的发动得以顺利实施。

综观世界高等教育尤其是欧美发达国家教育教学改革的最新发展与变化，尽管各国具体思路与举措有所不同，但注重人才培养与时代变化的全方位适应，注重高等教育与经济社会的深度融合，是各国行动的共同特点，这是刘延东在《深化高等教育改革，走以提高质量为核心的内涵式发展道路》讲话当中特别强调的。我国高等教育发展的时代变化，必然带来一些深层次的教育教学内涵的变化，这就要求高校应转变教育观念，以提升学生就业能力为提高质量的重要努力方向，树立多元化和多样性的质量观，更加关注那些不能成为科学家的孩子，更为理性地关注教育与经济社会的适应问题，更为迫切地思考解决学生面向社会的适应能力、实践能力和创新能力的问题。

（二）创建学校与社会联系融合的互动平台

面向经济社会发展趋势，寻找与行业企业的利益契合点，创建学校与行

业企业共需共赢的协同创新平台，是高等学校服务经济社会发展的必然选择，也是高等学校推进学科专业建设和人才培养改革，促进教育与经济社会融合的必由之路。创建学科群对接产业集群的改革实践，自始至终立足于校企双方的共需共赢，对于学校来说，平台解决的是办学与人才培养的现实问题；对于企业来说，平台解决的是科技和人才需求的现实问题，因而改革实践从一开始就应该争取得到行业企业的积极响应和大力支持，这是学校教育教学改革走向成功的重要基础。

（三）体制机制的创新与保障

推进高等教育体制、机制等方面的制度创新，改革完善学校教育教学改革的体制机制保障，是学校学科专业建设和人才培养改革顺利进行的重要条件。从目前的高校办学实际来说，学校推进开放办学和创新教育的现实困境与体制障碍有很多关系。比如，人事管理体制等方面学校办学自主权的缺乏就是一个掣肘的深层次障碍，因此，学科专业建设与人才培养模式改革方面存在的问题，看起来是高校内部的事宜，其实牵扯到高等教育管理体制等多方面因素，从高等学校办学内外部因素的统筹研究与综合考虑出发，是分析问题，解决问题的科学选择。

第四章 大学生就业

第一节 就业指导

一、就业与就业指导的概念

就业是指劳动者同生产资料相结合，从事一定的社会劳动并取得经济收入的活动。由此定义可见，就业应该具备三个基本条件：一要从事社会劳动，要把个人的工作融入整个社会之中；二要得到社会认可，必须合理合法；三要有一定报酬或经济收入。社会中具备劳动能力的人通过就业维持生活，实现自己的价值，为社会作出贡献。

就业指导又被称为职业指导，是指为需要获得职业的人提供如何获得适合自己的职业的各种服务和指导，实现劳动者与职业的结合。

大学生就业有其自身的特点，主要表现如下。

1. 大学生就业的主体是受过高等教育的大学生，具有一定的思想素质和文化素质。

2. 大学生就业是从学生时代步入社会的转折，一般不具有工作经验。

3. 大学生择业时具有较强的群体性和季节性，数以百万计的应届毕业生几乎在同时间段内需要及时就业。

大学生就业是连接学业、职业与事业的桥梁。纵观大学生就业的特点，大学生就业指导不单纯是帮助大学生选择职业，谋求一份工作，还要以大学生的学业为基础、以就业为导向、以职业为载体、以事业为目标，统筹兼顾、协调一致，使大学生的专业能力和综合素质得到和谐发展，使大学生个人劳动能力得到最佳配置。具体来讲，从大学生一入学就对其进行职业生涯规划的指导，预测社会的需求状况，让大学生了解就业形势，帮助其树立正确的职业理想和择业观念，使其自觉提升自己的学习能力，注重实践能力和各方面素质的培养和训练，掌握就业政策和求职技巧，给毕业生传递就业信息，帮助其解决就业中出现的问题，为其顺利求职择业、迈向社会提供指导和服务。要实现大学生学业、就业、职业、事业的协调统一，就要求大学生就业指导的全程化。在毕业生数量不断增加的就业形势下，还不能忽略对大学生的个体指导。

二、就业指导的历史由来

就业指导作为一种专门的社会服务工作和研究课题，最早起源于美国。早在 1894 年，美国加州工艺学校就有人开始从事就业指导工作。之后，在德国、苏格兰等一些西方资本主义国家也相继开展了专门的职业指导活动。就业指导的创始人——美国佛兰克·帕森斯首先使用了就业指导的概念。1909 年他出版了《职业选择》一书。帕森斯创立的职业指导理论被称作"特性—因素理论"，在西方国家职业指导中一直处于主导地位。1911 年，美国哈佛大学在世界上首开先河，在大学生中开设了就业指导课，帮助学生及时了解市场人才需求，提高学生的职业兴趣和职业定向意识，指导学生填写履历表和撰写求职信、教给学生参加面试、提高学生人际交往能力和求职技巧，以及进行毕业生初次就业的心理测试。

在我国，清华大学早在 1916 年就开始着手和筹备就业指导这项工作，首次应用心理测试等手段对学生进行职业指导。1923 年正式成立了职业指导委员会，拉开了我国高校就业指导工作的序幕。1925 年还出版了《职业指导实施》一书，记录下我国开展就业指导工作的历史。

之后，国内许多学校都陆续设立了就业指导机构。1919 年，黄炎培先生发表《职业指导号》，从介绍西方国家职业指导的理论与经验入手，结合当时的经济与社会状况，提出了在我国开展职业指导的必要性，他指出"凡物能传之久且远，必有其存在的理由，职业指导外适于社会分工制度之需要，内应天生人类不齐才性之特征……苟社会分工制度一日不废，而人类才兴一日不齐，职业指导虽永远存在可也"。我国的就业指导从无到有并形成一定的规模，为今天的就业指导工作打下了良好的基础，提供了有益的经验。但在旧中国，经济凋敝，职业指导基本处于停滞状态；中华人民共和国成立后，由于实行计划经济和就业的统包统分等多种原因，职业指导没有得到足够重视。改革开放以来，我国国民经济迅速发展，就业制度发生了根本变化，发展多种职业形式，运用市场调节就业结构，形成用人单位和劳动者双向选择、合理流动的就业机制，为职业指导提供了最好的发展机遇。大学毕业生与用人单位之间采取了双向选择的就业模式，毕业生就业引入了竞争机制，各高校在原国家教委的要求下，于 20 世纪 90 年代中期相继成立了毕业生就业指导中心，开展了一些就业指导活动。1993 年，中共中央、国务院颁布了《教育改革和发展纲要》，进一步明确了毕业生就业制度改革的目标和改革后毕业生的就业方法。要保证就业制度的顺利实施，就必须在高校中开展对大学生的就业指导，就业指导工作及就业指导课程在高校应运而生。

三、就业指导的主要内容

当今社会复杂多变，经济发展日新月异，就业指导内容也日益丰富，形式更加多样。从现阶段看，大学生就业指导内容主要包括以下几个方面。

（一）就业思想教育

就业思想教育贯穿就业指导的全过程，也是日常对学生进行思想教育的继续和延伸。就业思想教育是把马克思主义的世界观、人生观、价值观等观念渗透到就业指导工作中，落实到求学之路、职业生涯设计、择业标准、求职道德、成才道路等方面，帮助学生树立正确的择业观，将自我价值实现与社会需要结合起来，倡导艰苦奋斗和无私奉献。毕业生在求职择业过程中，要正确认识社会，认识自我，调整择业期望；既要面对现实，保持良好心态，又要勇于竞争，恪守诚实守信；克服在择业过程中"等、靠、要"的思想，积极适应社会。

（二）就业政策指导

大学生就业是劳动就业的一个组成部分，当然要受到国家就业方针政策的制约。就业政策是国家为实现一定时期的任务，为适应经济建设和社会发展而制定的有关毕业生就业的行为准则，是大学生求职择业的重要依据。一些毕业生由于对国家的就业政策缺乏了解，在择业时思想上往往带有很大的随意性和盲目性。只有广泛地进行政策宣传和教育，使学生了解国家制定的全国性就业政策和有关部门、各省市制定的行业性、区域性就业政策及学生所在学校制定的具体就业工作实施意见，才能引导毕业生走出择业的误区，才有利于毕业生根据国家需要并结合个人实际，有针对性地选择职业。毕业生也只有了解和掌握就业政策，才能更好地维护自己的责、权、利，顺利地完成求职择业。

（三）就业形势指导

就业形势指导是引导学生了解当年毕业状况及当前社会经济发展对人才的需求状况和人才市场的形势，使学生做到"知己知彼"。所谓"知己"，就是了解当年毕业生的整体情况，了解毕业生择业志愿的变化及趋势，摸清毕业生的思想动态；所谓"知彼"，就是全面地了解社会的用人需求数量、人才市场的需求行情等。及时了解毕业生的整体状况及当前人才市场的行情，有助于毕业生把握求职择业的主动权。

（四）就业策略指导

就业策略指导也可被称为就业技术或技巧指导，即对大学毕业生求职择业的策略、方法、手段、技巧等具体操作环节进行指导。它是现代社会毕业生顺利求职择业的必备技能，主要包括自我认知能力、信息收集和处理能力、自我推荐方法、面试技巧、心理调适方法、职业适应能力、成才与职业发展的计划实施能力及技巧等内容。求职择业是一门艺术，正确的方法和技巧是成功择业的重要因素之一。在双向选择过程中，绝大多数毕业生是第一次面对用人单位的挑选，了解并掌握相关的求职择业的方法和技巧，如同机器上了润滑油，运转就会灵活自如，就业的成功率会大大提高。

（五）就业心理指导

就业心理指导是针对毕业生的心理发展特点和在择业、就业过程中产生的心理问题进行帮助指导。择业，是大学生人生的一次重要选择，也是对他们的综合素质特别是心理素质的一次全面检验。选择本身就容易引起人们的困惑和矛盾，毕业生在走向就业市场面临激烈的竞争，参与双向选择的过程中，由于主观上的不稳定性和不成熟性，客观上的诸多制约因素及就业的压力，很容易在择业时产生相关心理问题。因此，要通过就业心理指导，帮助他们提高心理素质，培养健康的心理，使其保持良好的择业心态，正确面对现实和择业过程中遇到的挫折。

（六）职业生涯指导

职业生涯指导主要针对大学生在校学习期间，通过个别辅导、职业兴趣、能力倾向测试等多种方式，帮助大学生学会自我认知和自我评价，确立合理的职业目标和方向，从而为获得事业成功奠定基础。职业生涯指导可以提高学生的职业兴趣和职业定向意识，引导他们对自己进行评价，通过自我评价确定合适的职业种类。考虑学生个体的职业兴趣和职业潜力，职业生涯指导应贯穿在整个教育过程中，使学生在学习目标和择业目标上保持一致，既保证了学生的知识体系能适应市场需要，同时也提高了学生的就业竞争力，对学生的整个职业生涯的规划也起到了很好的引导作用。

（七）社会适应指导

社会适应指导帮助毕业生尽快适应环境，完成角色转变，树立信心和责任感，遵守职业道德，在实际工作中乐业、敬业、创业，脚踏实地地干一番事业。大学生从学校走向社会，是人生道路上的一大转折。但是，由于大多数毕业生的生活经历基本是"从家门到校门"，他们接触社会少、阅历浅、对社会缺乏了解和认识、对新的社会环境感到陌生，甚至无所适从。在这个过程中，要完成从学生到职业工作者的角色转变，需要经历社会化和再社会化的过程。社会适应指导就是帮助他们正确地认识社会，建立良好的人际关系，教育他们爱岗敬业、有强烈的责任感和事业心、不断进取、艰苦创业，顺利地实现从学校到社会、从学生角色到职业工作者角色的转变，成为国家的有用之才。

第二节　考研准备

一、本科生考研的特点及其途径

考研是指具有本科同等学力的考生参加硕士研究生入学考试，以期获得硕士教育机会的活动过程。受社会发展、职业竞争及就业压力等多因素的影响，越来越多的本科毕业生选择考研，使考研成为当前一大社会热点。但是考研是否符合自身的实际，是每一个考生都要慎重考虑的问题。

（一）考研的基本要求

我国高等教育培养硕士学位研究生的基本要求有以下几点。

1. 德、智、体、美、劳全面发展，在本学科内掌握坚实的基础理论和系统的专业知识。

2. 掌握一门外语，具有从事科学研究、教学工作或独立担负专业技术工作的能力的高层次人才。

3. 能力方面，与本科生相比，研究生更注重的是培养学生研究问题、分析问题和解决问题的能力，特别是从事该学科科研教学的能力。

随着我国经济和教育事业的飞速发展，现在的研究生教育体系已经逐渐完善并呈现多元化的特点，不再单一培养学术型研究生人才，而逐步趋向更多地培养应用型研究生人才。学术型注重培养学生的科研能力，应用型（如专业硕士）则更注重培养学生的业务能力。

（二）硕士研究生招生形势

1. 研究生的招生人数和在校人数

1980 年全国人大常委会通过了第一部教育法——《中华人民共和国学位条例》，经过近 40 年的发展，我国研究生教育取得了很大的成绩。特别是 1999 年以来，不论是报考人数、招生人数，还是在校人数均快速增长。2016 年，全国共招收研究生 66.7 万人，其中招收博士生 7.7 万人，硕士生 59.0 万人，专业学位硕士研究生 28.0 万人，占硕士研究生招生人数的 47.5%，比 2015 年提高 1.5%；招收专业学位博士研究生 2 509 人，占博士研究生招生人数的 3.2%，比 2015 年提高 0.6%。另有 12.9 万在职人员攻读硕士学位。

2. 未来发展趋势

（1）考研人群构成更加多样，人数还会进一步增长。

由于就业的不确定性因素越来越多，如今应届大学毕业生里选择考研的人数呈现逐年增加的趋势。主要表现在两方面：一是不选择就业而直接考研；二是考研与就业双管齐下。现在有很多毕业生，在准备就业的同时也准备考研，如果考上了就继续深造，考不上就接着找工作。另外，考研人群的构成越来越多样化，除了应届本科生之外，还有往届生、同等学力人员和在职人群。

（2）专业学位硕士逐渐受到重视，招收规模也将增大。

目前，我国设置了 19 种专业学位，涉及硕士学位的有法律硕士、社会工作硕士、教育硕士、体育硕士、汉语国际教育硕士、翻译硕士、艺术硕士、风景园林硕士、工程硕士、建筑学硕士、农业推广硕士、兽医硕士、临床医学硕士、口腔医学硕士、公共卫生硕士、会计硕士、工商管理硕士、公共管理硕士、军事硕士。

随着我国经济社会的发展，对高层次、应用型专门人才的需求将越来越大，专业型硕士无论是在规模还是质量上都将有更大发展。调整硕士研究生培养的类型结构，加大应用型人才的培养力度，是满足国家经济社会发展对应用型人才需求的重要举措。因此从硕士研究生就业趋势来看，必将有更多的大学毕业生走向社会实践领域。

（3）专业课实行统考是趋势。

专业课统考是全国统一命题、统一考试，区别于以往各研招单位的自主命题、自主阅卷，能以一个比较客观的标准来选拔人才，减少了人为干扰的可能性。一直以来，毕业生选择考研时，跨校考研的难度明显高于本校考研的难度，就是因为外校生与本校生相比，存在信息不对称，劣势非常明显。

实行全国统考将更能彰显公平，使本校考生和外校考生在同一起跑线上竞争。由于没有备考信息和相应的导师倾向，统考更能促使考生在备考当中对所学专业的知识点进行系统地复习，从而夯实考生的专业基础。面对诸多考研专业和机会，只有在统考的环境下，考生的选择余地才能更大。

2017年在职研究生首次纳入统考，让更多在职人员也加入了考研大军。在职考生中，有一部分人是为了升职加薪选择考研深造，也有一部分人因为不满意现在的工作，所以想通过考研换一个更好的平台。种种原因使往届生考研人数大增，而且这里也不乏第二、第三备战的考生。

（4）考题更加灵活多变，难度适度增加。

研究生政治考试更加注重灵活运用知识点，出题人的意图就是要考查学生对知识点的深入思考情况，也要考查学生针对当前国际和国内环境，对于中国的国际定位和历史担当，运用知识去谈论对重大热点的认知。这就要求考生在学习知识过程中一定深入思考，同时要求老师在教学过程务必将知识点讲透彻，更要引导学生深入思考，做到举一反三、触类旁通，打造一种兵来将挡水来土掩之势。

（三）硕士研究生的种类和入学途径

1. 硕士研究生种类

"研究生"这个词对大多数人来说已经不再陌生，但到底研究生有哪些种类，却不是每个人都能说清楚的。我国的研究生教育属于国民教育序列中的高等教育，分为两个层次：硕士研究生和博士研究生。目前，我国硕士研究生种类比较复杂，可从以下几个角度来划分。

（1）按照培养方式来划分。

按照培养方式不同，可分为脱产研究生和在职研究生。脱产研究生是指在高等学校和科研机构进行全日制学习的研究生；在职研究生是指在学习期间仍在原工作岗位承担一定工作任务的研究生。

（2）按照培养经费渠道划分。

按照培养经费渠道不同，可分为国家计划内研究生、委托培养研究生和自筹经费研究生。

①国家计划内研究生。此类研究生的培养经费由国家提供，根据毕业后的去向又分为非定向研究生和定向研究生（简称定向生）。其中非定向研究

生（也就是通常所说的"公费"研究生，在目前硕士研究生招生名额中占据较大份额），毕业时实行双向选择的自由就业制度；定向研究生则在录取时就必须签订就业合同，毕业后即到合同规定的地区或单位工作。

② 委托培养研究生，简称委培生。培养经费由委托单位提供，录取时要和委托单位签订合同，毕业后到委托单位工作。

③ 自筹经费研究生。这是指招生单位在培养条件、指导力量都具备的前提下，培养经费由指导教师的科研经费提供，或向社会通过多种渠道筹措解决。学生毕业后按自筹经费培养合同就业，合同中没有规定就业去向的，通过"双向选择"的办法就业。

（3）按照培养类型划分。

按照培养类型的不同，分为学术型研究生和专业型研究生。

① 学术型研究生。这是指按学科设立，以学术研究为导向，偏重理论和研究，培养教学和科研人才为主的研究生。学术型研究生的招生考试主要是每年年初的全国硕士研究生统一入学考试（简称"统考"），录取后，获得研究生学籍。毕业时，若课程学习和论文答辩均符合学位条例的规定，即可获得毕业证书和学位证书。授予学位的类型是学术学位。

② 专业型研究生。这是指相对于学术学位而言的学位类型，目的是培养具有扎实理论基础，并适应特定行业或职业实际工作需要的应用型高层次专业人才。授予学位的标准要反映该专业领域的特点和对高层次人才在专门技术工作能力和学术能力上的要求。专业学位教育的突出特点是学术性与职业性紧密结合，获得专业学位的人，主要不是从事学术研究，而是从事具有明显的职业背景的工作，如工程师、医师、教师、律师、会计师等。

专业学位与学术学位处于同一层次，培养规格各有侧重，在培养目标上有明显差异。我国自 1991 年开始实行专业学位教育制度以来，经过三十几年的努力和建设，专业学位教育发展迅速。人们耳熟能详的 MBA、MPA 都属于专业学位范畴。

由于攻读方式不同，大多数专业学位教育只授予学位证书，没有学历证书（简称"单证"），这些学位生采取旁听或集中授课等形式随正式研究生一起学习，并参加同样的考试，专业课考试通过后，按照规定还需通过在职硕士研究生的英语统一考试，之后就可以申请学位。

大体来说，"统考"生取得"双证"，"联考"生取得"单证"。但也有例外，如工商管理硕士、法律硕士、临床医学硕士和博士、建筑学硕士等联考生，存在既有学位证书，又有学历证书的"双证"情况。基于学位培养和发展的需要，教育部决定从2009年起，大部分专业型硕士开始实行全日制培养，并发放"双证"。2010年继续推行将硕士研究生教育从以培养学术型人才为主向以培养应用型人才为主转变政策，实现研究生教育结构的历史性转型和战略性调整。

（4）按照考试方式划分。

根据考试方式，硕士研究生考试主要包括全国统考、单独考试和全国联考等。

① 全国统考。全国硕士研究生统一招生考试时间一般安排在每年的12月底，由国家考试主管部门和招生单位组织的初试和复试组成。报考条件包括：拥护中国共产党的领导，品德良好；身体健康状况符合要求；学业水平满足应届本科毕业生及自学考试毕业本科生或获得国家承认的高职高专毕业学历满2年或2年以上，符合招生要求或国家承认的本科结业生或已获硕士、博士学位的人员。

② 单独考试。单独考试是指以单独命题考试招收研究生的考试方式。通常仅限于用人单位推荐的定向培养或委托培养的在职人员，在学习期满，完成相关课程且合格者，通过了论文答辩可授予硕士研究生毕业证及硕士学位证书。

③ 全国联考。全国联考又称"在职人员攻读硕士学位全国联考"，共分两种：一是一月份的统考，又称"一月联考"；另一种是十月份的统考，又称"十月联考"。根据教育部有关规定：2016年起不再组织在职人员攻读硕士专业学位全国联考。这并不是取消在职攻读招生渠道，而是以非全日制研究生教育形式，纳入国家研究生招生计划和全国硕士研究生统一入学。

2. 入学途径

对应届本科毕业生而言，就读研究生可以考虑的途径主要有两条：一是考研；二是保研。考研是指通过统一的硕士研究生入学考试被录取为研究生的形式；保研是各高校按照一定的标准保送的研究生的形式。

考取学术型研究生和保研是以往应届本科毕业生通常的选择途径，但是目前除了这两种外，还增加了应届生考取专业学位型研究生教育的途径。即从 2009 年开始，除工商管理硕士（MBA）、公共管理硕士（MPA）、工程硕士的项目管理方向、公共卫生硕士、体育硕士的竞赛组织方向、艺术硕士等管理类专业和少数目前不适宜应届毕业生就读的专业学位外，其他专业学位均面向应届毕业生招生，实行全日制培养。

随着我国经济社会的快速发展，经济结构的调整和转型，面临着职业分化越来越细，职业种类越来越多，技术含量越来越高，社会在管理、工程、建筑、法律、财经、教育、农业等专业领域对高级专门人才的需求越来越强烈的现状，专业学位教育所具有的职业性、复合性、应用性的特征也逐渐为社会各界所认识，其吸引力不断增加。

因此，专业型研究生培养的规模必须有较大的发展，除了要满足现有在职人员的需要，更重要的是要吸引优秀生源，调整优化硕士研究生培养结构，成为硕士研究生教育的主体和高层次人才培养的重要途径。

二、专业定位

（一）专业定位的含义

专业定位就是考生根据自身的实际情况和研究生报考专业的要求，经过综合分析，确定合适报考专业的过程。

（二）专业定位

1. 分析所学专业的发展趋势与报考现状

本科生目前所学的专业一般都是未来考研的专业，但是也有很多学生选择跨专业考研。考生在报考时应该从自己的实际出发，对自己所学专业做出理智的分析，根据自己的专业素质与学习能力来选择报考方向。

目前按照教育部的研究生专业分类，我国学术型专业学位按招生学科门类分为 9 大类，大类再分为 95 个一级学科，一级学科再细分为 300 多个二级学科，还有招生单位自行设立的 760 多个二级学科。

通过了解这些专业设置的情况，对自己所学专业就有了大致的归类，接下来才能根据自身的实际情况选择报考方向。

（1）目前所学专业的发展趋势。

考生可以根据专业排名分析所选专业的地位，排名的变化反映了一个专业的发展趋势。据中国教育在线研究生信息采集系统统计，2017 年在研究生报考的前 10 的专业中，经济管理类占比 60%，报名最多的前两位均为专业型硕士，理工类专业仅占 10%。这在很大程度上说明了：考研的选择与专业性质有很大关系，理工科技类型专业本科毕业就业还不错，而偏学术性的文科专业似乎只有提高学历才能更大程度地发挥所学专业的价值。

与前几年的专业热度排名对比，艺术设计专业进入了专业热度榜的前 10 名，取代了计算机专业，其他专业的报考仍然保持连续几年的热度。虽然报考热度不能直接表明所学专业的发展趋势，但从统计中可以得出一些信息。对于专业的前景，可以粗略分为以下三种情况。

① 专业前景难定。很多考生从就业角度出发，都尽可能地选择"热门"专业考研，但是事实情况是，目前看起来是热门的专业，并不代表以后的就业形势一定会好，有可能在几年研究生学习结束后，报考时的热门专业已经成为毕业时的冷门专业了。而与之相反，一些报考时被当作冷门的专业，也有可能在几年后成为热门。因此，考生要把握社会的宏观走势，判断社会各行业需求。通过了解行业特点，分析需求总量。在选择时，对于一些热门专业或热门学校中那些相对冷门的专业及方向，也不妨有选择地报考。

② 专业前景看好。专业前景看好的专业，很可能是本科就被看好的专业，但是也可能存在这个专业目前的状况并不理想，而以后会有很好的发展等情况。对于经过分析、确定有很好前景的专业，考生就应该沉下心来好好准备复习。

③ 专业前景一般。相对于其他热门专业而言，基础类的一些学科，以及短时间内难以见到效益的专业，其就业前景不被看好。这样的专业，除非个人爱好，在报考时要考虑能否在就近的专业或相关专业领域里寻求考研的途径。

当然，事物的发展总是辩证的，当大家都不选择报考就业前景一般的专业时，这些专业就会因人才供应量不足，反而成为热门的专业，这就需要考生自己选择了。

（2）所报专业的录取率。

考生必须清楚所报专业的录取比例，也就是录取率。是否可以考中不仅与专业的"冷"与"热"密切相关，更与录取率有关。录取率的决定因素是该专业录取名额的分配。部分热门专业报考总数多，同时招生数量也多，因而录取率很高，相对好考。一些所谓冷门专业名额少，但报考的人数不一定少，录取率反而低。所以在选择专业时，不应该仅以报考人数来判断专业竞争的激烈程度，还应该考虑录取率，做一个综合评判，盲目地跟从报考所谓热门专业是不理智的。报考人数和招生名额一般有以下几种情况。

① 报考人数多，招生单位或名额多。由于一个专业招生的单位很多，而且每个单位招生的数量也多，这样，尽管报考的人数很多，但录取的概率仍然较大，所以竞争并不激烈，竞争指数一般。

② 报考人数多，招生单位或名额少。有些专业，比如艺术类，因为招生单位少，招收名额也少，竞争指数大，竞争激烈。

③ 报考人数少，招生单位或名额多。部分专业，如哲学、数学类，招生单位和名额相对较多，但由于报考人数少，所以竞争较小，选择面大。

④ 报考人数少，招生单位或名额少。这种情况的竞争度一般，但考生选择面小。

综上所述，考生在确定报考专业和招生院校时，要充分掌握信息，并且对自身的情况作出理智客观的分析，才能作好决策。

2. 能够报考的相近专业或相关专业

（1）结合未来发展方向选择相近专业或相关专业。

报考相近或相关专业的情况主要出现在跨专业报考的情况下。例如，一些基础类学科的同学因为短期内较难看到专业发展的前景，往往喜欢跨考到应用型专业上，希望对自己就业更有利。但是这种情况一般会对专业方面有所限制，同时对于外语水平、技术水平、综合素质等都有完全不同的要求，而且应用型专业的毕业生本身数量就多，面临的竞争异常激烈，所以选择时要谨慎。

（2）了解报考的要求及限制。

考生必须了解专业报考要求和限制条件。每一个专业都有自身的要求，并且对同一个专业不同的招生学校也有不同的规定，报考前一定要详细了解所报专业的报考要求。

（3）分析不同报考途径的差异。

① 在本校报考本科所学专业。这是考研志愿选择中最为常见的一种模式，也是报考成功概率最高的模式。一般来说，只要专业前景不错，学校教学质量也还可以，加之人缘和地缘优势，多数考生都会自然而然地选择报考本校本专业。

② 在本校跨专业报考。如果学校品牌有较好的知名度，考生不想到其他院校发展，但想换个更好或更喜欢的专业，这样的考生可以选择在本校跨专业报考。跨专业报考有较大的难度，如果这两个专业关联度较大，那么报考难度相对较小；如果原专业和报考专业之间的关联度较小，则复习和考试的难度就相对较大。

③ 本专业跨校报考。本专业跨校报考的原因有两个：第一，虽然专业不错，但其他学校在该专业上有更大的优势，那么会考虑选择更好的招生单位；第二，原单位太热门，竞争非常激烈，考取的把握不大，为保险起见，考生选择竞争相对小一些的报考单位。相比第一种情况，本专业跨校报考备考的难度要大一些，因为虽然专业相同，但不同招生院校的专业课程设置、教学重点和学术科研特点可能会有很大差异，而且有关报考院校的政策、信息也较难获取。

④ 跨专业跨校报考。如果出现对所学的专业和学校都很不满意的情况，考生可能会考虑开辟全新的领域，这样的考生会选择跨专业跨校报考。这种模式备考的工作量和难度都是最大的，不仅面临着大量陌生的专业课程的学习，而且在复习资源、招生院校各类信息获取等方面均处于不利地位。

跨专业的考生要正确衡量自己对所报专业的学习基础，尽量在相近学科内选择专业，不要贸然选择跨度过大的专业。一旦选择跨专业报考就不要轻易放弃，以免耽误备考时间。

3. 客观分析与准确定位

（1）正确评价个人能力，理性分析自身的优势和劣势。

个人能力主要包括个人的智力水平、学习能力、情商及心理素质等，自身能力的高低是考研时很重要的因素，同时还要分析自己有哪些优势，又存在哪些劣势。比如有的考生逻辑思维能力和计算能力很强，但记忆能力较差，那么选择文史类的专业可能就不太适合。另外，选择专业时，考生还要考虑攻读专业的费用与家庭的经济承受能力。

（2）了解个人兴趣，选择一个喜欢的专业。

兴趣是学习的动力之源，它可以使大家学习时得心应手，研究时保持兴奋，达到事半功倍的效果。因为研究生毕业后一般要继续从事自己的专业，如果没有兴趣就会感到枯燥和乏味，这样浪费的不仅仅是几年宝贵的学习时间，更不利于一生的职业发展和个人的生活质量。所以在选择专业时要对自己的兴趣做出清晰的认识和判断。不要完全忽略自己的兴趣，盲目按照其他人认为的所谓"热门"专业报考。

（3）掌握选择专业和择校策略。

专业的选择对人的一生来说具有战略意义，因此，专业定位一定要考虑个人自身能力和兴趣。同时，由于不同的院校具有不同的教育理念，往往培养的学生也会有较大差异，因此，报考时院校的选择也非常重要。考生在报考时，一般只能选填一个招生单位的一个专业，最终选择哪个专业和单位是因人而异的。原则上应该是选择专业在前，择校在后。此外，择校时还要参考该校往年的录取成绩。

最终报考目标的确定，其实是专业选择和学校选择的综合。因此选择专业和学校时要客观分析自身实力和专业、报考单位的特点，尽量发挥自己的特长，避开竞争焦点，提高自己的录取概率。

三、考研前的准备

（一）心理准备

整个考研从准备报考，制订复习计划，到备考、考试，是一个连续而系统的过程。这个过程很漫长，也很耗费精力。如果决定考研，就不要三心二意，而应把心态调整好，做到紧张不焦虑，主动不被动，心态平和不浮躁，有张有弛。

（二）时间计划

近几年，本科生中参加考研的学生的比例一直都很高，并且有逐渐上升的趋势。尤其是最近两年就业形势非常严峻，越来越多的人员加入考研队伍中，考研队伍的壮大使得考生面临更大的挑战。需要提醒的是，考生在认真分析自身情况后，要避免受到过多的外界因素影响。看到别人准备，自己也准备；看到别人听课，也跟着去；一会儿选择上辅导班，一会儿又选择自学；没有一个时间上的通盘考虑，这样就会导致目标不明确，随意性太强。另外，还要避免先松后紧。

考研的时间是有限的，一方面要复习考试，另一方面要正常上课，若开始太松散了，等到最后再去冲刺，就有可能基础不扎实，后期打乱仗。因此，尽管考研计划早早就确定下来了，但是如果没有统筹计划好复习时间，可能会全盘皆输。

1. 准备阶段

根据整个规划，制订具体的复习计划应该在大三上学期期末，即年初的一两个月完成，称为准备阶段。从在校本科生学习的情况来看，多数大学生在大三上学期期末或下学期开始就着手准备报考研究生，制订复习计划。一般来说，每年的三月是大家比较认同的开始准备的时间。当然，学生的学习特点不同，每个人可以根据自己的计划确定复习时间。所以时间的安排一定要在最开始就计划好，避免后期的盲目和焦虑。

2. 基础阶段

第一阶段复习：3～6月；第二阶段复习：7～9月。基础阶段是最重要的阶段，通常都有两轮以上的复习安排。

3. 强化阶段

强化阶段一般是9～10月，时间比较集中。

4. 冲刺阶段

11 月初到考试前是冲刺阶段，也称"查漏补缺"阶段，是最后的总复习时间。

另外，还有个复习的黄金时间分配问题。一个人在整个复习阶段，黄金时间是特定的；在一天的不同时间段，由于状态不同，也存在黄金时间。大家应学会找到自己的黄金时间，建议抓好几个黄金时间段。一是节假日，时间相对完整，容易找到安静的地点和环境，不受干扰。二是暑假期间，比较容易成为复习的黄金时间。经过最初的准备，到暑期已经进入学习状态，加之时间很充分，没有其他课程的干预，应该充分利用。三是每天固定的时段。这个时段是自己学习效率最高的时段，要克服各种困难，坚持不懈，形成习惯。在黄金时间段，应该尽量安排复习比较难的科目，形成一种习惯，从而达到事半功倍的效果。

（三）复习计划

1. 复习内容

（1）资料的选择。

准备阶段应该听听有关考研的讲座，许多讲座是免费的，不妨利用课余时间安排听几个讲座、了解相关知识、分析考研的最新动态、制订相应的学习计划。如果当年的考研辅导资料还没有出版，可选择上一年的研究生英语、政治等公共科目复习辅导资料，重点准备两年辅导资料的共同部分。同时，也可以购买报考单位的历年考研真题、了解出题思路，有针对性地做好复习。

此外，由于考研辅导复习资料浩如烟海，对于怎样选择也要做到心中有数，切不可贪多。有些同学考试时单纯依赖辅导班的信息，不看大纲要求，一味按照以往的经验复习，往往导致最后的考试失利。在本着指定参考书复习的基础上，适度参考同一专业其他考试方面的指导书籍和资料是必要的，但这类资料不要过多，以避免因为版本不同或作者观点等方面的不同造成的混乱。

（2）复习内容的安排。

复习内容的安排按照三个阶段展开：基础阶段、强化阶段和冲刺阶段。

① 基础阶段

基础阶段是复习的第一步，可以分两轮进行。第一轮的复习按照订立好的复习计划表进行。这一轮要认真学习购买的报考专业考试书籍、资料。基础不扎实的同学可参加寒假基础班系统学习数学、英语等公共课科目。基础阶段的复习方法有以下几个。

系统梳理。考生需要按照大纲要求和报考单位提供的参考书目，整体梳理专业课和公共课的知识框架、发展脉络和具体的线索，即通读。

做笔记。这是很重要的复习手段，通过动手的过程，对基础知识的理解会更加深刻。做笔记是在整理和梳理的基础上，认真地理解和阅读，整理出所要掌握的知识要点，标明有疑问的地方。

请教和讨论。这个方法是针对复习过程中较难理解的问题或没有把握的问题，可以请教老师或其他考研同学，也可以相互讨论。

这一轮的复习是对全部知识的整体把握，不要求过快，但一定要求质量。公共课和专业课要兼顾。

基础阶段的复习要把握如下几个原则。

笨鸟先飞。基础不好的同学如果定下了考研目标，就要尽早着手进行准备。

弱项先行。对于广大考生来说，比较难掌握的是英语和数学等，可以作为重点、难点进行突破。比如数学基础不太好的同学，就要在数学上下大功夫。认真看书，多做历年真题和练习，有条件的也可去报班听课，巩固基础知识，要一个知识点一个知识点地突破。在复习的过程中肯定会遇到一些疑难问题、做错的题目，一定要在第一时间整理到笔记本里，方便的时候可以答疑。英语、数学等是目前考研的难点，也是拉大差距的主要科目。因此，找到一个好的复习方法可以大大提高成绩。

重点抓好英语复习。英语的学习方法要因人而异，有的喜欢利用整块时间复习，有的擅长每天都进行一部分，可以根据自己情况而定。学习英语是一个长期积累的过程，考研前的准备也一样，早早动手是有好处的，尤其是单词、句型、翻译、阅读、写作等都要求考生基础知识扎实。建议大家每天都看看英语，做一些相关的练习。另外，根据历年试卷分析，能取得较高分

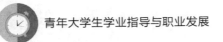

数的是阅读部分和写作部分，翻译和一些新题型很难得到高分，这也提醒考生复习时要有所侧重，抓住重点。

政治的复习要重点关注对马克思主义基本原理的运用。政治课的复习没有太多技巧性的东西，因为除了时事政策外，大部分内容都是平时已经学习掌握了的东西。考生在复习的时候，除了要掌握运用原理分析问题的方法外，还要注意一些新的观点、新的知识和新的提法背后的原理知识。

基础阶段一般会持续半年时间，甚至更长。通过这个阶段的复习，考生基本掌握了考试要点，这给第二阶段的复习奠定了基础。

② 强化阶段

强化阶段应该在掌握基础知识之后再开始。有许多考研辅导专家都建议，在强化阶段，考生要注意归纳总结题型，以及解题技巧和方法，在认真复习整理参考书所做笔记的基础上，还要再做一定量的练习，以提高解题的熟练度和准确度。习题既要有基本题，也要有综合题，而且要有一定的难度。

为提高自己的答题能力，做历年的真题是其中重要的一环。在做真题的时候，开始时最好不要看参考答案，先独立思考解答，最后再对照参考答案。解题的步骤也是练习的一环，因为主观题的每个步骤都是得分点，做题与不做题对最后的考试成绩影响很大。

③ 冲刺阶段

冲刺阶段，也有人把它称作"查漏补缺"阶段。强化阶段之后就是最后的冲刺阶段了。在这个阶段需要再次对照大纲和自己的笔记，将主要知识点过一遍，查漏补缺。对已经遗忘或不太理解的知识点要重新回到教材上复习一遍。对重要的题型进行反复练习，同时再对历届真题和接近真题难度的模拟题进行强化练习，练习时要注意掌握时间，以增加临场答题时控制时间的经验。

2. 复习方式

复习方式没有固定的模式，大家可以根据自己的情况灵活选择。一般来说，考研复习主要有以下几种方式。

（1）自学

自学是大多数同学选择的复习方式，因为大多数同学是在大三学年开始准备考研，所以本科必修和选修课程还要继续完成，只能利用课余时间准备复习。这就存在考研和本科课程的一些冲突和偏重的问题，需要同学们统筹计划好。有的考生充分利用学校的师资，把校内资源和考研专业密切结合起来，一边按时上课，一边利用课余时间学习考研的专业课，效果很好。自学既可以是一个人进行，也可以联合考研的同学组成学习小组，资源共享，互相促进。

（2）听课

听课主要指在本校或外校听取报考专业的专业课或公共课，比如理工科的许多专业课要求考数学或统计等课程，学生在大一或大二学年已经学过，在条件允许的情况下，再去跟班听课，总结和复习相关知识。对于某些跨专业的考生，听课是很有必要的，这样可使其系统掌握所选专业的基础知识，以备最后的冲刺和考试。

（3）请教相关学科的老师

自学和听课是两个很重要的复习方式，除此之外，还有一个也是必要的，即向相关学科的老师或报考专业的老师请教。但是这个方式有时候实施起来比较困难。如果报考本校本专业，那么很容易实现；但是如果是跨专业或跨校报考，找到相关老师就很困难，大家只能用自己的不同信息资源去争取。

（4）专业课笔记

① 专业课笔记切忌抄书。抄书式的笔记只能在短时间内让你对所学知识有个大概的印象，但是会大大弱化知识点之间的联系，不仅耽误看书进度，更让人无法形成全面系统的知识体系。

② 看完书再做笔记。先从目录宏观把握整本书的大致内容，然后深入各个章节进行细致地学习。学习完一章之后，开始按照自己的理解和记忆动手做笔记，遇到遗忘的地方查书补齐，遇到疑难的地方可以标注出来，然后去询问老师和同学。学完整本书后，整理全书的大框架，将各章节的小框架纳入其中。

③ 按照真题总结专题。真题的论述或者简答题涉及的知识点往往分散于专业课的各个参考书中，研究这些题目可以将原本独立于各个书本中的知识

点串联起来，也会为总结知识专题提供思路和方向，使专业课涉及的各种知识网络化、系统化。

（5）辅导班

要不要参加辅导班，可以根据每个人的情况而定。有些基础比较薄弱的考生可参加基础辅导班，打牢基础知识。有些考生认为自己的基础知识掌握得较好，便没必要参加辅导班，自学和听课的形式也是不错的选择。目前考研辅导班遍地开花，如何选择也是大家关注的问题。

总之，选择哪种复习方式一定要根据自身的具体情况而定，切忌不明就里，一味跟风。理性思考是很有必要的。除此之外，应该对当前的考研形势和考研基本常识有所了解，做到心中有数，有的放矢。然后再做好完整的规划，认真细致地实施。整个复习过程中都要做到有张有弛，只有坚持不懈，才能取得最后的成功。

3. 研究生复试联系导师邮件怎么写

复试需要联系导师，通过邮件联系，是最常用的一种方式。但是，怎么写邮件才能吸引导师的注意？写邮件的时候又有哪些注意事项？

（1）同学们联系导师的时候，最好用带有已读回执功能的邮箱。因为导师看了邮件，系统会自动回复。

（2）邮件主题可以写成"考生姓名——××专业硕士自荐信"。这样导师一眼就知道这封邮件的意图是什么了，而且上面有考生姓名，这是一个很重要的信息。

（3）细节很重要。对于邮件的格式、导师的姓名、礼貌用语、邮件的用语要反复推敲，一定要谦虚。建议给同学或老师看看，反复修改确定没问题后，再发送邮件。

（4）介绍自己。要详细说明自己是要报考他的研究生，然后介绍自己的情况、本科成绩及科研经历等。还可以附上成绩单等正面材料，如奖状的扫描件、论文（节选）等。

（5）发送邮件的时间最好在晚上8～10点。一般而言，晚上8～10点这个时间段，导师回复的可能性比较大，当然还要看导师的个人习惯。

第三节　求职准备

一、就业的心理准备

就业心理是指择业者在择业前所表现出来的与职业认识、职业选择、择业途径、择业态度等方面相关的心理状态或思想认识。有什么样的就业心理，就有什么样的就业途径和职业选择。目前，双向选择的就业模式既为大学生提供了平等的竞争机会，同时也给大学生带来了极大的思想和心理压力。毕业前做好就业的心理准备，塑造积极的就业和择业心理，是当代大学生就业成功的内在条件。

（一）大学生就业前的心理困境

就业心理困境是指大学毕业生在就业压力和心理承受力的相互作用下，失去了应有的心理平衡，在择业前产生的一些不健康的心理现象或心理倾向。就业心理困境的表现形式多种多样，常见的有以下几种。

1. 心理冲突

大学生在求职择业的过程中，常面临着种种选择，以致产生激烈的心理冲突，如渴望竞争，又缺乏竞争的勇气；希望自主择业，但又不愿承担风险；胸怀远大理想，却不敢正视现实；注重专业能力的发展，但又互相攀比、爱慕虚荣；重事业、重发展，但又无法舍弃眼前物质利益；既崇尚个人奋斗、自我实现，又有较强的依赖感等。这些心理冲突给大学毕业生择业带来了困境，使部分大学生在就业中感到十分迷茫和困惑。

2. 自卑心理

自卑心理在大学毕业生求职过程中表现得较为普遍。在日趋激烈的竞争中，面对就业困难的现实，部分大学生过低地估量自己的知识和能力，看不到自己的优势，往往形成脆弱、优柔寡断、怯弱的性格。在择业过程中对自己缺乏自信、谨小慎微、缩手缩脚、不敢主动向用人单位推销自己、不敢主动参与就业竞争，陷入不战自败的困境中。

3. 自负心理

由于受传统观念的影响，有的大学毕业生自我评价过高，认为考上大学，有了"资本"，就应身价倍增得到优厚待遇，因此，择业条件苛刻，形成自负心理。结果择业时期望值过高，好高骛远、脱离实际，讲条件、求实惠，不愿到基层和艰苦地区等需要人才的地方工作。

4. 攀比与嫉妒心理

在激烈的求职竞争中，有的大学生盲目攀比，自认为自己条件优越、比别人强，总希望自己的工作比其他同学好，待遇比其他同学高，在求职过程中，把目标定位与别的同学简单比较，只对那些条件高于其他同学的职位有兴趣，结果错过很多好机会。同时，当同学找到待遇好的工作时，只会一味产生嫉妒心理，认为自己肯定会找到比之更好的工作，却迟迟没有实际行动。

5. 受挫心理

现代大学生一直生活在校园，生活条件优越，经历比较简单，没有经受挫折的考验，所以心理承受能力和自我调节能力普遍较差，情绪波动较大，情感较为脆弱，缺乏面对挫折的能力。在择业过程中，大多数大学毕业生希望一蹴而就，能够顺利就业。一旦受到挫折，往往产生挫败心理、心灰意冷、悲观失望、自惭形秽，对自己、对未来失去信心，或不思进取、消极等待，或怨天尤人、顾影自怜等。

6. 焦虑

焦虑是一种复杂的情绪反应，主要表现为不安、烦躁、忧虑等生理反应。大学生择业就业是其走出校门、走向社会的第一步，是他们人生中的一次重大转折。面对纷繁复杂的社会，以及日趋严峻的就业形势和日益激烈的就业竞争，大学生在求职择业过程中，对职业选择、就业状况、前途发展等方面普遍存在焦虑和烦躁不安甚至恐惧的心理。

（二）大学生择业时的心理倾向

受社会传统观念及心理困境的制约，大学生在择业与就业过程中，常常产生一些不正确的心理倾向，这些不良的心理倾向既影响到就业路径的选择和就业成功的概率，也影响到其未来职业的发展，每一个大学毕业生应该对此有一个清楚的认识。

1. 依赖倾向

目前在择业过程中很多大学生缺乏主动参与意识和竞争意识，信心和勇气不足，不能主动参与竞争，"等""靠""要"的依赖心理严重。他们不是主动向用人单位展示自我、推销自我，依靠自身的努力去赢得竞争、获取职位，而是寄希望于学校，寄希望于政府，寄希望于家人，等待政府、学校帮助解决就业，坐等家人及亲属帮忙，等企业上门招聘。这种严重的依赖倾向使大学毕业生在市场竞争中十分被动。

2. 从众倾向

从众倾向表现为随大流、人云亦云，是行为主体缺乏主见的心理表现。大学生由于社会阅历较浅，社会认知不足，在择业时表现出的"从众"十分普遍。毕业时经常可以看到：一个单位来校招聘，同一专业的同学要么一哄而上，要么都不去。这是因为他们认为大家都去肯定好，没有人去肯定不好，表现出明显的从众倾向。

大学生求职的从众倾向还表现在对社会认知和家人认知的顺从上：社会认同较好的行业大家都去竞争，社会认同较差的行业大家都避而远之；或是家人认为好的职业就选择，家人认为不理想的职业就回避。从众倾向加剧了就业的竞争，也使很多毕业生错失许多就业机会。

3. 求稳倾向

求稳倾向是指大学生担心未来工作的不稳定，而在择业时往往从职业的稳定性出发去选择那些国企、事业单位或公务员职位。这是保守心理的一种表现，受传统观念影响较大。

4. 名利倾向

名利倾向是指大学生在求职过程中，一味地注重高收入、高地位、好行业、名单位等，把名利作为求职的第一标准。例如，许多大学毕业生择业时选择去大城市，选择企业时也以是否是外资或合资为标准，求名求利，忽略了自己的特长和未来职业的发展。

5. 低就倾向

低就倾向源于大学生的不自信和自卑。有的大学毕业生认为社会对人才要求高，竞争激烈，而大学生学到的只是理论，动手能力差，技不如人，只要有单位要就行了。结果是对自己不敢"明码标价"，对单位开出的某些不平等条件也极力忍让，草草签约了事。低就倾向会给以后职业发展带来诸多隐患。

6. 侥幸倾向

随着大学毕业生人数的逐年增加，用人单位对人才的选择余地越来越大，就业竞争越来越激烈。大学生为了提升自己在就业竞争中的砝码，心怀侥幸，希望通过夸大自己的业绩、能力等手段来提升竞争能力，于是出现简历注水、成绩造假、学历造假等现象。

事实上，这种侥幸在求职中不仅不能得逞，反而还会给自己求职和职业发展造成很大障碍，甚至影响其他同学求职及学校的声誉。

（三）大学生择业时的心理塑造

大学毕业生择业时，不可避免地会遇到很多困难或挫折，引起许多心理矛盾和心理障碍，这既不利于择业，也不利于身心健康。在择业前，大学毕业生就应该充分做好心理准备、消除择业心理困境、克服不良心理倾向、塑造健康的心理模式，为成功求职建立良好的心理基础。

1. 克服不良择业心理倾向

克服不良择业心理倾向，能帮助大学毕业生客观了解社会、认识自我，从而建立起积极、稳定、健康的择业心态。

（1）认识自我、合理定位、良性择业。

认识自我是大学毕业生成才的重要心理品质，也是大学毕业生个性发展和职业方向选择的基础。大学毕业生择业心理塑造的第一步，就是要重新全面客观地认识自我、扬长避短，正确选择职业目标。

大学毕业生通过对自己的知识结构、专业能力、个性、特长、兴趣、爱好等进行客观全面分析，然后为自己合理定位。这样不仅可以克服择业求职中的盲目从众和不切实际的选择，也可以增强自信，避免低就心态影响未来职业的发展。认识自我可以通过心理测评、能力测试、社会比较等方法进行。

（2）认清形势、转变观念、理性择业。

事实上，工作并没有想象中那样难找，遇到就业障碍并不可怕，可怕的是观念陈旧、眼界狭隘，或心存偏见、缺乏灵活性，不能理性地对待客观现实。当代大学生要想在就业浪潮中紧跟就业形势变化，关键是要做到认清形势、改变观念、理性选择。

目标企业要合理。目前，民企已经成为人力资源消费的主力军。近年来，各种民企接受应届高校毕业生的数量大幅度提高，在很多高校招聘会上，民企的比例占绝大多数。市场中大学毕业生需求主体不再是外企、大型国企或政府事业单位，而是数量众多的中小企业，特别是一些民企、私企。因此，大学毕业生在毕业前应清楚认识到这一点，积极转变观念，抛弃求稳、求名的心理倾向。

职业发展是择业的关键。调查表明，机会多、待遇优、个人发展空间广、企业体制完善等已成为现代求职者选择就业职位时的综合考虑因素。个人发展空间和行业发展前景成为当今求职者择业的首要考虑因素，薪资不再是职业的首选标准。大学生应该用发展的眼光看待择业与就业，正确对待薪酬和就业、发展的关系。

淡化地域观念。随着经济社会的飞速发展及国家优惠政策的出台，中西部地区及二线城市对人力资源的需求急剧增加，它所提供的就业岗位大大增加了大学生在这些地域中的就业机会。大学生应该积极顺应这一变化，淡化地域观念，勇于到中西部地区或中小城市去发展。

（3）积极培养主动竞争的择业观念。

择业时，大学生应充分了解自己的专业，明确自己所学专业的培养目标及适合方向，树立专业思想。主动将个人发展与社会需求结合起来，跟上社会发展变化的步伐，变被动为主动，提高自己的综合素质，提升自己的竞争力。

大学生在毕业前注意搜集社会各方面，特别是本专业的用人信息，树立自我推销的求职意识，积极主动和各用人单位联系，凭借自己的实力，用热情和真诚获得用人单位的认可。

（4）树立严谨、踏实、稳重的择业求职作风。

严谨、踏实、稳重是现代企业用人的基本标准，也是大学生成才的基本要求。择业求职是大学生人生中的一个重要环节，也是企业选择人才的一个重要环节，因此，应坚持严肃认真的态度，绝不能心存侥幸、马虎对待，甚至弄虚作假。大学生在职业意识塑造过程中，就应养成诚信、严谨、踏实的工作作风，做到诚实、诚信、严谨。

2. 自我调适消除心理困境

择业的心理困境人人皆有，只是程度不同。大学生要想塑造良好的就业观，必须通过自我调适，克服各种心理困境和障碍。

（1）理智思考

一个人在遇到困难和挫折时要保持健康的心理，很重要的一点是能够理智思考，正确面对和接受现实，并能保持灵活变通的思维方式，随时修正自己不合理的想法，而不固守原有的僵化观念。大学生在择业时首先要理智地分析自己，明确自己的长处和不足，增强信心，相信凭真才实学一定能找到合适的单位。其次，遇到困难和挫折时，要冷静分析原因，根据原因对症下药，适时调整，而不怨天尤人。

（2）学会放松

求职时如果心情紧张，则可通过自我放松练习进行缓解。常见的放松方法有两种。第一种是肌肉松弛训练，其方法是，先紧张某些肌肉群，然后放松。例如，用力握紧拳头，坚持 10 秒钟左右，然后彻底放松双手，体验放松的感觉；将脚尖使劲向上翘，脚跟向下紧压地面，绷紧小腿肌肉，坚持 10 秒钟，然后彻底放松，体会小腿放松的感觉。第二种是意念放松训练。其方法是，先稳定情绪、静下心来、闭上眼睛、排除杂念、把注意力集中到下丹田、用腹式呼吸法慢慢呼吸。

（3）适度激励

大学生求职择业时常常信心不足，会紧张、胆怯，甚至自卑，这可以通过自我激励进行调节。具体的做法有以下两种。

一是进行积极的自我心理暗示，自己给自己打气、加油、壮胆。比如择业或面试前，对自己说"不要紧张""放松""我一定会成功"，以及"我是最棒的"等暗示语言，能缓解过分紧张的情绪，增强自信心。

二是大胆实践。择业时主动出击，用每一次小的成功来激励自己。例如，要求自己主动与用人单位的代表打招呼，握手问好，把心里的想法坦率地说出来等，以此来激励自我。

（4）适当宣泄

宣泄是心理调适常用的一种方法，是指通过一定渠道把人内心深处的冲突和被压抑的情绪发泄出来，以求内心的平衡。比如哭诉，向熟悉的人倾诉，剧烈运动，发泄等，都可以缓解内心冲突，消除心理矛盾与痛苦，释放心理压力。当然，宣泄情绪一定要注意场合、身份、气氛，且无破坏性。

（5）自我安慰

择业时遇到挫折是正常的，此时应该进行适当的自我安慰，以缓解心里的矛盾冲突，消除焦虑、抑郁、烦恼和失望的情绪。如面试落选了，可以安慰自己"失败乃成功之母""车到山前必有路"等。

（6）心理咨询

为了消除焦虑、烦恼、抑郁等心理障碍，大学毕业生可以向专业的心理咨询机构寻求帮助。目前，不少高校都建立了心理咨询机构，社会上的心理辅导服务也纷纷兴起。心理辅导老师或心理医生都能帮助大学毕业生迅速有效地消除各种不良情绪，以及更加客观正确地认识自我，进行心理训练提高择业技能技巧的有效途径。

3. 树立积极的求职心态

（1）正确认识自我

将"个人情况"和"个人特点"综合考虑，评估自己掌握的专业知识和技能，了解自己的个性特征，分析适合自己的就业方向。

（2）保持足够的敏感

密切关注就业招聘信息，积极参加校园宣讲会、招聘会，了解最新招聘动态。

（3）正确化解焦虑

多跟已经就业的同学、朋友交流，多跟业界、周边的智慧人士接触，获得心灵的支撑，保持宠辱不惊、心境平和。

（4）遇到困境时相信自己

做自己的啦啦队。"势如破竹"这个"势"就是心理能量的积累。

（5）开辟新的战场

一个行业的相关企业招聘进入尾声时，应积极开辟新战场，但要保证自己的核心竞争力得到延续使用，新战场离"行"不远或者为"行"服务。

二、求职信息准备

求职信息是大学毕业生求职择业的前提和必备条件，关系到求职择业的成败。在当今信息时代，就业不仅是实力的竞争，也是信息的竞争。作为大学毕业生，应当高度重视就业信息的重要性，积极主动，多途径、全面地收集各种就业信息，并认真细致地进行选择整理，并作出准确界定、科学利用，从而抓住机会，把握择业、就业的主动权，为成功就业奠定基础。

（一）求职信息的重要作用

1. 求职信息的重要性

（1）求职信息是大学毕业生职业选择的基本前提。

在市场化条件下，大学毕业生就业实行"双向选择"，用人单位择人与大学毕业生择业的自主权日益强化，各自的选择余地增大，竞争也更为激烈。对择业者来说，只有了解和掌握全面、可靠的就业信息，才能够有效参与到求职择业活动中；否则，就无法争取择业的主动权，也不可能找到自己理想的职业。

（2）求职信息是大学毕业生选择职业的重要依据。

大学毕业生只有掌握了全面的求职信息，才能使自己的择业更具科学性，从而做到知己知彼、有的放矢。大学毕业生通过对各种就业政策、社会宏观经济状况、人才需求状况、专业特点及用人单位特点和用人需求等信息的分析，可以准确把握自己的就业发展趋势和前景，从而准确定位，正确选择职业方向。相反，这些信息的占有量和来源上如果存在缺陷，则大学毕业生择业决策的科学性、可靠性将无法实现。

（3）求职信息是求职成功的可靠保证。

大学生求职是一个自我展示、自我推销的过程。在推销自我的过程中，大学生必须全面收集用人单位信息，做到"投其所好"。大学生对应聘单位相关信息了解得越全面，在应聘过程中就越能够胜出。

2．求职信息的分类

（1）政策类信息

政策类信息是大学毕业生要掌握的首要信息，主要包括国家关于大学毕业生就业指导的政策、就业优惠政策、自主创业政策、学校和地方关于大学生就业的各种政策和规定，如西部计划、三支一扶、大学生村官计划、各地区制订的大学生接收计划等。

（2）专业状况信息

专业状况信息主要包括专业特色、课程设置、专业发展前景、专业适用范围、专业市场需求状况等。

（3）宏观经济状况及市场供需情况

宏观经济状况及市场供需情况是指国内外及地区经济发展总体现状与趋势，就业市场的整体状况，本届大学毕业生就业市场总体形势，供需比例与结构等。

（4）用人单位信息

用人单位信息包括用人单位的招聘规模、所需人员结构、单位性质、效益状况、规模、发展前景、运作模式、用工方式、招聘程序等。

（5）招聘活动信息

招聘活动信息是指学校和政府及各种社会机构举办的各种招聘活动的相关信息，包括招聘单位的数量、地域分布、特点类别、举办地点等。

（6）其他与求职相关的信息

其他与求职相关的信息包括公务员考试、教师资格考试、择业技能等方面的相关信息。

了解求职信息的分类，可以为全面收集信息、合理利用信息奠定基础。

（二）收集求职信息的途径

大学毕业生收集就业信息的渠道很多，常用的途径有以下几个。

1．政府和学校各级就业主管部门或就业指导服务中心

这是大学毕业生收集就业信息的主渠道。就业主管部门负责大学毕业生就业管理工作，它不仅宣传相关就业政策、制定相应的就业管理办法，同时也为大学生提供必要的就业指导和帮助，可提供很多就业信息供大学毕业生选择。

校内大学生就业指导服务中心是连接大学毕业生与社会的桥梁，它们与上级主管部门和社会各界及很多用人单位都保持着密切的联系，也是用人单位选择大学毕业生所依赖的一个重要窗口。

2. 新闻媒体

新闻媒体形式多样，涉及面广，传播速度快，信息量大，且真实性相对较高，是大学毕业生收集就业信息的重要途径。在传媒业高速发展的今天，报纸、杂志、广播、电视、网络等各种新闻媒介和新媒体平台都从不同的侧面和角度反映大学毕业生的就业状况，并为大学毕业生就业提供各种服务。通过各种新闻媒介，大学毕业生可以了解就业政策、不同行业的就业现状和职业发展前景及用人单位的人才需求信息等。

3. 供需见面会和人才招聘会

供需见面会一般由省市就业主管部门或各高校组织。大学毕业生通过供需见面会可以与用人单位面对面交流洽谈，进行双向自由选择，达成就业意向，进而签订就业协议。供需见面会形式多样、组织正规，参会的用人单位及提供的职位比较多，大学毕业生可以和用人单位面对面交流，能够更全面地了解用人单位的信息。供需见面会是大学毕业生收集信息的另一重要途径。

另外，社会各级人才市场举办的与大学毕业生有关的招聘会也能提供很多就业信息。但由于这些招聘会多以营利为目的，注重广告宣传，参会单位成分较复杂，大学毕业生求职的成功率较低，大学生收集信息时应谨慎对待。

4. 计算机网络

信息时代，互联网已经成为人们获取信息的基本途径，通过网络求职已经成为大学生中比较流行的方式。大学生可以通过专门的人才交流网站或热线电话，如中华英才网、智联人才网、中国人才热线等轻松快捷地获取与自己相关的求职信息，也可以通过企业的人力资源网站了解企业的具体招聘信息。从互联网上获取就业信息可谓多、快、好、省，既可降低择业成本，又能提高求职效率。但是，在利用互联网获取就业信息时，大学毕业生应清楚认识到网络的负面影响，注意网络中的无效信息、虚假信息、欺诈信息等，这些信息不仅会干扰大学生正常择业，甚至还会给大学生带来不必要的经济或精神损失。因此，大学生求职不可以过分依赖网络，在利用网络查找信息时，应该注意选择那些正规的声誉较好的网站，同时对网上的信息要加以甄别，不可盲目轻信。

5. 人际关系网络

天然和后天建立起来的人际关系网，对每一个人来说都是一笔巨大的财富。人际关系中的人脉资源不仅可以为大学毕业生提供很多可靠的就业信息，很多时候还可以直接推荐，推动大学生求职成功。因此，大学毕业生在收集就业信息时，千万不要忘记自己周围的亲戚、朋友、老师、同学和校友等，要学会利用各种社会关系，拓宽信息来源，让更多的人帮助自己获取就业信息。

6. 社会实践和实习

学校组织的社会实践和实习等活动，也是大学毕业生收集就业信息的一个有效途径。在实践与实习活动中，大学毕业生有机会了解到单位的用人需求信息和对大学毕业生的具体要求，同时还可以和实习单位进行沟通交流，充分展示自己。通过实践和实习获得的信息准确、可靠，且大学毕业生已与这些单位有先期沟通，彼此了解程度较高。

7. 直接获取信息

如果大学毕业生未来职业方向已经明确，择业目标范围已经确定，则可以采用登门拜访的方式毛遂自荐，直接到自己中意或与自己专业有密切关系的用人单位，当面递交个人求职材料或进行咨询交流，以此了解用人单位的具体信息。通过这种方式收集到的就业信息最直接、最准确，也最具体、最可靠。

收集就业信息的途径很多，大学毕业生切不可局限或偏好于某种单一的途径，而应将多种就业信息的收集途径结合起来，多管齐下，确保收集到的就业信息全面、准确、有效，为成功就业提供充分的信息资源。

（三）求职信息的有效利用

大学毕业生通过各种途径收集到的大量就业信息纷繁杂乱，其中还包含不少虚假和无用信息。一些大学毕业生花费了大量时间和精力收集就业信息，但对收集到的信息不加以有效利用，而是束之高阁，结果造成资源的浪费。

也有一些大学毕业生由于求职心切，未对收集的就业信息进行认真、细致的分析处理，就轻易地付诸实践，结果是无功而返，造成时间、精力、财力的浪费，更有甚者，因虚假信息受骗上当，造成精神上的打击而使求职就业陷入被动。所以，在广泛收集就业信息的基础上，大学毕业生还应学会对所获信息进行选择、整理、加工和有效利用。

求职信息有效利用的过程是大学毕业生对就业信息进行选择、整理加工和正确使用的过程。

1. 初选

大学毕业生最初收集到的就业信息往往杂乱无章，数量庞大，其中有很多无用或虚假信息。在收集到信息以后，大学生应该首先对信息进行初步选择，剔除那些明显不合理的、过时的及违反政策法规的无效信息。

2. 鉴别

对就业信息进行鉴别的目的主要是辨别其真伪及可靠性、有用性等，鉴别的对象主要是初选后的信息资料。通常从以下几个方面进行。

（1）客观真实性

客观真实性是就业信息是否可靠的基本前提。了解信息真伪，一定要弄清楚信息来源于何处，是谁提供的，提供者的依据是什么。分析信息是否客观、真实。

（2）完整性

只有完整的信息才是有用的信息，在对就业信息进行分析整理时，一定要注意对信息的完整性进行分析。一般来说，企业招聘信息应包括以下几个方面：① 单位名称（全称）、单位所有制性质；② 单位的现状、排名、发展前景；③ 企业文化；④ 单位对应聘者的要求，如学历、道德品质、个性、职业能力等；⑤ 岗位工作地点、工作环境、工作时间、薪资待遇、人员培训等；⑥ 用人单位的联系方式，如联系人、通信地址、邮政编码、联系电话、传真、E-mail 等。要把收集到的信息内容全部整理得清清楚楚。

（3）判断就业信息权威性

判断就业信息权威性的方法有：了解就业信息的来源与质量；掌握信息提供者的背景，比较同类信息的深度。例如，从政府部门来的就业信息，人事部门最有权威；从学校来的信息，大学毕业生分配（或就业指导）办公室最有发言权。

（4）有用价值性

搜集就业信息的目的是找到合适的工作。如果收集到的信息与求职无关，也就没有多大意义。例如，自己只有本科文凭，而招聘职位明确要求博士学位，不论其他条件多么合适，这条信息对自己也没有价值。如果你同学的条件和你一样，这条信息对他们也没有价值，应删除。

3. 分类

在对信息进行鉴别后，应对这些真实有用的信息进行分类，以方便使用。对求职信息一般是按性质分为 A、B、C、D、E 类，如 A 类信息可以是政策类，B 类信息为公务员考试（包括西部计划、村官考试等），C 类信息为事业单位招考信息，D 类信息为大型企业招聘信息，E 类信息为中小企业招聘信息等。也可以按地域时间、收集途径等其他标准进行分类。分类的目的是便于信息管理，在使用时能做到有序和充分。

4. 分层

在对就业信息进行分类后，还必须根据信息价值的大小、有用程度、时效的紧迫程度进行层级划分，最重要、最有用、时效紧的信息放在第一级，其他信息可依照相应标准划分为二级、三级、四级信息。

5. 归档

通过以上程序整理出来的就业信息仍然很混杂，也不便于保存，为了便于利用，还必须对其进行归档保存。归档保存可以通过建立就业信息资料库的方式来进行。个人就业信息资料库的设计并不复杂，重点是将每一条有用的就业信息的要点记录在案，以备求职过程中随时查询。资料库可以按不同类别的信息分类归档。

（四）求职信息的有效识别

一些不法分子为骗取钱财或达到某些不可告人的目的，常利用大学毕业生急于就业的心理及缺乏社会经验的实际情况，有意设计圈套，引导大学生受骗上当。对此，大学毕业生应该高度重视，在收集信息时要注意对虚假信息的识别，做到防患于未然。

1. 常见的招聘陷阱

大学毕业生在求职过程中可能遇到的招聘陷阱有：中介陷阱（黑中介骗取高额中介费）、电话陷阱（通过电话骗取高额信息费，或者通过简单电话交流后就答应录用）、传销陷阱（通过求职方式骗求职者加入传销）、职位陷阱（以提供高职位为诈骗手段）、地点陷阱、试用陷阱、合同陷阱、虚假宣传、虚假承诺等。

2. 招聘陷阱的识别

大学毕业生在求职过程中难免遇到这样或那样的招聘陷阱，关键是在求职过程中要有防范意识，在面试前就对各种信息进行正确识别，做到防患于未然，这样才不会上当受骗，给自己带来不必要的损失。

（1）树立防范意识，克服三种心理

很多大学毕业生在求职时上当受骗，多是防范意识薄弱，轻听轻信造成的。大学毕业生在求职时要克服三种心理。

一是无所谓心理，即对什么都不在乎，不愿意去多观察、多思考、多体验。结果大大咧咧，掉入招聘陷阱后还不知为何被骗。

二是急于求成心理。尽管求职要善于抓住机会，但这个"机会"绝不能盲目地抓。有的同学急于求成，在对用人单位情况毫不了解的情况下就去面试，甚至签约，上当的可能性大大增加，要知道不法分子正是利用这一弱点来达到目的的。

三是侥幸心理。"说不定别人是真心想帮我""这个人好像不会骗我""万一他说的是真的呢"等想法都是侥幸心理的体现。轻信别人就是对自己的不负责任，要知道天上不会掉馅饼，求职不能心存侥幸，偏听偏信。

（2）认真研究信息，远离招聘陷阱

很多招聘陷阱都是通过招聘信息的方式来吸引求职者上当受骗。在求职前，大学毕业生应对招聘信息认真分析，舍弃那些带有欺骗性的信息，通常在信息整理时要注意以下几点。

① 通过广告判断招聘单位规模。如果招聘信息中广告版面小（一两行字），广告中未谈及公司具体状况（如公司文化、历史、现状、经营项目、未来发展等），这样的公司规模一般不大。如果广告中的联系方式只有手机或 QQ 号，多是皮包公司，应慎重。

② 注意招聘条件。招聘广告中如果只开出优厚条件，但是却没有对求职者的要求，这种多半是招聘陷阱。通常单位给应届大学毕业生的待遇不会很高，职位也不会很高，而且会有学历、经历、年龄等方面的限制条件。如果广告中提供的待遇高、职位好（如经理、主管）而对求职者没有要求，或要求很低，对这样的信息也要慎重。

③ 对招聘信息进行求证，一般从招聘信息发出后到面试都有几天间隔时间，在此期间，可以通过网络、人际关系或其他平台来了解招聘单位，看单位是否存在，是否有好的信誉等。

（3）实地考察场地，验证信息虚实

如果单位存在，先确认一下单位的官网，搜索官网的可用信息并记录下来，因为官网是一个单位最好的宣传窗口。同时可以进行实地考察，看看单位规模、员工状况等。

（4）面试时拒交任何费用，签约前仔细研究协议内容

大学生在求职时应主动学习一些劳动法规和相关政策，提高求职素质和独立思考的能力。在正式进入单位之前，要想方设法加强对企业的了解，以免误入骗子的陷阱。注意招聘单位的营业执照等相关证件。

谨慎签订劳动合同。一看企业是否在工商部门登记及企业注册的有效期限，否则合同无效；二看合同字句是否准确、清楚、完整，不能用缩写替代或含糊文字表达；三看劳动合同是否有必备内容，包括劳动合同期限、工作内容、劳动保护和劳动条件、劳动报酬、社会保险和福利、劳动纪律、劳动合同终止的条件、违反劳动合同责任等。

发现被骗迅速报案。目前，各地陆续成立公安、通信、银监、银行等单位组成的"反欺诈中心"，若遭遇电信诈骗，或向嫌疑人账户转账，应第一时间拨打 110 或者到派出所报案，110 指挥中心或者派出所会将警情转到"反欺诈中心"。"反欺诈中心"经过核实，会启动"紧急止付"程序，将涉案账户快速冻结，最大程度挽回受害者的损失。

三、求职材料准备

求职是一个双向选择的竞争过程，在这个过程中虽然起决定作用的是求职者的实力，但介绍求职者具体状况的求职材料的作用不可忽视。对大学毕业生而言，精心制作个人的求职材料是成功求职的基本环节。一份精美、全面的求职材料不仅是对自己多年学习、实践的总结，也是向用人单位全方位展示自我的重要手段，可以使大学毕业生求职事半功倍。

（一）求职材料的构成

求职材料是大学毕业生全面介绍个人基本情况，全方位展示自己学识、技能、风采的各种说明性文件和证明材料。一份全面的、有影响力的求职材料，不是由求职信和简历简单构成的，它包含丰富的内容。

一般而言，较完整的个人求职材料应包括以下内容。

1. 求职信

求职信是求职者向用人单位表明自己的求职愿望和诚意的专门信函，是求职材料的基础内容。

2. 个人简历

个人简历是求职者向用人单位简单说明自己过去学习和工作的经历，介绍个人基本状况，初步展示学识、能力、个性特点、风采、风貌的书面文件。

3. 毕业生就业推荐表

毕业生就业推荐表是由省级就业服务中心或学校统一印制的，用于向社会推荐合格统招毕业生的法定书面文件。毕业生就业推荐表内容全面，能基本反映毕业生学习、工作状况和学识、能力状况等。

毕业生就业推荐表是官方认证的具有权威性的材料，在求职材料中具有举足轻重的作用，也是必需的一环，各用人单位高度认可，把毕业生就业推荐表放在求职材料中可以大大提升求职材料的可信度和影响力。

4. 各类证明材料

证明材料是指用于强调自己所取得的成绩或具备某种能力、资格的各种证书及文件等材料。证明材料通常包括以下内容：毕业证书、学位证书、各类学历证明和结业证书；获得的奖学金及"三好学生""优秀学生干部""优秀团员""优秀毕业生"等荣誉称号的获奖证书；英语、计算机水平等级证书，专业技能等级证书；社会实践、征文比赛、文艺演出、体育运动会、社团活动等获奖的荣誉证书；在正式出版物上发表过的文学作品、科研论文、美术设计作品、音像作品、摄影作品及各类小制作、小发明、小创作的图像资料；其他有关专长、爱好的证明材料等。

5. 学习成绩单

学习成绩单是大学生学业状况的反映。学习成绩单不仅可以体现学生对专业知识的掌握度，而且也能反映大学生的学习和人生态度，很多单位对大学生的学习成绩单较为重视。

6. 推荐信

这里所说的推荐信不是那种找关系、托人情、"走后门"的"条子"，而是指一些学术权威人士、学者、教授或高层管理者为大学毕业生出具的就业推荐信。许多大型企业、事业单位及外资企业比较重视这种推荐信。因为写推荐信者有较高的声望和地位，一般不会做不负责的推荐，因此，推荐信具有较好的可信度。

7. 其他材料

为了加深招聘单位对自己的印象，或者根据用人单位的不同要求，大学毕业生有时还需提供其他材料，如学校及学科专业介绍、报名表、身份证、学生证、政审材料等。

（二）求职材料的设计

1. 材料准确齐全

有些大学毕业生片面地认为，求职材料就是一份简历，而实际上简历只是个人求职材料的一个组成部分，只有齐全完整的求职材料才能更全面地展示自我。所以，大学毕业生在准备求职材料时应力求全面、准确，把个人认真细致的做事态度和强烈的责任心透过求职材料直接传达给用人单位，给对方留下良好的印象，对于招聘单位要求提供的相关材料更是不能遗漏，以免招聘单位产生误解。

2. 内容充实，装订规范、有序

求职材料要求资料全面，各种资料能全面反映出自身的条件状况，让用人单位全面了解自己，展示出综合实力。求职材料内容较多，装订要规范、有序，体现出层次性，不要给招聘者以杂乱的感觉。

一般来讲，重要的资料放在前面，通常是推荐信放在第一页，其次是求职信、个人简历、毕业生就业推荐表，最后是各种获奖证书、论文等证明材料复印件。如果证书、论文及其他证明材料的复印件太多，可以单独装订，作为附件。

3. 注重针对性，讲究个性

有些大学毕业生认为，个人求职材料只需写好一份，然后再复印分投到其他的用人单位就行了，其实不然，在求职过程中，应根据不同单位与职位对求职者的不同要求，有针对性地制作每一份求职材料，这样才能让用人单位感受到你求职的诚意，提高求职成功的概率。因此，大学毕业生在制作个人求职材料时，从内容到编排形式等方面都应注重体现自己的个性、特长和创意。

4. 设计美观，杜绝错误

一份整洁美观的求职材料，看起来赏心悦目，容易引起用人单位的好感和兴趣。对于求职信要认真设计，封面要简洁，有视觉冲击力，字体大小要适中、编排大方。另外，无论是语法错误、错别字、标点符号的错误，都会让对方对你的印象大打折扣，对求职不利。因此，求职材料制作完成后要认真审阅、校对，以杜绝错误。

（三）毕业生就业推荐表的填写技巧

毕业生就业推荐表是官方认证的具有权威性的材料，各用人单位高度认可，在求职材料中具有举足轻重的作用。毕业生就业推荐表的内容与表格与个人简历有些相似，但更客观、全面，具有普适性。

毕业生就业推荐表的主要内容包括姓名、性别、民族、出生年月、政治面貌、学校名称、专业、学历、培养类别、外语水平、健康状况、学校地址、特长、奖惩情况、在校表现、自我鉴定、院系推荐意见、学校毕业生就业指导意见、备注等。

1. 毕业生就业推荐表的填写

（1）推荐表具有代表校方向用人单位推荐大学毕业生的作用，是唯一认可法定文件，因此，填写必须规范，字迹必须工整。很多学校把推荐表公布在网上，大学毕业生可以下载然后填写并打印。注意打印时应用 A4 纸双面打印。

（2）内容填写要完整。完整的推荐表应填写好所有栏目，有些栏目没有可以填"无"。

（3）签章有效。推荐表填完后，由院系审核并在院系推荐意见栏内盖章确认；学校毕业生就业指导中心在学校推荐意见一栏签署"同意推荐"字样并盖上公章，毕业生就业推荐表有效。

2. 毕业生就业推荐表使用的注意事项

（1）不能涂改。推荐表具有代表校方的作用，有关部门加盖了公章。填表的时候一定要细心、认真，不要出错。特别是个人业绩、院系推荐意见等部分，一旦有错误或涂改的痕迹，就可能引起用人单位的误解。所以，发现错误，应更换推荐表，重新填写。

（2）自我鉴定要写得客观全面，既要突出成绩，也要客观，同时还要体现出层次性。

（3）推荐表的填写内容要与简历的相关内容一致，不能和简历出现不一致或相互矛盾的地方。

（4）用备注栏来突出自己的优势。推荐表篇幅有限，某些突出优势可以在备注栏里展示出来，比如有重要作品发表、具有突出的外语能力、突出的工作经历等都可以写入备注栏。

（5）保证推荐表的唯一性。推荐表不可仿制，大学毕业生在"双向选择"

的过程中可以使用推荐表的复印件进行"自我推销",在同用人单位签就业协议时才向用人单位交出推荐表的原件。

（四）推荐信等其他资料的准备

除了上述材料以外,还需要推荐信和其他一些补充性证明材料,如各种证书、作品、说明性文件等的复印件。推荐信一般需要地位较高的师长、专家撰写,并有亲笔签名。推荐信必须针对特定单位,做到对特定单位推荐某一特定学生。各类证书复印件一般用 A4 纸单面复印,一证一印;论文或作品的复印资料要素应齐全,通常包括封面、目录和正文等。

第四节　就业环境与就业制度

一、我国大学生就业环境

就业是在一定环境中进行的,大学生所处的就业环境由以下几方面因素共同确定:社会环境、政策环境、经济环境、当年用人单位需求情况。

1. 社会环境

社会主义初级阶段是我国的基本国情,初级阶段担负着极其繁重的历史任务。中国要从不发达逐步实现现代化、从农业国转变为工业国,就要发展科技和教育,缩小地区间的差距,实现国家的工业化和经济的社会化、市场化和现代化,在社会主义的基础上实现中华民族的伟大复兴。这一特定阶段的发展具有以下基本特征。

（1）市场经济竞争激烈

在市场经济运行中,优胜劣汰,适者生存,竞争激烈。企业建立起新型的劳动就业制度,劳动者在就业过程中可以双向选择、合理流动和自主创业,劳动者素质的高低,要通过其对经济和社会的贡献来衡量。因此,经受市场经济激烈竞争的考验,成为每个人都不可回避的选择。

（2）多元经济共同发展

公有制为主体、多种所有制经济共同发展,是我国社会主义初级阶段的一项基本经济制度，它是由社会主义的性质和基本国情所决定的。第一，我们是社会主义国家，必须坚持公有制为基础；第二，社会主义初级阶段需要在公有制为主体的条件下发展多种所有制经济；第三，一切符合"三个有利于"的所有制形式都可以用来为社会主义服务。

（3）现代化建设任重道远

邓小平同志高瞻远瞩，及时把握时代的脉搏和社会经济发展的趋势，描绘了我国现代化建设的宏伟蓝图，规划了"三步走"的发展战略，即20世纪"走两步"，达到温饱和小康，21世纪用30～50年的时间再"走一步"，达到中等发达国家的水平。

（4）知识经济初见端倪

放眼世界科技，可以清楚地看到，科技在世界经济和社会发展中具有第一位的推动作用。中国要迅速发展必须依靠科技进步，此外别无他路。21世纪的新科技革命具有信息爆炸、进步速度加快、更新周期缩短、多学科领域综合渗透、高科技主导作用越来越明显等新特点。高科技发展所造成的直接后果就是全球化的电脑、电视、网络、卫星通信、程控电信等现代化信息手段的形成，各国纷纷建立信息高速公路，网络把世界各地的人们都联系在一起。20世纪70年代以来，对未来经济出现了多种说法。1990年，联合国研究机构提出了"知识经济"的概念，明确了这种新型经济的性质是以知识为基础的经济。知识是创造社会财富诸要素中最基本的生产要素，其他生产要素都要靠知识来装备和更新。世界上一些发达国家已率先用知识经济来替代工业经济。知识经济的社会细胞已经出现并正在发展壮大，人类进入知识经济时代已经不是遥远的未来。

2. 政策环境

我国高校毕业生就业政策的主要依据是原国家教委1997年3月24日颁布的《普通高等学校毕业生就业工作暂行规定》（以下简称《暂行规定》）。这是指导毕业生就业工作的最根本、最原则性的法规，其他的一些部门性、地方性的就业法规都是以它为基础的。

《暂行规定》对大学生就业的各个环节进行了详细的规定。以毕业生就业工作程序、毕业生就业指导与毕业生鉴定，供需见面和双向选择活动为例进行说明。

对于毕业生就业工作程序，《暂行规定》指出，全国高等学校毕业生就业工作程序和时间安排由原国家教委统一部署，各部委和地方应按照统一部署具体指导所属院校毕业生的就业工作。毕业生就业工作程序分为就业指导、收集发布信息、供需见面及双向选择、制订就业计划、计划毕业生资格审查、派遣、调整、接收等阶段。毕业生就业工作一般从毕业生在校的最后一学年开始。用人单位一般应在每年 11 月到 12 月向主管部门及有关高校提出下一年度毕业生需求计划，11 月到次年的 5 月与毕业生签订录用协议。毕业生的就业活动不得影响学校正常的教学秩序和学生的学习。毕业生联系工作时间应安排在 1～5 月。

对于毕业生就业指导与毕业生鉴定，《暂行规定》指出，毕业生就业指导是高校教学工作的一个重要组成部分，是帮助毕业生了解国家的就业方针政策，树立正确的择业观念，保障毕业生顺利就业的有效手段。毕业生就业指导重点进行人生观、价值观、择业观和职业道德教育，突出毕业生就业政策的宣传。毕业生就业指导要理论联系实际，注重实效，可采用授课、报告、讲座、咨询等多种形式。毕业生就业指导要与毕业教育相结合，教育毕业生以国家利益为重，正确处理国家利益与个人发展的关系，自觉服从国家需要，到基层去，到艰苦的地方去，走与实践相结合的成才之路。高等学校要按照《普通高等学校学生管理规定》《高等学校学生行为准则（试行）》等要求，实事求是地对毕业生做出组织鉴定，毕业鉴定主要包括毕业生在校期间德智体美劳等各方面的基本情况，这些基本情况要按照档案管理的有关规定，认真核对无误后归档。档案材料应在毕业生派遣两周内寄送毕业生报到单位。对于供需见面和双向选择活动，《管行规定》指出，供需见面和双向选择活动是落实毕业生就业计划的重要方式，各部委、各地方主管毕业生就业工作部门负责管理和举办本部门、本地区的毕业生就业供需见面和双向选择活动，其他部门不得举办以毕业生就业为主的洽谈会或招聘会，举办省级上述活动要报国家教委备案，跨省区、跨部门的有关活动须报国家教委审批。有条件的高等学校要举办或校际联办毕业生供需见面和双向选择活动。高等学校在毕业生供需见面和双向选择活动中起主导作用。经供需见面和双向选择后，毕业生用人单位和高等学校应当签订毕业生就业协议书，作为制订就业计划和派遣的依据。未经学校同意，毕业生擅自签订的协议无效。供需见面和双向选择活动要在国家就业方针、政策指导下，有组织、有计划、有步骤地进行，时间应安排在节假日。供需见面和双向选择活动，不得以营利为目的向学生收费，不得影响学校正常的教学秩序和学生的学习。

除了基本的政策规定，每年的大学生就业还有一些特殊政策或者补充政策。比如，1999年中组部、人事部、中编办、财政部联合下发的《关于选拔高校毕业生到农村基层工作有关问题的通知》对大学生到农村就业的具体操作进行了规定。2003年国务院《关于实施大学生志愿服务西部计划的通知》对如何引导大学生到西部去、到基层去、到祖国和人民最需要的地方去建功立业，促进西部贫困地区教育、卫生、农技、扶贫等社会事业的发展，拓展大学生就业、创业的渠道，培养造就一大批既有现代科学文化知识，又有基层工作经验和强烈社会责任感的优秀青年人才，弘扬"奉献、友爱、互助、进步"的志愿精神，推动经济社会的全面发展进行了全面阐述。《国家公务员暂行条例》和《国家公务员录用暂行规定》对大学生报考国家公务员提供了政策依据。另外，各地政府、教育主管部门会根据当地的情况，制定相应的高校毕业生就业政策。

各高校根据国家、地方政府的政策，也会制定具体的学生就业政策。针对大学生就业，国家和地方政府制定了严密的政策，有些政策明确规定了某些毕业生的就业行为。如果不认真了解这些政策，仓促就业，结果只能是事倍功半。

比如，对来源于边远省区毕业生的就业政策，我国政府规定，毕业生就业工作中的边远省区是指以下十个省区：内蒙古自治区、黑龙江省、广西壮族自治区、贵州省、云南省、西藏自治区、甘肃省、宁夏回族自治区、青海省、新疆维吾尔自治区。由于历史原因，这些省区的经济、科技和教育比较落后，要改变这种落后面貌，一靠投入，二靠政策，三靠科技，但最关键的还是科技人员的数量和质量。国家对边远省区科技队伍的建设非常重视，并制定了很多政策，其中包括这样一条：为满足边远地区经济、科技和教育发展对人才的需求，对来自边远省区的毕业生，若所学专业为本省区（含国务院各部委在这些地区的直属单位）所需要的，原则上要安排回去就业。对有特殊困难需要照顾的支边职工子女，在征得边远省区主管调配部门的同意后，并由单位接收的，可在内地就业工作。这一政策的实施受到了边远地区的欢迎，符合广大人民的心愿。

对参加大学生志愿服务西部计划的志愿者，除享受国家规定的高校毕业生就业优惠政策外，国家还给予以下政策支持：服务期间，享受一定的生活补贴（含交通补贴和人身意外伤害、住院医疗保险）；服务期间计算工龄，党团关系转至服务单位；本人要求户口和档案保留在学校的，按规定保留两年，在此期间，档案管理机构对保管其档案免收服务费用，本人要求将户口转至入学前户籍所在地的，公安机关按照规定为其办理落户手续；人事、教育部门所属人才机构负责办理相关手续，人事部所属人才交流服务机构免费提供人事代理服务，服务期满落实工作单位后，公安机关按有关规定办理户口迁移手续；服务期间，可兼职或专职担任所在乡镇团委副书记、学校及其他服务单位的管理职务；服务期满考核合格的，报考研究生给予加分，在同等条件下优先录取，具体规定在当年的研究生招生政策中予以明确；服务期满考核合格报考党政机关公务员的，可适当加分，同等条件下应优先录用，具体规定由省级公务员考试录用主管机关在当年招考中予以明确；服务期满，对志愿者作出鉴定，存入本人档案；考核合格的，颁发证书，作为志愿者服务经历和就业、创业的证明；服务单位应向志愿者提供住宿等必要的生活条件；在录用党政机关公务员和新增国有企事业单位专业技术人员、管理人员时优先录用；服务期为一年，服务期满考核合格的，授予中国青年志愿服务铜奖奖章；服务期为两年，服务期满考核合格的，授予中国青年志愿服务银奖奖章，表现优秀的授予中国青年志愿服务金奖奖章，表现特别优秀的推荐参加中国青年五四奖章、中国十大杰出青年、中国十大杰出青年志愿者、国际青少年消除贫困奖等评选；鼓励各高校和社会各方面对高校毕业生的工作、生活、学习、就业和创业提供帮助和支持。

还比如，对结业生的就业，法规也有规定：结业生由学校向用人单位推荐或自荐。找到工作单位的，可以派遣，但必须在"报到证"上注明"结业生"字样；在规定时间内无接收单位的，由学校将其档案、户口关系转至家庭所在地（家居农村的保留非农业户口），自谋职业。

对于在就业过程中发生特殊问题，如生病等，该如何处理，就业法规也有明确规定。毕业生报到后，发生疾病不能坚持正常工作的，应按在职人员病假期间的有关规定办理。如果是在已办理派遣手续，但还未报到期间发生疾病，就要由培养单位和毕业生本人协商解决。对于派遣前生病的毕业生，学校应在派遣前认真负责地对毕业生进行健康检查，不能坚持正常工作的，让其回家休养。一年内治愈的（经学校指定县级以上医院证明能坚持正常工作的）可以随下一届毕业生就业；一年后仍未治愈，无用人单位接收的，户口关系和档案关系材料转至家庭所在地，按社会待业人员办理。

3. 经济环境

经济发展形势直接关系到大学生的就业情况。国家总体的经济形势影响当年人才的总体需求，而区域的经济形势不但影响当地的人才需求、人才环境，而且也引起人才的流向不平衡。我国的地区经济发展很不平衡，城乡之间还存在较大的差距，这就导致了地区的人才需求不平衡，以及大学毕业生流向的不平衡。东部沿海地区和中心城市如北京、上海、深圳、广东、江苏、浙江等省市对人才的需求旺盛，成为人才流向集中的地方；在广泛宣传、发动、政策支持下，流向中西部地区的人才逐年增多，但西部要构成对人才的强烈吸引力，还有待于西部开发的深入进行。经济发展了，处处呈现勃勃生机，对高层次人才的需求就会自然增多，当然，经济发展的过程，也是人才不断参与的过程。

对大学毕业生来说，需要分析掌握国家总体的经济形势和各区域经济发展形势，这可以帮助自己正确定位就业目标。经济发达的地区和城市，对高层次人才的需求较为旺盛，总体的人才环境较好，机遇较多，但与此同时，人才竞争十分激烈；经济欠发达或者不发达的地区，对高层次人才的需求不多，工作环境、条件较为艰苦，但是给大学生施展才华、创造事业、实现人生价值提供了广阔的空间。

4. 当年用人单位需求情况

用人单位的需求信息就如同商品的订单，预示着就业环境的冷暖。

每到毕业生就业时，需要招聘应届毕业生的用人单位，通过到政府教育主管部门就业指导中心、高校就业指导中心以登记的形式及时发布需求信息，并参加有关的毕业生双向见面活动，还有的用人单位会到学校召开企业说明会。学校就业指导中心会通过网络、报纸、张贴栏等方式将就业信息及时传递给学生。

用人单位对人才的需求是动态变化的，这与四方面因素有关。一是用人单位自身发展（取决于国民经济发展整体形势、行业发展形势、企业自身经营状况及发展规划）对人才的需求；二是人才供给情况。如果大学生供给多、质量高、提出的要求低，有的用人单位会提前对人才进行储备；三是用人单位人力资源观念的转变。对人力资源的重视、开发和利用，将很大程度影响用人单位的人才需求数量和结构；四是相关政策的制约或促进，国家为推动大学生就业，制定了一系列政策，有的政策是面向大学生的，还有的政策则面向用人单位，鼓励用人单位创造条件多接纳、使用大学生。

大学生要掌握整体的用人单位需求信息，并不容易，原因主要有两个：一是用人单位的信息不是同时间发布的，不同用人单位的需求信息也许要间隔半年甚至更长时间；二是用人单位的需求信息，有相当部分不具备明确的学校或专业针对性，可能是在上海地区招收本科学历毕业生多少名，也可以是在某高校招收具有本科学历的学生多少名。从这种没有学校或专业限制的信息中，很难得到关于专业就业形势的准确判断。

目前，高校学生就业指导工作部门所做的一项工作就是跟踪收集用人单位的需求信息，做及时分析后向学生发布。这是大学生了解自己的"市场行情"的重要渠道。大学生了解用人单位的需求情况的另一种渠道是分析行业的经济发展形势，一般而言，这类信息可从报刊和网站上获取。

二、我国大学生就业制度

就业制度是指国家关于人们合法获取就业机会、维护社会就业行为的根本规定。随着经济体制改革的全面展开和政治体制改革的深入发展，我国劳动人事制度的改革也进入了一个深入发展的新阶段。具体而言政府机构要转变职能、精简机构、提高效率，推行国家公务员制度；国有企业要实行灵活的用工制度，推广劳动合同用工制度，逐步打破不同所有制企业职工的固定身份界限，促进劳动力资源合理配置；事业单位要在国家有关法律规范下，逐步实现单位自主用人，个人自主择业。新的就业机制将逐步形成。我国现行的就业制度有以下几种。

1. 国家公务员制度

现代公务员制度是建立在民主政治、法治社会和科学管理基础之上的制度。中国国家公务员制度是关于政府机关从事公务人员管理的法律化、正规化和标准化的诸种规范和规定的总和，是一套完整的国家行政机关工作人员录用、考核、职务任免成升降、培训、工资保险福利、申诉控告、退休，以及公务员管理和监督等管理行为的规范和准则体系。

2. 劳动合同制度

我国在 20 世纪 50 年代中后期开始实行计划经济，在劳动用工制度方面统包统配，这种统包统配的劳动用工模式，从根本上否定了企业自主用人，劳动者自主择业的行为，使就业决策集中于宏观单一层次，导致劳动者职业的固定化，并造成了劳酬脱节，挫伤了劳动者与用人单位的积极性，阻碍了生产力的发展。1983 年 2 月，原劳动人事部发布《关于积极试行劳动合同制度的通知》，提出今后无论全国所有制单位还是区、县以上集体所有制单位，在招收普通工种或技术工种工人的时候，都必须与被招用人员签订劳动合同。1995 年，《中华人民共和国劳动法》正式实施，建立起与社会主义市场经济体制相适应的新型劳动用工制度，从根本上改变了以往计划经济条件下企业劳动用工依靠行政手段分配与管理的体制，使企业和劳动者可以在真正平等的基础上实现双向选择，从而使劳动关系双方真正成为平等的主体，保证了劳动者和用人单位的平等主体地位。为培育和发展劳动力市场，建立统一开放、竞争有序的劳动力市场运行机制创造了条件，为劳动力资源的合理配置，为国民经济持续、快速、健康发展，为社会主义市场经济体制的建立和发展创造了条件。同时，人们的就业观、就业意识也在发生着变化："铁饭碗"打破了；"工作无贵贱、劳动最光荣"；"不靠国家靠自立，自主创业闯天地"成为时尚。

3. 市场就业制度

随着改革开放的深入，人才开始流动。所谓人才流动，是指以专业技术人员和管理人员为主体的各类人才根据个人的择业愿望，通过人才流动服务机构登记、交流，从一个单位（地区）调整到另一个单位（地区）工作。人才流动中的流动人员主要是指：辞职或被辞退的机关工作人员；企事业单位专业技术人员和管理人员；与用人单位解除劳动合同或聘用合同的专业技术人员和管理人员；待业的大中专毕业生；自费出国留学人员；外国企业常驻代表机构的中方雇员；外商投资企业、乡镇企业、区街企业、民营科技企业、私营企业等非国有企业聘用的专业技术人员和管理人员等。

人才流动具有社会性、多样性、灵活性等特点，主要形式有辞职、辞退、聘用、兼职等。人才流动，可以改变人事行政隶属关系，如辞职、辞退；也可以不改变人事行政隶属关系，如兼职。无论人才以何种形式流动，都要在有利于国家经济社会发展的前提下，进行合理有序的流动。搞活人才流动，对于促进经济社会发展，促进人事制度改革具有重要意义。搞活人才流动，对于实现人才的自主择业权和单位的自主用人权，也都具有重要意义。

从 1995 年开始，我国实行市场就业制度。市场就业制度是国家出让劳动者就业的承揽权，劳动力纳入市场，使劳动市场成为沟通劳动力供需双方的渠道；劳动力供需双方直接见面、互相选择，并以合同方式维系双方关系；劳动者在国家法律许可的范围内，自己开创事业，国家给劳动者提供优惠政策，并创造宽松的经营环境。毕业生就业制度的改革是面向 21 世纪教育改革的重要组成部分，对高等学校来说，就是要把人才培养和合理使用结合起来，增强学校面向社会自主办学的动力和活力，对学生来说，有利于形成激励和竞争机制，提高学习的积极性和竞争性，对用人单位来说，有助于促进其尊重知识、尊重人才，从而使教育适应经济建设和社会发展对人才的需要。

三、我国大学生就业趋势

我国高校自 1999 年扩招后大学毕业生逐年大幅度递增，近年来，每年毕业生高达 1 000 多万人，如此众多的各类毕业生冲击大学生就业市场，给就业者提出了新的挑战。

1. 大学生就业现状分析

（1）需求不平衡

需求不平衡具体表现在学科专业之间、学历之间、地区之间、院校之间、用人单位之间的不平衡。高新技术专业、高学历、东部经济发达地区，名牌学校的毕业生就业占优势；作为传统毕业生就业主渠道的国有大中型企业，引进毕业生的比例在逐年下降；政府机关及事业单位，用人指标有限，难以接收大量毕业生，而三资企业、民营企业及高新技术产业企业（尤其是信息产业）的需求数量连年增加。

（2）社会对毕业生的素质要求提高

目前，毕业生就业形成了"买方市场"，人才竞争越来越激烈，用人单位对毕业生的素质要求标准越来越高，选择毕业生也更加理性，不再单纯追求人才的数量，而是更加注重毕业生的综合素质。那些具有较高的政治思想素质和高尚的品德、扎实的基础知识和宽广的知识面、强烈的事业心和责任感，且吃苦耐劳、动手能力与团队精神强、身心健康的毕业生分外走俏。

（3）就业竞争日益激烈

在当今大学生就业市场上，就业竞争日益激烈。一方面，大学生择业受毕业时间相对集中，选择职业时间较短的影响；另一方面，近几年，随着高等教育大众化的实施，毕业生的数量不断增多，而社会的有效需求在短期内增加有限，因而就业岗位有限，就业压力增大。尤其是当前大学生趋之若鹜的热门职业、热门岗位，求职毕业生多，就业竞争更为激烈。

（4）以学校为主的大学生就业市场已经形成

尽管社会上已形成了各类人才市场，但市场规模过大，缺乏严格的市场规则，或针对性不强，使得就业签约率不高。相比之下，以学校为主体的就业市场，学校与用人单位常年保持较密切的联系，供需双方专业较对口，学校的中介作用可以得到充分发挥等，这样就使得学校的就业市场签约率较高，市场的效益发挥较好，因其高效、可靠、真实、规范而受到了毕业生和用人单位普遍欢迎。如长沙师范学校约78%的毕业生通过学校就业市场成功择业。

（5）就业管理工作进一步规范、完善

以学校为基础的毕业生就业市场和就业指导服务体系已经建立，并为毕业生和用人单位提供了多方面的帮助、指导和服务，市场机制在毕业生就业工作中的作用越来越明显。公平竞争、优胜劣汰得以充分体现，公开、公正，公平竞争的择业氛围正在逐步形成；毕业生就业市场正从传统的管理向以信息技术为基础的现代化管理模式转变，就业指导的手段正在向信息化、网络化迈进。各高校积极创造条件，依托全国毕业生就业信息网站为毕业生提供网上信息交流和服务；就业关系合同化，即无论企业、事业单位，还是国家机关、社会团体，只要录用毕业生，都必须签订就业协议，这从客观上反映了毕业生就业工作已进入规范化、法治化的轨道。

2. 大学生就业市场的发展趋势

随着我国改革开放的深入和社会主义市场经济的不断完善，以及大学生就业市场化的进一步发展，大学生就业市场呈现以下发展趋势。

（1）供求形势将发生变化

随着大学生的扩招，毕业生人数在短期内会迅猛增加，然而社会的有效需求在短期内却增速有限。同时，随着我国加入世贸组织后，人才国际化步伐加快，用人单位对毕业生的要求越来越高。许多企业下岗分流、机关事业单位的减员增效，以及高等教育的飞速发展，使得就业竞争更加激烈，用人单位对毕业生越来越挑剔。这样一来，势必造成部分专业、少数毕业生供过于求，形成了求职难的状态，部分毕业生也会因此暂时待业。同时，农村、基层单位及边远地区将成为一些毕业生的自愿选择。

（2）无形市场加快发展

由于计算机网络技术的广泛应用，择业自由度增大，毕业生除利用有形市场直接洽谈外，更多地将通过无形市场，即在不见面的远程情况下进行洽谈。网络、传真，电话等会越来越显示出在择业方面的巨大活力。毕业生可以通过网络查询用人信息，并进行自我推销，也可以在远程情况下与用人单位进行交谈。学校将建立自己的就业信息网络，为毕业生与用人单位双向选择提供更加方便的条件。

（3）就业市场更加规范

近年来，在大学生就业市场运行过程中存在不少问题，如就业市场的行为不规范、市场制度不健全等。再如，非法职业介绍机构随意插手毕业生就业市场，招聘、应聘中的弄虚作假，供需双方的轻率违约，各种乱收费现象以及某些招聘活动中的非公开、非公正行为的存在等，严重干扰了大学生就业市场的正常运行。今后，随着我国社会主义市场经济的不断发展和完善，大学生就业市场也将进一步完善，并不断向规范化、法治化迈进，公开、公正、公平竞争的良好择业氛围将会逐步形成。同时，高校就业市场将常年开放，并与其他人才市场形成互补。

（4）就业市场的功能更完善

大学生就业市场虽已建立，但市场的功能还有待于进一步扩展、完善。今后几年，随着大学生就业市场的发展，未来大学生就业市场不仅具有有效配置毕业生资源、交流供需信息的功能，而且具有就业指导和服务功能，即包括就业指导、服务、咨询、推荐就业、就业培训，以及就业测试等功能。

（5）宏观调控将进一步加强

通过市场机制实现毕业生的最佳配置是大势所趋，但要实现人才的合理流向控制，还离不开宏观调控手段，尤其是在向关系国计民生的国有骨干企业、重点教学科研单位、国防、军工及边远艰苦地区输送优秀人才方面，今后国家将会加强以市场为导向的宏观调控的力度，积极地引导、吸引毕业生到这些地区和单位就业。

第五章　职业定位与规划实施

第一节　职业定位

一、职业定位的 SMARTC 原则

职业定位的实质就是确立职业目标，然后找出达成目标的途径。

很多时候，大家忙忙碌碌，选修各种课程，参加各种活动，准备各样考试，却没有目标。一方面感到迷茫，另一方面却又不能停下来，不能花一点时间看清楚自己的方向，只是盲目地胡乱奔跑，从而陷入"忙—盲—茫"的怪圈，这种"边跑边看路"的做法无异于缘木求鱼。就像《爱丽丝梦游仙境》里猫对爱丽丝说：如果你不知道自己想去哪儿，那么走哪条路都无所谓。而你只要一直往前走，哪怕是胡奔乱跑，也总可以到达某个地方。但你对自己的处境满意与否可就是另一回事了。并且，如果连你自己都不知道要什么的话，那么别人也不可能给你有效的帮助。因此，科学有效地进行职业定位，确立人生目标，非常关键和重要。

进行职业定位、设立职业发展目标时，可以遵循 SMARTC 原则，如图 4-1 所示。

（一）S——Specific：明确的

是指生涯目标要清晰、具体、明确。所谓明确就是要用具体的语言清楚地说明要达成的目标。明确的目标几乎是所有成功人士的一致特点。很多人不成功的重要原因之一就是目标定得模棱两可。要做到这一点，需要回答以下 6 个 "W"。

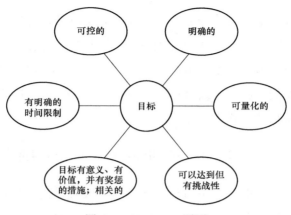

图 4-1　SMARTC 原则

Who：谁参与；

What：要完成什么；

Where：确定一个地点；

When：确定一个时间期限；

Which：确立必要条件和限制；

Why：明确原因，实现此目标的目的或好处。

例如，"我的目标是更好地利用时间"，这样的目标就有问题，应该说"我一天只能花不超过一个小时的时间来看电视"或"我每周要花两个小时的时间来上网查找有关服装设计师这一职业的资料"。

心理学家得出了这样的结论：当人们的行动有了明确的目标，并能把自己的行动与目标不断地加以对照，进而清楚地知道自己的行进速度与目标之间的距离，人们行动的动机就会得到维持和加强，就会自觉地克服一切困难，努力达到目标。要达到目标，就要像上楼梯一样，一步一个台阶，把大目标分解为多个易于达到的小目标，脚踏实地向前迈进。每前进一步，达到一个小目标，就会体验到成功的喜悦，这种感觉将推动他充分调动自己的潜能去达到下一个目标。

（二）M——Measurable：可量化的

生涯目标是可度量的，要有一组数据，作为衡量是否达成目标的依据。

这样才有一个可以衡量成功或者失败的标准，从而可以准确地评价你是否达到了自己的目标。假如想"加强社会实践"，可以将自己的目标定为"在这个月内，参加一个学生社团（摄影协会），并访谈两位摄影师"。假如想熟练掌握网站制作技能，那么可以将自己的目标定位为"可以独立完成一个电子商务类网站的策划和制作"。

（三）A——Achievable but challenging：可以达到但有挑战性

目标在付出努力的情况下可以实现，避免设立过高或过低的目标。也就是说，就自己的能力和特点而言，实现这个目标是现实的、可能的但又有一定难度的。比如说，如果你的目标是能够按时毕业，拿到学位，那么这种目标就是不具有挑战性的，而如果你把目标设定为在学术造诣上超越爱因斯坦，那么基本上没有实现的可能，这种目标在设定上就是失败的。

（四）R——Rewarding：目标有意义、有价值，并有奖惩的措施

生涯目标要对自己具有一定的意义，并且目标的实现能带来成就感、愉快感。比如说，如果没有按计划在一个月内完成对两位工程师的访谈，那么你就不能在"十一"时外出旅游，而要利用七天的假期完成访谈的任务。

设定的目标要有现实性，要和你的实际情况相关联。设定的目标最好是你愿意做，并且能够干好的。在职业目标的设定上，一定要注意目标的设定要和岗位的职责是有关系的。比如说打算从事会计工作，努力考个会计证是很有必要的，而花费很多时间去考心理咨询师证，就无太大必要了。

（五）T——Time-bounded：有明确的时间限制

目标要有时限性，是指完成绩效指标的特定期限。要在规定的时间内完成，时间一到，就要看结果。没有时间限制，就没有紧迫感。不能将目标统统定为"在大学毕业前完成"，而要有计划分步骤地在限定的时间内完成。以一周、一个月或一个学期为单位设立目标，会比将事情都堆到大四毕业前完成要有效得多。

（六）C——Controllable：可控的

可控性主要是指自己对影响到目标实现的因素具有相当的控制能力。比如，"我的目标是在 ABC 公司获得一份工作"，这种表述方式就违反了可控性原则。因为你能否获得这份工作并不取决于你自己，你有被拒绝的可能。但如果你将目标换成"在下周三之前向 ABC 公司申请一个职位"，就是可行的，因为你能控制相关的因素。目标的可控性原则表明：必须为自己的目标负责，而不能指望他人来实现一切。当确实需要他人的帮助时，可以向他们表达，争取他们的合作，但期望不能太大，必须做好被拒绝的准备。确切地说，能够控制的只有自己，因此，目标也必须完全地"属于"自己。

采用上述原则设立目标的好处是：它使你所制订的目标与计划有实现的可能，并且可以帮助你在一段时间之后回顾总结自己所取得的进步与不足，明确自己该干什么，以及干得怎么样。

二、职业定位的步骤

职业定位是在自我认知和环境分析的基础上，确立职业目标、职业发展路径、职业发展阶梯的一个过程，其具体步骤如图 4-2 所示。

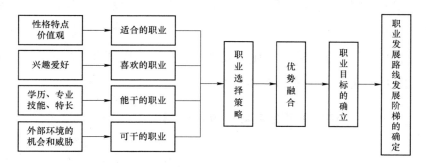

图 4-2　职业定位流程图

（一）职业目标的确立

职业目标的确立是在自我认知和环境分析的基础上，初步确定适合自己的职业、喜欢的职业、能干的职业和可干的职业，然后运用一定的职业选择策略进行优势整合，从而确定自己的职业目标。

从利益最大化原则来考虑，每个人在选择职业的时候一般总希望选择那些适合自身特点而又有发展前途的职业作为目标，即选择那些既适合自己的职业、自己又喜欢的、能干的和可干的职业。这样的职业目标可能对于某些选择者来说不止一个，那么，他就必须从多个目标中做出取舍；而对于另外一些人来讲，也许这样理想的职业目标一个也没有。因此，他就必须退而求其次，选择那些不能满足自己利益最大化的职业，比如，他可能选择适合自己、能干、可干，但自己并不喜欢的职业，他也可能选择自己喜欢、能干、可干，但并不适合自己的职业。

在确立职业目标时，必须既考虑到个人实现职业目标所拥有的资源和精力，又考虑到其中可能会面临的风险，因此，最终确立并保留的职业目标一般不应该超过三个（多则精力达不到）。保留多个目标的人，还应考虑协调几个目标之间的关系，争取使它们之间具备互相支撑和相互替代的关系；目标有缺陷的选择者，从确立该目标之日起，就应该立即着手创造条件、弥补缺憾，力争在条件改善、资源改造、个体能力增强的同时使职业目标得以实现。

实际操作中，这样的选择过程对于一个人的职业发展来讲，往往仅做一次是远远不够的，在面临学业方向改变、就业前景考察、职位升迁等状况的时候，便需要在反复审视和循环发展中得到多次运用。所以，熟悉这一流程对个人职业生涯规划的成功非常必要。

（二）职业生涯发展路径和职业发展阶梯

在确定职业目标之后，如何从现在的我出发，达到理想中的目的地，实现自己的职业生涯目标，有一个选择问题。发展路径不同，发展的要求也不同。因此，在职业生涯规划中，须对职业路径作出选择，以便使自己的学习、工作，以及各种行动措施能够沿着自己的生涯路线或预定的方向前进。

1. 职业生涯发展路径

职业生涯发展路径也称职业生涯路线，是为自己设计的一套自我定位、成长及晋升的管理方案。它能够帮助我们了解自己在职业发展中的位置以及进一步发展的方向。

职业生涯路线的选择取决于三个要素：想、能、可以。这三个要素的基本含义如下。

（1）我想往哪一条路线发展？通过对自己的兴趣、价值观等因素的分析，确定自己的目标取向，即自己的志向在哪一方面，自己非常喜欢走哪一条路线。这是一个人的兴趣问题。

（2）我能往哪一条路线发展？通过对自己的性格、特长、智能、技能、情商、学识、经历等因素的分析，确定自己的能力取向，即自己能往哪一条路线发展？也就是说，自己走这一条路线，是否具有这方面的特长，是否具有这方面的优势。这是自身的特质问题。

（3）我可以往哪一条路线发展？这是对当前及未来的组织环境、社会环境、经济环境的分析，确定自己的机会取向，即内外环境是否允许自己走这一条路线，是否有发展机会。这是环境条件问题。

对上述三个要素进行综合分析，确定自己的职业生涯路线，这三个要素缺一不可。职业生涯路线分析过程图如图4-3所示。

2. 职业发展阶梯

职业发展阶梯是职业路径的核心内容，也是我们进行职业管理的基础。它是我们决定个人成长、晋升的不同方式、条件和程序的策略组合。

职业发展阶梯示意图，如图4-4所示。

三、职业定位的考虑因素

（一）个人因素

大学生在进行职业定位时，由于每一个人都是一个不同的个体，有着不同的兴趣爱好、价值观、知识结构、社会背景等，每个人考虑的因素也不同，各有侧重。一般而言，要综合考虑以下各种因素，根据自己的具体情况确定自己的职业定位：工资收入水平；个人兴趣与爱好；单位的地理位置；单位性质；单位的发展前景；继续深造的条件；发展机会。

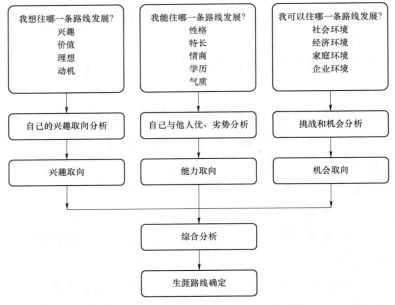

图 4-3　职业生涯路线分析过程图

```
┌─────────────────┐
│2026年机械制造     │
│公司高层管理者     │
├───────┬─────────┤
│找差距 →│2021年机械设 │
│行动方案│计高级工程师  │
├───────┼───────┬─────────┐
│找差距 →│行动方案 │2016年机械   │
│        │        │设计工程师    │
├───────┼───────┼───────┬─────────┐
│找差距 →│行动方案 │         │2013年机械设 │
│        │        │         │计助理工程师  │
├───────┼───────┼───────┼───────┬─────────┐
│找差距 →│行动方案 │         │         │2013年获得工 │
│        │        │         │         │学硕士学位    │
├───────┼───────┼───────┼───────┼──────────────┐
│找差距 →│行动方案 │         │         │2010年获得工学学士学│
│        │        │         │         │位、考取硕士上研究生 │
└───────┴───────┴───────┴───────┴──────────────┘
```

图 4-4　职业发展阶梯示意图

　　由于职业选择是充满个性的活动，不同的人在选择职业的时候会作出不同的价值判断，也会加入各不相同的其他参考因素，因此，现实中并不存在真正意义上普遍适用的职业选择参考依据。对于个人而言，做好个人的职业选择，总结和归纳影响自己职业选择的具体因素，无疑是需要做出努力的事情。

（二）职业因素

　　根据对大学生就业的研究，一般来讲，从操作层面上解决大学生职业目标的选择，在择业指标的选取方面可以参考这样四个指标。

1. 职业技能要求的专业化程度。技能要求越是专业化，工作的难度就越大，但面临的竞争者相对较少、职业回报较为丰厚。

2. 职业工作的舒适度。业绩指标要求适当、工作压力小、工作环境条件完备，工作的舒适度就高。

3. 职业工作的待遇。与周围的从业者相比，薪酬福利待遇较高、晋升机会较多，选择从事该职业的意愿就越强烈。

4. 职业工作的发展前景。宏观经济繁荣、组织良性发展、同事合作融洽、市场需求旺盛，职业发展前景就会积极明朗。

以上四个择业指标的综合考察，是大学生选择职业、进行职业定位的一种较为普遍的做法。

（三）目标的冷热问题

1. 热门目标

热门目标的特点主要有：有众多的求职者；社会对它的需要较大；社会环境对它有利；竞争者数量庞大；在众多的竞争者中真正取得成功、成为佼佼者较为困难。

某种目标成为"热门"时，取得成功的不利因素、需要付出的艰苦劳动方面，往往被人们忽视，这就使一些人在选择这种目标时，过高地估计了自己的才能，也过高地估计了成功的可能性。

2. 冷门目标

在选择职业生涯目标时，着眼于有较大社会需求的"冷门"，即目前暂时不为人们所重视，但却是未来非常需要的职业，不失为一种明智的策略。

选择冷门目标，可以避免与众多的人竞争，只要这一目标确有社会价值，自己又做出相当的努力，就很容易取得成功。冷门目标的优势，是有利于人才崭露头角，生涯成功的可能性大大高于热门目标。

在选择职业生涯目标时，可以根据自己的爱好与条件，多侧重于考虑和选择目前尚属于"冷门"的方向。

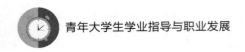

四、职业定位应注意的问题

（一）认识自己，了解职业

认识自己，既包括认识自己的兴趣、气质、性格和能力，也包括认识自己的生理素质、知识结构和职业适应性。其目的在于真正了解自己最适合干什么工作。了解职业，既包括职业活动内容、职业特点、职业环境、职业报酬，也包括了解职业对从业者素质的要求。了解职业的目的，在于提高求职的针对性，减少盲目性。

（二）正确把握自己的择业期望值

大学生应实事求是地对自己的职业期望做一个客观科学的分析，分清哪些是合理的，是能够实现的，对此应努力追求；哪些是不合理的，是实现不了的，对此应放弃。这就要求每位同学，以自己的专业所长、个人素质优势以及客观的社会需求为基础，确立积极合理的职业期望。

正确把握择业的期望值，应防止下列问题的出现：防止爱慕虚荣的思想；防止贪图享受的思想；防止贪图安逸的思想；防止偏离自己的择业目标；防止期望值过高。

（三）树立正确的就业观念

大学生应转变就业观念，摒弃只有正规就业或端"铁饭碗"才算就业的传统观念，树立从事非全日制、临时性、季节性、非正规就业等灵活形式工作也是就业的观念，树立职业平等和劳动光荣的观念，树立不怕苦、肯吃苦的思想意识。

1. 着眼长远、面向未来。大学生在选择职业时，不能只看眼前实惠，不看企业发展前景；不能只看暂时困难，而不看企业的未来；不能只图生活安逸，而不顾事业的追求等。选择职业时，应将眼光放远一些，不要局限于目前比较热门的职业。随着社会的发展，一些热门职业必将走向冷门，同时也会产生一些新的职业，一些冷门职业也会变成热门。所以，一定要将眼光放远，选择那些有发展前景的职业，选择那些符合社会需求的职业。

2. 目标高低要恰到好处，且幅度不宜过宽，应该为自己留有足够的发展空间。生涯目标是高一些好，还是低一些好？总的来说，还是要高一些好。人的生涯目标应追求符合实际的远大目标，自我确定的目标越高，越能起到激励作用，发展前途也就越大，因为"志当存高远"。相反，如果所定的目标太低，就会使人陷于畏缩不前、消极保守的状态。

当然，目标也不能过高。如果目标过高，则会使人飘逸在幻想的高空，在现实生活中必然一事无成，这样的目标也就失去了意义。

那么如何掌握一个合适的度呢？情况完全因人而异。一般而言，个人的经验、素质水平和现实环境的条件是我们制订目标的依据。职业目标的制订应略高于自己的能力，即"跳一跳可以够得着"。

目标有高有低，也有宽有窄，是宽一些还是窄一些，也要视个人的情况而定。目标窄，可以集中精力实现目标；目标宽，则不太容易实现。

3. 职业目标行为要正当。引向成功的目标，必定是行为正当的目标。事业成功者所要达到的目标，必须是符合党和国家的方针政策，符合道德规范，不损害社会的利益，不会给任何人带来痛苦和损失。这样的目标才能引导自己走上成功之路。

4. 职业目标长短配合要恰当。可以将大目标分解成若干小目标，分阶段逐一实现。通常职业目标至少应当分为长期目标、中期目标、短期目标，仅仅有长期目标，会导致自己对未来失去信心，而仅有短期目标，又会导致职业目标的短期化、近视化。具体几年为一个目标阶段，可以视自己的具体情况而定。

5. 目标要留有余地。生涯目标要留有余地，也就是说，在实现目标的安排上，不要过急、过满、过死。"过急"，就会"欲速而不达"；"过满"，就会顾此失彼，造成紧张，而无法坚持；"过死"，就会失去机动时间，无法处理突发事件。要留有余地，就是要有机动时间，即使发生某些意外，也有精力和时间去处理。

6. 积极培养兴趣。兴趣爱好固然重要，但它并非与生俱来，它与后天的培养和环境的影响有着重要的关系。当选择的职业不是最感兴趣的职业

时，也可以有意识地培养自己在本行业的兴趣，同样可以取得职业生涯发展目标的实现。

7. 主动选择。大学毕业生在选择职业时应主动出击，积极参与。这里所说的主动选择，主要包括三个方面。

（1）主动参与职业岗位竞争。大学毕业生应主动出击，通过人才市场、网站等渠道积极拓宽自己的职业选择范围，主动投放自己的求职自荐书，主动向用人单位推销自己，而不能只等着用人单位上门进行校园招聘。

（2）主动了解人才供求信息和规格要求。在寄送求职自荐书之前，一定要通过多种渠道了解人才供求信息、用人单位的招聘规格要求等，努力做到有的放矢，提高求职应聘的成功率，避免走"弯路"。

（3）主动完善自己。成功的求职应聘是以充分的求职准备为基础的。在求职应聘之前，必须在品德性格、知识结构、操作技能、待人接物、应聘技巧等方面不断地完善自己，做到胸有成竹。

8. 分清主次。在就业选择过程中，摆在毕业生面前的选择是多方面的。大学毕业生应从是否有利于自己才能的发挥、是否符合社会需要出发，分清主次，作出正确的抉择。应尽量选择那些最能发挥自己才能和特长，又对自己有着迫切需要的那些地域、行业和组织去工作，这必将有助于其职业发展目标的实现。

此外，还要考虑到性别、年龄、身体状况、所学专业、社会意义和发展前景、必要的工作环境和保障条件等，这些也在一定程度上影响着人们的择业方向，是人们择业时不可忽视的因素。

第二节 职业生涯规划的实施

在确定了职业生涯目标后，行动便成了关键的环节。没有达成目标的行动，就不能达成目标，也就谈不上事业的成功。这里所指的行动是指落实职业生涯目标的具体措施，主要包括工作、训练、教育、轮岗等方面的措施。例如，为达成目标，你通过什么样的通道来实现？在工作方面，你计划采取什么措施提高你的工作效率？在业务素质方面，你计划如何提高你的业务能力？在潜能开发方面，准备采取什么措施开发你的潜能？等等。这些都要有具体的计划和明确的措施，并且这些计划要特别具体，以便于定时检查。

一、职业生涯目标的分解

对职业生涯目标进行分解可以分别按性质分解和按时间分解。

（一）外职业生涯目标和内职业生涯目标

按照目标的性质分解，可分为外职业生涯目标和内职业生涯目标。

外职业生涯目标：工作单位、工作职务、工作内容、工作环境、工作地点、收入、福利待遇、声望、职位等。

内职业生涯目标：观念改善、掌握新知识、提高心理素质和工作能力、工作成果、处理与他人的关系等。

（二）短期目标、中期目标和长期目标

按照目标的时间分解，可分为短期目标、中期目标、长期目标、人生目标，如图 4-5 所示。将一个大目标科学地分解为若干个小目标，落实到具体的每天每周的任务上，正是实现目标的最好方法。

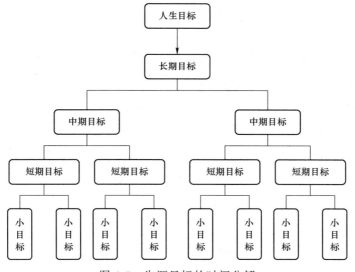

图 4-5　生涯目标的时间分解

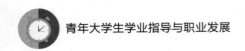

1. 短期目标

短期目标通常是指时间在一至两年的目标，是中期目标和长期目标的具体化、现实化和可操作化。如对专业知识的学习、两年内掌握哪些业务知识、职业选择等。通常又可以将短期目标分解为很多小目标，如一个月甚至一周的目标。

短期目标的特征有：目标具备可操作性；目标可能是自己选择的，也可能是企业或上级安排的；未必由自己的价值观决定，但是可以接受；目标切合实际；具备可操作性；明确具体的完成时间；对实现目标有把握；需要适应环境；现实眼光；服从于中期目标，朝向长期目标，以"迂"为直；接受已经发生的事实。

2. 中期目标

中期目标一般为 3～5 年，它相对长期目标要具体一些，如规划到不同业务部门当经理、规划从大型公司部门经理到小公司做总经理等。

中期目标具有以下特征：结合自己的志愿和所在单位的环境及要求制定目标；基本符合自己的价值观，充满信心，且愿意公之于众；目标切合实际并有所创新；能用明确的语言定量说明；对目标的实现可能性做过评估；可以利用环境；全局眼光；通常与长期目标一致；改变有可能改变的事情；有比较明确的时间，且可做适当的调整。

3. 长期目标

长期目标是时间为 5 年以上的目标，它通常比较粗略、不具体，可能随着形势的变化而变化，在设计时以画轮廓为主。如规划 30 岁时成为一家中型公司的部门经理、规划 40 岁时成为一家大型公司副总经理等。

长期目标的特征：目标是自己认真选择的，和社会发展需求相结合；非常符合自己的价值观，为自己的选择感到骄傲；有实现的可能，并有挑战性；能用明确语言定性说明；没有明确规定实现时间，在一定时间范围内实现即可；对实现充满渴望；立志改造环境；长期眼光。

4. 人生目标

人生目标是指整个人生的发展目标，时间长至 40 年左右。一般说来，短期目标服从于中期目标，中期目标服从于长期目标，长期目标又服从于人生目标。具体实施目标，通常是从具体的、短期的目标开始的。

人生目标的特征：毕生的追求；引领性和导向性；没有明确规定实现时间；具有挑战性；非常符合自己的价值观；目标始终如一，长期坚持不懈；创造美好未来。

二、职业生涯各阶段目标的组合

职业生涯目标的分解的最终目的是将目标的有效组合，如果只看到目标之间的排斥性，就只能在不同目标之间做出排他性选择。而如果能看到目标之间的因果关系与互补性，就能够积极进行不同目标的组合。目标组合是处理不同目标相互关系的有效方法，可以分为时间组合、功能组合和全方位组合三种不同的组合方式。

（一）时间组合

职业生涯目标在时间上的组合可以分为并进和连续两种情况。

1. 并进

所谓职业生涯目标的并进，指同时着手实现两个平行的工作目标或建立和实现与目前工作内容不相关的预备职业生涯目标。有时候，外部环境给予的机会很多，面临多个选择，于是会出现两个或多个不同方向的职业生涯目标。只要处理得好，在一定时期内，是可以做到鱼与熊掌兼得的。当然，前提条件是你有足够的精力和能力来应对。对普通年轻人，仍然建议你在一段时间内只定一个大目标。

这里所说的"同时着手实现两个平行的工作目标"，指的是短期内进行的不同性质的工作，一般多为中、高级管理层"双肩挑"的情况。而建立和实现与目前工作内容不相关的预备职业生涯目标，多发生在中、青年人身上，意在居安思危、未雨绸缪。例如，学校团支部书记为了今后获得更大的发展空间，在做好本职工作的同时，进修 MBA 课程。并进有利于我们开启潜能，在同样的时间内迎接更大的挑战，浓缩生命，发挥更大的价值。

2. 连续

连续是指用时间坐标做节点，将各个目标前后连接起来，实现一个目标再进行下一个。一般来说，较短期目标是实现较长期目标的支持条件。目标的期限性是相对的，随着时间的推移，长期目标成为中期目标，中期目标成为短期目标，短期目标成为近期目标。只有完成好每一个近期目标和短期目标，最终目标才有可能实现。

职业生涯目标分为最终目标和阶段目标（长期目标、中期目标、短期目标、近期目标），各个阶段目标的设定大体与最终目标一致并互相关联。这里应该明确，阶段目标是在一段特定的时间内要达到的结果。如果将职业生涯的阶段目标转变为职业生涯最终目标，只需将各个阶段目标连接起来，加上一个时间表，再加上一个衡量目标达成结果的评估方式。

（二）功能组合

很多职业生涯目标在功能上可以存在因果关系或互补作用，所以，功能上的组合可以分为因果关系和互补作用两种组合方式。

1. 因果关系

有些目标之间存在着明显的因果关系，在通常情况下，内职业生涯是原因，外职业生涯是结果。如工作能力目标与职务目标、收入目标，能力目标实现（原因），将有利于职务目标的实现（结果）；职务目标的实现（原因），会带来经济收入目标的实现（结果）。所以，前者是因，后者为果，表现为工作能力提高—职务提升—收入增加。

2. 互补作用

例如，一个管理人员希望在成为一个优秀的部门经理的同时得到 MBA 证书，这两个目标之间存在着直接的互补作用。实际管理工作为 MBA 学习提供实践的经验体会，而 MBA 学习又为实际的工作提供理论支持和方法指导。同样地，高校教师往往同时肩负着基础教学和科研两项任务，教学基础为进行科研工作提供了理论基础和方法指导，科研实践又促进了教学内容的丰富更新和质量的提高。

（三）全方位组合

全方位组合已超越出职业的范畴，它涵盖了人生全部活动。全方位组合指职业生涯、家庭和个人事务的均衡发展，相互促进。事业不是生活的全部，任何一个人都不能离开家庭和休闲娱乐，完美的职业生涯规划不应把生活中的其他内容排斥在外。目标组合可以超越狭隘的职业生涯范围，将全部的人生活动联系协调起来。

三、制订详细的实施计划和措施

（一）计划与措施的主要内容

1. 具体计划

职业生涯发展是一步一步走过来的，生涯目标实现是一点一点积累起来的。如果没有具体的行动计划，没有一点一点地积累，生涯之路就无法走通，目标也就不可能实现。所以，需要制订出详细的工作、学习计划。每年学什么，要列出具体的科目。每年干什么，要列出具体项目。只有计划具体，职业生涯目标才有可能实现。

2. 具体措施

制订出具体计划之后，要对每项计划制订出具体实施措施，并且要保证措施切实可行。如果没有具体的措施或者措施不可行，计划就不能实现。如你的第一项计划是学习 MBA，具体措施是脱产学习。此时就要考虑措施的可行性，占用工作时间学习，所在单位是否同意？如果单位不允许工作时间学习，这项计划就会落空。所以，每项计划都要有具体措施，并且切实可行。

3. 起止时间

对每项计划制订出切实可行的具体措施之后，还要明确每项计划的起止时间，即什么时间开始，什么时间结束，以约束自己按照计划实施。否则，我们的计划也会落空。

4. 考核目标

在明确具体计划、具体措施、起止时间后，考核指标也要明确。即在计划执行的每一个阶段，用什么指标来检查或衡量计划是否已经完成。如果没有衡量指标，很容易降低标准，拖延时间，就会影响到生涯目标的实现。

（二）制订计划和措施的方法

制订职业生涯规划的具体实施计划的要素主要包括时间、地点、参与人、资源、活动过程等。所以一般采用"5W1H"的方法。"5W1H"即"Why""Who""When""Where""What"和"How"。

"Why"回答的是方向问题，即目的是什么、朝什么方向或目标努力。

"Who"涉及的是活动者，可以包括自己，也可以包括活动方案所涉及的其他人。

"When"就是指明时间，可以是某个明确的时刻，也可以是一段时间，是一段时间的必须明确其起止日期。

"Where"就是地点，一项活动计划可能会发生在多个地点，也会包括很多与场景有关的活动。

"What"讲的是计划的过程步骤，落实到具体的活动中表现为各个活动计划环节的流程安排，即先做什么、再做什么。

"How"即如何做，包括采用的工具、手段和相关的活动策略。

（三）制订计划和措施的步骤

制订详细的职业生涯规划实施计划，分为三个步骤：首先要了解自己在观念、知识、心理素质与能力方面与目标要求的差距；第二，要根据差距使用教育培训、讨论交流、实践操作的方法；第三，确定实施步骤和完成时间。

1. 寻找与目标之间的差距

主要寻找以下几个方面的差距：思想观念上的差距；知识上的差距；心理素质的差距；能力的差距。

2. 确定采取什么具体措施弥补差距

具体措施即如何去做，包括采取何种工具，运用何种手段，制订和实施什么样的活动策略等。

3. 确定具体的实施步骤和时间

首先要根据职业生涯发展阶段理论，将自己未来的职业生涯划分为不同的阶段。可以根据舒伯的阶段划分，也可以根据其他专家学者的阶段理论进行划分，还可以简单地把自己的生涯阶段划分为长期、中期和短期。只要自己认为合理，而且具有可操作性就可以了。

划分好阶段之后，就可以按照阶段制订详细的实施计划了。

职业生涯规划实施计划，应从一生的发展写起，在一生总体规划的基础上，再分别制订出十年计划，五年、三年、一年计划，以及一月、一周、一日计划。计划定好后，再从一日、一周、一月计划实行下去，直至实现你的一年目标、三年目标、五年目标、十年目标。

（1）未来发展目标。首先要清楚自己一生奋斗的总目标及分目标，即我想干什么？想成为什么样的人？想做什么事，想取得什么成就？想发挥自己哪一方面的优势与特长？想成为哪一行业或专业的佼佼者？等等。如果把这些问题确定后，人生目标也就确定了。比如，要成为一名大型企业的董事长，这是总目标。分目标可以包括：拥有多少资产、规模有多大、享有怎样的社会地位、家庭达到什么状况、最后的学历是什么等。

（2）10 年或 20 年的计划。这是一项长期计划，因为对于一个人而言，10 年或 20 年的时间我们足以做出一定的事业，在事业上可以有所成就、有所突破。对于这一计划，可以粗略地制订，即制订出发展目标和重要事件即可。比如，今后 10 年或 20 年，我希望自己成为什么样子？有什么样的事业？要过上什么样的生活？家庭状况如何？健康状况如何？我将获得什么样的社会地位？等等。

（3）5 年计划。定出 5 年计划的目的，是将 10 年大计分阶段实施，并将计划具体化，将目标进一步分解。

（4）3 年计划。俗话说，5 年计划看头 3 年。因此，你的 3 年计划，要比 5 年计划更具体、更详细。因为计划是你的行动准则。

（5）明年计划。定出明年的计划，以及实现计划的步骤、方法与时间表，务必具体、切实可行。如果从现在开始制定目标，则应单独定出今年的计划。

（6）下月计划。下月计划应包括下月计划做的工作，应完成的任务、质和量方面的要求，财务收支，计划学习的新知识和有关信息，计划结识的新朋友等。

（7）下周计划。计划的内容与月计划相同。重点在于必须具体、详细、

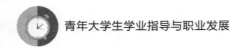

数字化，切实可行。而且每周末提前计划好下周的计划。

（8）明天计划。取最重要的三件至五件事，根据事情的轻重缓急，按先后顺序排好队，按计划去做，可以避免"捡了芝麻，丢了西瓜"。

并在此方向上以三年为单位，提出近期、中期与远期的目标；再在近期的目标中提出今年的目标；将今年的目标分解为每季度目标、每月目标、每周目标、每天目标。这样，每天睡前就可以对照自己的目标进行反省，总结当日成就与失误、经验与教训，修正明天的目标与方法，第二天醒过来后稍加温习就可以投入行动了。

四、职业生涯各阶段的规划重点

人生的每一个阶段都有各自不同的特点，所以在制订职业生涯规划时，侧重点也应有所不同。

（一）大学阶段的职业生涯

在人生的道路上，大学阶段是处在一个多岔路口，走哪一条路、向哪一个方向走，在很大程度上决定了一个人事业的成败。大学阶段职业生涯规划的重点有三个方面。

1. 评估自己所学专业，明确自己的职业定位

一般来说，在校大学生专业已经确定，但是在报考选择这个专业时，不少人对本专业了解很少，所以需要重点评估自己所学专业。评估内容包括三个方面：自己是否对所学专业感兴趣；自己的性格是否适合所学专业；自己的特长是否适合所学专业。

通过上述三个方面内容的评估，就可以知道自己所学专业是否适合自己。如果所学专业在三个方面都适合，所学专业就比较理想。如果有一个方面不适合自己，那么所学专业或多或少对未来发展产生影响。性格与所学专业不吻合，将来从事这个专业的工作，就有可能产生不适应的情况；兴趣与所学专业不吻合，将来从事这个专业的工作，工作绩效有可能不突出；特长与所学专业不吻合，将来从事这个专业的工作，个人的特质得不到发挥，难以成为优秀人才。如果三个方面都与所学专业不吻合，那么该怎么办呢？唯一的办法就是在校期间要想尽一切办法进行弥补和纠正。可以选择调整专业，也可以通过学习第二专业或通过选修课来弥补。同时对于自己的本专业，虽然不适合自己，既然学了就学好，多一门知识总比少一门好，就知识面而言，还是越宽越好。千万不能持消极态度，得过且过，只等毕业。

2. 做好就业准备，为职业生涯发展创造条件

这是在大学期间的一项重要任务。现在的用人单位，对人才的衡量标准是"以能力论英雄，以绩效论成败"，看重的是实际能力。所以在大学期间，一方面要学好专业知识，另一方面还要拓宽自己的知识面，增强自己的综合素质，全面提高自己的工作技能。

3. 锁定目标单位，实现自己的就业目标

选好了专业，做好了就业准备，就可以选择自己的目标单位了。应该选择怎样的单位？是选择机关，还是事业单位？是选择大企业，还是小企业？是选择大城市，还是小城市？等等，这些选择是人生道路上的重要一步。怎样才能做出正确选择呢？其要点有以下几点。

（1）根据自己的特点选择目标单位。目标单位的选择，其首要依据是自己的特点。不同的单位，有不同的工作性质，适合不同的人来做。单位无所谓好与坏，只有自己适合的才是最好的，自己适合到什么样的单位，就选择什么单位。不要看牌子的大小，不要看一时的收入高低。只有这样，自己的能力才能得到有效发挥，才能实现自己的价值。

（2）了解目标单位的特点。对于初步选择的目标单位，虽然从工作性质来看，适合自己，但这也仅仅是一个方面，还需要对其特点进行分析。分析其组织文化、制度、发展战略等，这些因素对一个人职业生涯发展有着直接影响，熟悉并接受这些组织文化，有助于对目标单位作出抉择。

（3）了解竞争对手。有些时候，一些理想的单位不只有一个人报名，甚至一个岗位就有上百人上千人报名。那么，竞争对手优势何在？自己的竞争优势何在？要做到心中有数。如果没有足够的把握，或者自己没有明显的优势，最好不要凑这个热闹，要避开拥挤的单位或职业。据调查，在美国，谋生的方法共有两万种以上，而在一所学校，毕业的学生只选择了五种职业——两万种职业中的五项。难怪有些单位和职业会人满为患。

（4）认定就业目标单位，不轻易放弃。通过对自己的特点和目标就业单位特点的全面分析，对未来就业单位一旦认定，就咬住不放，达不到目标决不罢休，不要轻言放弃，只要想方设法，目标就有可能实现。

（二）大学毕业后至30岁的职业生涯规划

这一段时间是我们大学毕业走向工作岗位的前五年。这个时期的特点是：从学校走向了社会，由学生变成了员工，身份发生了变化。这一变化往往有一个适应的过程，因为工作单位毕竟不是学校，其管理方式、生活环境、人际关系、领导方式都不同于学校，甚至和自己在学校想象的状态完全不同。这对于一个刚步入社会的人来说，总会有些不适应，所以这一阶段的职业生涯规划的重点如下。

1. 职业评估与调整

在参加工作前，虽然按照职业生涯规划的方法，对职业的选择，做过认真的分析和深入思考，甚至咨询过职业生涯规划专家，但仍然可能存在职业选择定位的问题。只有到工作单位，通过实际工作亲身经历后，才会发现自己选择的职业正确与否。

通过评估，对自己初选的职业进行调整，如果所选职业适合自己，就可以沿着自己的预定路线发展下去。如果不适合自己，也不要轻易地调动单位，要分析一下，是所在的岗位不适合自己，还是这个单位不适合自己。如果是岗位不适合，可以调整岗位；如果是单位不适合自己，可以考虑调换单位。

2. 职业生涯目标探索与定位

一般我们应该在30岁左右将生涯目标确定下来。孔子曰："三十而立。"人到了30岁也该确立自己的目标和自己的发展方向了。所以，在制订这一阶段的生涯发展规划时，要考虑到终身目标的确立。

3. 做好学习规划，为未来发展奠定基础

日本科学家研究发现，人一生工作所需的知识90%是工作之后学习得来的，也就是说在学校学习的知识只占10%。这个数据足以说明参加工作后学习的重要性。而30岁之前是人生发展的起始阶段，所以这一阶段的学习对今后的发展是至关重要的，并且人生有三次终止学习的时候，都发生在这个

年龄阶段。第一次是学校毕业，第二次是参加工作，第三次是结婚。所以，能否坚持学习，对一个人未来的发展有极其重要的作用和影响。因此，在制订该阶段职业生涯发展规划时一定要将学习计划、培训计划考虑进去。

4. 熟悉组织有关情况，尽快进入工作角色

新到一个单位，一旦明确自己的工作岗位，应尽快了解自己岗位的工作职责、工作责任、工作权限、工作标准、工作流程等，这是基本要求，只有了解这些，自己才能较快进入工作角色，否则自己就无所适从。此外，还要了解组织文化、规章制度、有关政策等，使自己尽快成为组织中的一员。

5. 适应组织环境，处理好人际关系

一个刚刚结束了学校生活的新员工，进入岗位后，要尽快完成由学生到员工的角色转变。特别是要学会接受各种类型的主管领导。现实中，领导者的素质、能力、性格、人品差异很大，有的严厉苛刻，有的宽容大度；有的婆婆妈妈，有的独断专行；有的软弱无能，有的精明强干；有的开朗随和，有的内秀拘谨；有的是强制硬性管理，有的是人性化管理；等等。对于何种类型的领导，都要接受，不要表现出不满意、瞧不起、不在乎等，而要针对其性格特点，设法与其融洽相处。在处理上下级关系时，还必须把握好依赖性和独立性之间的关系。刚刚进入组织的新员工，要有虚心好学的态度，遇到困难和问题，多向领导和老员工请教。但同时还要有独立性，即积极热情、认真负责地开展工作，发挥自己的能动作用，主动解决工作中面临的问题，以展示出自己的实力和对主管领导工作的支持。

6. 从小事做起，树立良好形象

这一阶段是步入职业世界的第一阶段。在这一阶段表现如何，对一个人未来的发展影响极大。因为有一个先入为主的问题，如果开始就给人一个不好的印象，以后再想扭转过来，就必须付出加倍的努力。所以这一阶段的行动计划，只有从小事做起，不断磨炼自己，积累经验。

（三）30～40岁的职业生涯规划

这个时期正是一个人风华正茂之时，是充分展现自己才能、获得晋升、事业得到迅速发展的时期。所以，做好此阶段的生涯发展规划极为重要。该阶段职业生涯规划重点有以下几点。

1. 展现才能，扩大影响

这一阶段，正是事业发展的起步阶段。据研究，人在自然科学方面的创造才能，就多数人来讲，35～45岁是最佳年龄。其实，在各行各业，这一阶段都是身强力壮、精力旺盛的最佳时期，也是事业有成的最好时期。所以，在这一时期，要处处以大局为重，要善于独立开展工作，不断积累经验，展现自己的才能，扩大自己的影响，为事业的进一步发展奠定基础。

2. 处理好家庭与事业的关系

在这一阶段，家庭和事业都非常重要。如果家庭至上，则会出现工作上的不利；如果只关心事业不顾家庭，那么家庭也会出现问题。所以，如何处理家庭和事业的关系是做这一阶段生涯发展规划时必须考虑的问题。

3. 调整职业，修正目标

这一阶段也是调整职业、修订目标的阶段。经过多年的工作，如果发现自己所选择的职业、所选择的生涯路线、所确定的人生目标以及实现人生目标的具体计划与措施不符合自己的特点，应尽快调整。三十几岁调换岗位、调换单位，还比较容易。俗话说，三十三，弯一弯，就是这个意思。等到40多岁再换那就难了。

（四）40～50岁的职业生涯规划

这一阶段生涯规划的重点如下。

1. 自我反省，修订规划

孔子曰："三十而立，四十而不惑。"所以，40～50岁是人生的收获阶段。经过过去近20年的努力、辛勤的耕耘，现在是开花结果的时期了。对于事业上已经获得成功的人，已经有了一定社会地位的人，此时正是大显身手的时期。所以，一定要认真思考自己在这一阶段会达到一个什么目标，认真制订这一时期的生涯发展规划。在这一阶段，我们要把握好人生的职业生涯发展方向继续前进。

如果到了这个年龄，仍一无所得，事业无成，对此应该做一下深刻的自我反省，问问为什么，找找原因，是自己选错了职业，还是生涯目标不明确？

是计划有问题，还是自己努力不够？要重点在自己身上找原因，切勿将一切原因都归结于外界因素，只有客观地找出原因，才能解决人生发展的困惑。如果是自己的职业生涯规划有问题，应尽快修订，如果是自己的职业生涯发展行为表现有问题，应及时改进。只有这样才能获得生涯发展的成功。

2. 锻炼身体，保持健康

人到中年，健康成为一个主要问题。身体是一个人事业的载体，事业能否成功，在很大程度上决定自己的身体状况。如果一个人身体不好，则往往会出现心有余而力不足的状况，给事业带来困难。人到中年，这个问题就更为突出。中年人体质下降，容易受到病魔的威胁，同时中年人的责任也更为艰巨。所以，锻炼身体、保持健康就显得尤为重要。制订职业生涯规划时一定要考虑到这一因素。

3. 调整心态，注重形象

面对事业的成功或失败，都要有一种良好的心态，保持一种好心情，注重外表形象，培养自己的爱好，从总体上提高一个人的素质、修养。

（五）50 岁以上的职业生涯规划

对于多数人来说，到了这个年龄，都面临着告别几十年的工作岗位，准备进入退休生活这一事实。在中国古代，人过 50 岁就被认为是老人了，古语就有"人到七十古来稀"的说法。但是今天，由于社会的发展、医学的进步，人的寿命延长了，人到 60 岁、70 岁身体也还很健康，照常能够工作。而 55 岁、60 岁退休后的一二十年该如何度过呢？这确实是一个值得认真思考的问题。

1. 做好晚年生涯规划

提前做好晚年的职业生涯规划，甚至现在就可以考虑晚年的职业生涯规划。

（1）制订退休后的生涯规划。退休后的二三十年内，计划干点什么？哪些事情想干，能干，可以干。经过详细的分析，将目标确定下来，然后再根据目标，制订出详细的行动方案计划。计划有了，第二春发展蓝图也就有了，心态也就好了。

（2）学习新的技能。最好是在退休前 5 年开始学习，一旦退休，就可以按照规划做事，寂寞、孤独、无聊也就不存在了。

2. 调整心态，保持活力

调整心态是这一阶段的主要任务。人老与不老在很大程度上取决于心态。所以，要保持年轻的心态，有了这个心态，就会充满活力。在这一阶段，要增加运动量，保持身体健康，增添生活乐趣，使晚年生活丰富多彩。

3. 总结经验，继续前进

孔子曰："五十而知天命。"人到 50 岁便会醒悟，知道哪些事情可做、哪些事情不可以做，对自己也更加了解了。当 50 岁的时候，看一看过去的发展，看一看过去的得失，心里就会一目了然。这些经验会产生极大的作用，将保持青春的活力，继续前进。

五、职业生涯目标的实施策略

无论是谁，职业规划制订之后，都面临一个实施的问题，即采取什么样的策略去一步步地真正实现自己的生涯目标，而不仅仅停留在规划上。很多人制订了职业生涯规划，实施计划制订得也很详细，但并不能按照自己的计划去行动，实现不了自己的目标，最终职业生涯规划也成为一纸空文。所以，有必要采取一定的策略来保证生涯目标的最终实现。

（一）练内功策略

一个人能否成功，并不完全取决于 8 小时之内的工作时间，而是取决于 8 小时之外，即业余时间。每天的工作时间，我们是 8 个小时，别人也是 8 个小时，我们在努力工作，别人也在努力工作，很难分出谁比谁更强。所以，其差别也就在于业余时间。谁的业余时间利用得好，谁发展得就快。练内功策略就是要通过把握好业余时间，提升自己的竞争能力，并在实际工作中取得业绩，获得业内的认可，从而实现自己的生涯目标。

练内功策略极为重要，它关系到个人的职业稳定和事业的发展。要注意到科学技术发展日新月异，知识更新速度日趋缩短。一个大学生走出校门，他在学校学习的知识已经老化了五分之一了。如果还像过去那样，一生只有一次学习，那么肯定是会落伍的。许多人的职业生涯发展停滞不前，原因之一就是知识和技能陈旧。所以，练内功策略重点是业余时间学习、充电，而不是工作时间学习。如果把知识更新的期望寄托在工作时间，那就错了。

在自己有限的业余时间中，挤出时间学习，并不是一件容易的事，而也正是这种不容易的事，才会使我们与时俱进，使自己的职业生涯得以发展。因此，在当今时代，利用业余时间练内功是职业生涯发展的一个重要策略。

（二）练外功策略

练外功策略主要是处理好与外部的关系，或适度表达自己的愿望来达成自己职业生涯发展目标。具体有两种做法：自我展示策略和注重关系策略。自我展示策略主要是向管理者或掌握发展资源的人表达自己的发展愿望，以及自己的能力和表现；注重关系策略则是处理好与掌握发展资源者的关系，获得有利于职业生涯发展目标实现的资源，尽快实现职业生涯目标。

1. 自我展示策略

在我国，传统文化崇尚谦虚、谨慎，并将此视为美德。因此，人们习惯于隐藏自己的优势，除非不得已，不愿意轻易地表现自己。

如果所在的单位考核机制健全，有比较科学的绩效量化考核标准，并有可行的考核程序，那么即使是谦虚的人，也会因为管理机制的科学而被领导重用。如果管理机制不科学，人为性或主观性太强，则有能力的人也会被埋没。

为了充分地开发自己，服务于组织，应该主动地展示自己，否则自己的才能就难以施展。这种状况既有损于自己的职业生涯发展，也会危害组织的健康成长。

自我展示的内容包括两个方面：一是自己的强项和希望；二是自己的实际工作表现。只要实事求是地推销自己，就会得到上级领导的重视。对于自己的成绩，特别是上级不怎么熟悉的领域，应当通过交流，呈献给上级，让他们认识到我们的工作以及我们的重要性。

自我展示是把双刃剑，用得好，能促进自己的职业生涯发展；反之，用不好，则可能成为自己在组织中的发展障碍，因此，自我展示要讲究策略和艺术。

首先，应如实地向上级反映自己的业绩、如实地向上级展示自己的才能，在日益注重自我价值的今天，许多人已经认可"酒香也怕巷子深"，合理地推销自己，已经不是什么坏事。但如果处理不好，则很容易让人感到与上司交往过密，让同事们感到讨厌，反而不利于自己职业生涯的发展。

2. 注重关系策略

关系是一个敏感而又无法回避的话题。所谓无法回避，就是在任何单位工作，在任何岗位任职，都需要维持较好的人际关系。这是工作的需要，也是团队建设的需要。对于个人职业生涯发展而言，这是一种重要资源。谁忽视了这种资源，谁的职业生涯发展就会遇到困阻。所以，处理好人际关系，是非常必要的。

搞好人际关系的关键是调整好自己的心态，开发自己的情商。心态有积极心态和消极心态。积极心态的人，看问题、看事物、看他人，都是从正面看，总是看到别人的优点，越看越高兴，心情好，情绪好，人际关系就好。消极心态的人，看问题、看事物、看他人，都是从反面看，总是看到别人的缺点，看什么都不顺眼，越看越生气，发牢骚，说坏话，人际关系就不好。情商高的人，会说话，会做事，人际关系好，领导喜欢，群众拥护，有机会就能发展；情商低的人，尽管智商很高，但在处理人际关系上表现欠佳，领导不喜欢，群众不拥护，但自我感觉良好，其结果往往是怀才不遇。

心态调整，可以通过学习潜能开发的有关知识，通过积极的暗示，来改变自己潜意识的信号，达到调整心态的目的。情商提高，可以通过学习情商开发的有关书籍，利用有关方法提高自己情绪的控制能力。

第六章　职场适应与职业发展

第一节　职场适应

每一位即将或刚刚开始工作的大学毕业生都希望自己能够在崭新的工作岗位上很快就有优秀的表现，做出一番事业与成就。但是更多现实情况是，很多大学生会发现自己不能很好地适应与大学生活截然不同的全新环境，不能很好地融入组织中来，以至于工作难以开展。其实，这些问题的出现都与毕业生的角色转换有关，只有真正认识到自己已经不再是一名生活在象牙塔中的学生，并且重新对自己进行正确的定位，了解作为一名职业人应当做什么和怎样做，才能在新的生活中很好地立足与发展。

一、学生角色与职业角色的区别

个体在社会中所扮演的角色不是一成不变的。人的社会任务和职业生涯不断变化，角色也随着变化，从一个角色进入另一个角色。大学生初入社会后表现出的种种苦恼和困惑，缘于大学生对职业角色的陌生和不适应。因此，每一个即将就业的大学生必须对社会角色的转变过程有一个清楚的了解，以便从现在起就开始有针对性地进行思想和心理辅导。

学生角色与职业角色相比，有许多不同之处，主要体现在以下几个方面。

（一）承担的社会责任不同

学生角色的主要责任是学习各种专业知识，培养健全人格，使自己成为符合社会需求的人才。虽然大学生已经开始享有绝大部分的社会权利，也需要履行同等程度的社会义务，但社会对大学生的要求更多是接受教育，完成好学业，为今后投身社会工作储备能量。而职业角色的责任是用自己所掌握的知识，通过具体的工作为社会作出贡献，以自己的行为来承担责任的过程。两种不同角色分别承担着两种不同责任。

（二）社会规范制约程度不同

社会赋予角色的规范，就是社会提供的角色行为模式。学生的规范是从培养、教育角度出发，促使其以后能顺利成长为合格人才，社会赋予职业角色的规范则更为严格、具体，违背了就要承担一定的责任。在大学里，学生犯了错误或者出现了失误，比如迟到、旷课、重修课程等，大都可以承认错误或者通过自己的努力来补救，而在职场，强调的是对工作结果的负责，一时的疏忽可能会引起不可估量的损失，同样的错误若犯上两次也就很可能失去了大家的信任。竞争激烈的职场里可能不会有太多机会让你去"失误"，一次小的意外都会导致单位向你发出"逐客令"。

（三）评价标准差异

我国大学对人才的评价主要强调综合素质，通行的标准是考查大学生在校表现、学习成绩和社会活动等，但总体来说，一个学生在这三者中间有一两样突出，其他的表现一般，也可以算是"优秀学生"。而在职场，一名好员工，不仅要业务素质过硬，工作善于创新，还要有团队意识，要善于与周围同事交流、沟通、合作，处理好各种关系，这样才能获得职业的顺利发展。

（四）面临的人际关系不同

在强调团队和协作精神的今天，和谐的人际关系对职业适应举足轻重。有些大学毕业生虽然能力很强，但因为与领导、同事相处不好而陷入困境，人际关系成为职业适应的绊脚石。相对于学校中的师生关系、同学关系，职场中涉及的关系更为复杂。行业之间竞争，单位里的同事、上下级之间也会有直接、间接的利益冲突，牵扯到业绩好坏、薪水增减、职务升降等具体问题，往往表现得纷繁复杂，此时学会如何处理各种关系显得尤为重要。

（五）活动方式不同

学生是以学习书本知识、应付各种考试为主要活动内容的。长期以来，学生的角色处于一种习惯于接收外界给予的状态，习惯于输入，而职业人角色则要求运用所学的知识，向外界提供自己的劳动。这种从接收到运用、从输入到输出则要求结合实际创造条件地发挥才干。学生长期养成了一种应付心理，只对考试范围之内的知识采取突击记忆的方式，考试范围之外的则大多不去认真对待。

（六）独立性要求不同

从学生到职业人员的角色转换，对其独立性的要求也相应有了提高。在学生时代，学生在经济上主要依靠家庭的资助，生活上依赖家长的关心和照顾，学习上习惯了老师的指导，总是处在一种被动接受的环境之中。毕业生进入职业生涯以后，对其独立性的要求既是全方位的、复合型的，又是较高的，主要表现在：有了工作应酬，经济上要求逐步成为独立者；工作上要求能够独当一面；学习上要会自我安排；生活上要会照顾自己。

毕业生在学生时代的角色是作为受教育者接受经济供给和资助，逐步掌握本领、完善自我的过程。而职业角色是用自己已经掌握的本领，通过工作为社会做贡献，以自己的行为承担社会责任的过程。

二、角色转换中容易出现的矛盾

角色转换指的就是个体因社会任务和职业生涯的变迁，从一个角色进入另一个角色的过程，其根本的变化是社会权利和义务的变化。

著名职业生涯规划大师舒伯依照年龄将每个人生阶段与职业发展配合，提出了职业生涯彩虹图这一理论。在生涯彩虹图中，纵向层面代表的是纵观上下的生活空间，是由一组职位和角色所组成，分为儿童、学生、休闲者、公民、工作者、家长6个不同的角色，他们交互影响，交织出个人独特的生涯类型，由学生到工作者有一个明显的转换期。在毕业生从校园走向工作环境的过程中，工作者的角色比重明显增加，而与此同时，学生角色的比重则相应减少了很多。在这个角色转换过程中，会出现许多矛盾，主要矛盾表现在以下几个方面。

（一）主观愿望和社会现实的矛盾

大学生毕业之前接受的都是健康、正面的教育，常以理想的思维方式看待社会、规划人生。对社会和职业的认识，容易走两种极端：一种是对社会和人性的复杂缺乏基本的认知和准备，过于天真和无知；另一种则对社会和人性过于悲观，对现实的无奈和失望使他们对自己的人生规划抱有强烈的抵触意识，又因为过于理想化而导致苛刻、偏激、狭隘、封闭心理。社会和职业既没有一些人期望的那么美好，也不像一些人想象的那么坏。它复杂而真实，需要将片面的、绝对的、理性的、批判式的思维转化为感性的同情式的理解认同，用坚强而温和的眼光和宽广的胸怀去接纳。这样的人生态度和境界虽然需要一定的年龄和阅历才能达到，但职业经历能够促使大学生用一种更现实、更客观、更温情的眼光来看待社会、职业和自我。

（二）习惯行为与社会角色要求的矛盾

十余年的寒窗苦读使每个大学生都形成了一些习惯行为，都有自己特有的学习、生活习惯和思维方式，步入职场后一时还难以适应角色转换的要求，常常在扮演角色时惯性地表现出与职业人角色不相符的、带有明显学生气的习惯行为。就有很多"冲动、自我"的大学生，不能正确认识社会和自我的结果，直接表现为社会适应能力低下和职业角色意识模糊。如有一家公司在同一年录用三个大学生：一个纯粹无法胜任工作；一个缺乏主动性，不知道该干什么；另一个过于强势和主动，他工作是去改造别人的，还得让领导听他的。这3种类型在大学生中具有很强的代表性。

（三）社会需要与自我完善的矛盾

当今社会是改革的社会、竞争的社会、高速发展的社会。社会不仅需要基础知识扎实、动手能力强、综合素质较高的大学生，更需要具有开拓精神、勇于创造的大学生。大多数大学毕业生工作一段时间便会发现自己因知识结构不完善，思维死板，信息不灵，致使理论与实际脱节，在某些方面的能力也比较欠缺，适应工作比较困难。

现在不少大学生在思考自我与社会的关系、自我与职业的关系时，将社会化等同为"丧失自我"，并从内心拒斥社会化。从中也可以看出，从学生向职业人的角色转化表面上表现为职业化，但深层的东西其实是对社会和自我的正确认识。大学生职业适应的最突出的障碍就是过于以自我为中心，不能正确认识自我、认识社会、人性、职业和他人。其实，正确地认识社会和自我是同一个问题的两个方面。

三、角色转换过程中易出现的问题

心理学认为，个体的社会角色发生变化时，新旧角色的转换过程必然伴随着不同角色之间的相互冲突。这种角色冲突是普遍存在的，因此，从学生角色转换为职业角色不可避免地会出现各种各样的问题。

大致来说，这些问题主要有依赖和恋旧心理、自负或自傲心理、浮躁心理、自卑或畏缩心理等。

（一）依赖和恋旧心理

很多大学毕业生在角色转换过程中依恋学生角色，难以从学生状态中完全摆脱出来。因为习惯了十多年的学生角色，容易使个体在学习、生活和思维方式上都养成一种相对固定的模式。在职业生涯开始之初，许多人常常会自觉或者不自觉地置身于学生角色之中，以学生角色的社会义务和社会规范来要求自己、对待工作，以学生角色的习惯方式来待人接物，来观察和分析事物。

（二）自负或自傲心理

一些大学毕业生则是对自我认知存在偏差，认为自己接受了多年高等教育有学历、有文凭，应该在各方面都具有很多良好的条件，因而盲目自信。这种心态很容易使毕业生进入职场后纸上谈兵、眼高手低。因为觉得自己的

条件优于周围的工作人员，往往不屑与他人合作，更不会虚心接受别人的指导和意见，甚至对领导和前辈也表现出轻视。

（三）浮躁心理

有些刚参加工作的大学毕业生往往弄不清楚自己在工作中真正想要什么、能做什么。国家劳动和社会保障部劳动科学研究所曾经与北森测评网、新浪网联合对当代大学生第一份工作现状进行调查。这项调查的结果发现在找到第一份工作后，有50%的大学生选择在一年内更换工作，而两年内大学生的流失率接近75%，比例之高令人震惊。这一数据恰恰反映了毕业生在角色转换初期的浮躁，对工作的兴趣总是不能持久，并且习惯把这一问题推脱为他人的责任，而认识不到自己的问题所在。

（四）自卑或畏缩心理

很多大学毕业生在初进职场的阶段，因为不知如何适应新的工作环境，会表现得怯懦、自卑。无论是做工作还是待人处世，总是担心自己的表现不够完美而被指责。要么就是过度封闭自己，不与人往来，要么就是盲目地听从他人的指使，不敢表达自己的想法，独立性很差。

这些心理问题都反映了大学毕业生没能顺利地从学生角色转换为一个社会职业人的角色，这必然会对毕业生的职业适应能力和后期的职业发展造成各种不良影响。因此，在两种角色的过渡阶段，大学毕业生一定要谨慎对待，同时采取必要的方法帮助自己平稳转换角色。

四、角色转换的途径与方法

即将进入职场的毕业生最希望了解的莫过于怎样才能尽快更好地进入职业角色。只有当顺利地从学生角色转换到职业角色，才能真正胜任工作，开始自己的职业生涯旅途。在这两个阶段相互交替的过程中，无论是即将毕业时的准备过程，还是刚刚进入职场的预备阶段都非常重要，这两个阶段的努力是顺利角色转换的必然途径。

（一）毕业前的准备

在这一阶段要学会认识自我，清楚自己真正的需要和能力范围，以及职业兴趣，在此基础上寻找合适的工作，为即将面临的入职做好充分的身心准备。上述提到过角色转换中的许多问题，正是由于没有清楚的心理定位，缺乏良好的心态而造成的。学会认知自我、定位自我及自我调适，这是入职前的一项主要工作。

1. 认知自我

认知自我包括认识自己的生理状况，例如，自己的体型特征、心理特征，尤其是兴趣、能力、气质、性格等，还要认识自己的人脉关系、自己在集体中的位置与作用等。

2. 定位自我

在对自身有了明确的认知之后，接下来就是进行心理定位。心理定位能够帮助毕业生明白自己的目标和需求，在选择职业的过程中更加客观和全面，可避免好高骛远、高不成低不就的现象出现。

3. 恰当及时的自我调适

当择业出现困难时，毕业生非常需要进行恰当的自我调适。没有一个人的职业选择是一帆风顺的，在这期间总会遇到各种难题。无论是痛苦于找不到合适的工作，还是在多份优秀的工作中踌躇徘徊，或是经历了社会上各种不公平的待遇的刺激，都要及时地调整自己的心态。当择业不顺时，不要悲观甚至绝望，要努力看向事情的另一面，积极对待；当难以抉择时，不要一味地拿不定主意而浪费宝贵的时间和机会，要当断则断；当看到社会的不公时，更不要死钻牛角尖、愤世嫉俗，要学会开阔心胸。

（二）试用期的把握

一般来说，毕业生在开始工作的最初阶段都会有见习或试用的时间，这个时间或长或短。虽然相对于今后长久的职业生涯来说，试用期所占有的分量并不大，但这一阶段在很大程度上决定着自己未来的职业生涯能否顺利。

试用期事实上就是一个学习和熟悉的阶段，甚至比学生时代要学习更多的内容，这其中最紧迫的就是职业学习。在大学期间学习的课程更多地偏重基础知识和普通技能，很多时候在进入职场后会觉得手足无措。因此，进入职场后要及时地对新的职业进行学习充电，最关键的就是学习和本职业相关的专业知识，尤其是如何将书本上的知识实际结合起来。

除了专业知识，学习基本的职场礼仪和公务能力也是非常必要的。职场礼仪包括的方面非常广泛，例如，站、坐、行等身体姿态和语言。毕业生要尽快地学会一些基本的礼貌用语与举止，在单位中要懂得尊重和谦让，懂得恰当的职业着装。另外，还要学习如何说话应酬与写作这些基本的公务能力。例如，如何写工作报告、发电子公文、使用传真机和打印机等。有人力资源方面的专业人士曾说，企业不会轻易用毕业生的原因之一就是，应届生动手操作能力很差，传真机、打印机的使用都要手把手地教。

五、职场适应的内容

许多毕业生走上工作岗位以后，会对新环境诸多不适应。主要表现在心理上、生活上、工作上、人际关系上和工作技能上的不适应。任何人对环境都有一个适应过程，怎样尽快适应新环境呢？主要体现在以下几个方面。

（一）心理适应

关键是要发挥自身健康的心理机能——整体协作意识、独立工作意识、创造意识。一般新人刚跨入职场总是从基层做起。俗话说，"良好的开端是成功的一半"，先要学会心理适应，学会适应艰苦、紧张而又有节奏的基层生活。毕业生缺少基层生活经历，可能不习惯一些制度、做法，这时，千万不要用自己的习惯去改变环境，而是要学会入乡随俗，适应新的环境。在这个阶段，培养出自己的整体协作意识、独立工作意识和创造意识。

要培养上述意识，首先，要有自信。虽然在刚开始时可能会做错事情，但只要能够吸取经验，慢慢地，在同事、前辈们的帮助下，自己的整体协作意识、独立工作意识就会养成了。其次，做事要有耐性，要充分发挥自己的主观能动性和创造性，凡事要具体分析、具体对待，然后脚踏实地地工作，自然而然就会惊喜地发现，自己的创造力也挺强的。在一个行业准备好从底层做起，不断积累经验、提升能力，就能为今后的职业发展打下良好基础，形成一个有延续性的职业发展历程。

（二）生理适应

入了职场，就已经从一个学生转变成了一个职业人。原来的许多生活习惯就都得改变。也许在学校时，喜欢睡懒觉，经常上课迟到或者频繁地"生病"。在读书期间，这也许不会带来严重的后果。可是，在工作期间，如果犯些懒病、娇病、馋病，每一种都可能会带来非常严重的后果。那么，为了自己的职业前途须调整生活规律，当然，调整规律并非要求你成为一个机器人，这主要得看工作环境与公司文化。如果是在可以居家办公的公司工作的话，也许大部分习惯都还能保留。如果是在一些规定较严格的企业工作，那么也一定要严格要求自己。爱睡懒觉的，应该提早上床休息。常生病的，不妨平时多锻炼。爱吃零食的，一定要分清场合，爱抽烟的，需要戒烟。有时候，那些不成文的规定更需要遵守。如果想要好好地发展的话，就一定要快速地适应职场生活。

（三）岗位适应

年轻人容易将事情看得简单而理想化，在跨出校门之前，都对未来充满憧憬，初出校门的大学生不能适应新环境，大多与其事先对新岗位估计不足、不切实际有关。当他们怀揣过高的目标接触现实环境时，许多所谓的"现实所迫"让他们在初入职场时就走了弯路，以至于碰壁后就不知所措，往往会产生一种失落感，感到处处不如意、事事不顺心。因此，毕业生在踏上工作岗位后，要能够根据现实的环境调整自己的期望值和目标。原因就在于，他们都没有职业角色的意识，并不真正了解自己能做什么、该往哪方面发展，以至于频繁跳槽。如果新入职场者可以为自己制订一个良好的职业规划，明确自己的职业目标是什么、在职场中自己该扮演什么角色、该怎样强化自己的职业，并且在这个行业里钻研下去，那么自然就能得到较好的发展。

（四）知识技能适应

刚入职的大学生的文凭可能比单位里一些前辈过硬，但是经常会出现这样的情况：刚刚工作的学生什么都不会。因为在学校比较注重学习理论知识，然而到了职场上，更需要的是动手能力和累积的经验。所以，大学生要投入再学习中。再学习是一种见机行事，是适应工作中的知识技能。正所谓，干到老，学到老。竞争在加剧，学习不但是一种心态，更应该是大学生的一种生活方式。21 世纪，实力和能力的打拼将更加激烈。谁不学习，谁就不能提高，谁不创新，谁就会落后。同事、上级、客户、竞争对手都是老师。谁会学习，谁就有可能成功，谁就能使自己职业岗位的智能结构更加完善。学习不仅增强了自己的竞争力，也增强了企业的竞争力。

提高工作技能，除了要有坚强的毅力外，还需掌握科学的方法和具有足够的自信心。对职场新人来说，在工作中出现各种不适应是必然的，但同时我们也应看到，它又是一种暂时的现象，大学生大可不必太过忧虑。如果能够正视这种现实，以积极的态度和行动对待，那么大多数人一定可以摆脱困境，并从职业工作中得到无限的乐趣和享受。

（五）人际关系适应

戴尔·卡耐基在他的《成功之路》一书中论及："一个人在事业上的成功，只有 15% 是靠他的专业技能，另外 85% 要靠他的人际关系和处世技巧。"哈佛大学就业指导小组调查显示，在数千名被解雇的人员中，人际关系不好的员工比不称职的员工高出两倍。从近几年大学毕业生所反馈的大量信息来看，建立良好的人际关系是多数毕业生感到困难而又十分关心的问题。

与象牙塔里单纯的人际关系不同，踏入了职场，人际关系也相应复杂化。刚走上工作岗位的大学生最容易犯的毛病是自负。我们应把姿态放低一点，恰当的礼貌往往会赢得他人的好感。无论对领导还是同事，无论喜欢还是讨厌，都要彬彬有礼。对待年长的同事，如果他没有职务，不妨称呼"×老师"或"×师傅"，因为他们有很多工作经验值得学习。同时，在单位里努力工作，适当地表现自己，最大限度地得到老板和同事的认可是必须的，在论功行赏时应展现一个新人的宽广胸怀，赢得职场人缘。千万不要居功自傲，任何老板都讨厌自己的下属居功自傲、擅作主张，更没有人能忍受自己的下属指手画脚。

六、适应工作新环境

毕业生转变角色的同时，也就意味着要适应工作这一崭新的环境。很多毕业生都会在此刻踌躇不安甚至慌张。事实上工作环境并非像很多同学担心的那样处处是陷阱、凡事皆棘手。只要做好最为基础而又最重要的几个方面，自然能够顺利地适应新环境，新职业人一样可以成为工作岗位上的佼佼者。

（一）良好个人形象的树立

几乎没有人会否认一个人的良好形象在社会中的重要性，良好的个人形象是人际交往的重要资本。个人形象的范围广泛，包括外貌仪表、言行举止，通俗来说就是一个人看起来如何、说话怎样，以及在待人接物方面的表现怎样。毕业生在初到工作岗位时，一定要先学会看看镜子中的自己，就是事先了解应该如何获取良好的形象。这其中至少要注意两个方面：一是注意自己的外表和体态语言；二是了解自己的优点与劣势，懂得从哪些方面塑造自己的形象。

外表和体态语言虽然较为表面与主观，却在第一印象中占有几乎最为重要的分量。作为职业新人，毕业生一定要注意自己的着装打扮，关键是符合自己的职业身份和个性特点。无论从事的是哪种职业类型，只要工作性质允许，还是应当适当地进行颜面修饰，适度的淡妆反而比素面更能使人显得精神焕发。衣着也是如此，尽可能地摆脱学生时代的稚嫩装扮，选择一套合适的职业装，能给你的个人形象加分不少。总体上，做到成熟、稳重和大方是使自己的外表装扮适合职业环境的不变原则。同时，在注意外表的同时还要注意自己的体态语言。例如，经常性地保持微笑，并且是发自内心的笑容。不要总是一脸严肃，这会让他人觉得难以接近而和你疏远。这些小的细节都会直接影响他人对你的第一感受。

在保持自我形象中，正确了解自己的优缺点是决定因素。外表和举止是外在方面，并不代表个人形象的全部内容。个性因素则是个体形象中非常关键的内在方面。虽然一个人的个性特点很难在短时间内有明显的改变，但是可以通过了解自己的优势与劣势，尽可能地展现自己的优点，同时用优点补

足自我缺陷，从而在与他人的交往中表现出最优的自我形象。

（二）和谐人际关系的建立

有相当一部分初入职场的毕业生都会对如何处理好职场中的人际关系感到困惑和苦恼。例如，当面对领导时应当如何表现、如何反应，当与同事通过言语行为接触时又有哪些禁忌和法则。事实上，人与人之间的关系虽然复杂，但当把握一定的为人处世原则时，人际关系也可以变得很简单。美国著名的人际关系学大师卡耐基曾提出有关人际交往的五个重要法则，分别是："互惠互利"是人际交往的根基；记住他人的名字；学会真诚地赞美别人；做一名好听众；微笑具有神奇的力量。

1. 所谓互惠互利，并不是指人与人相处都是带有功利性、有目的的，而是提示我们在与人相处时要时刻带有感激之心，懂得对他人表示友好在先。只有抱着这样的心态和为人之道，才会同时获取对方的尊重与友好。

2. 记住他人的名字是非常实用有效的方法之一。事实上，能否记住他人的名字或面孔本身就是对其是否尊重和重视的检验。有时候不是你的记性不好，而是没有用心对待。进入工作环境后，毕业生要能够尽快地记住同事、领导的名字与面孔，这样既能避免见面时不知如何应对的尴尬，又能让他人感受到你的平易近人，为建立和谐的人际关系打下良好基础。

3. 如果想在人际圈中得到别人的好感，就要学会在恰当的时机用恰当的方式赞美他人。所谓恰当，就意味着一定要真诚，发自内心。毕业生在初进单位时容易出现的情况是羞于大胆地夸奖他人，担心别人质疑自己的动机，又或是因为难以发现他人的优点而不愿做表面工作。事实上并不需要有太多顾虑和担忧，只要懂得和人相处时保持低姿态，就会很容易发现别人的长处，从而发自内心地给予称赞。

4. 当一名好听众也是在人际交往中获取好感的重要砝码。与人相处不但要懂得会说话，更要懂得倾听。因为每个人都希望别人能够分享自己的想法与情感，并且获取他人的理解与支持。作为职场新人，更要学会听别人讲话，尤其是在领导、同事和自己沟通时。

5. 微笑的力量是我们每个人都深深理解和认识的，虽然看似简单易行，但是真正在日常交际中坚持下来并非所有人的特长。有的毕业生可能会认为自己是个内向拘谨、沉默寡言的人，本身就不擅长在陌生环境中表现得轻松愉悦。其实发自内心的笑容并不难求，正如对别人的赞美一样，只要真诚就能获取他人的好感。

对刚刚进入职业新环境的大学生，要尽可能主动地与他人沟通交流，切忌独来独往、沉默寡言。这样既不能帮助自己尽快地适应新环境，也会阻碍领导和同事对你的了解。

七、初入职场应注意的几个问题

（一）了解单位的文化氛围

每个公司都有自己的文化氛围，有的崇尚张扬、有的崇尚沉稳踏实、有的要求员工按部就班、有的需要员工更活跃一些等。初入职场，要先了解这个企业的"生存法则"，及早融入。

（二）从小事做起

年轻人容易好高骛远，不屑做日常工作中的琐事。因为领导考察你，正是从小事开始的。所以无论领导交给你的事多么琐碎，或者根本不是你分内的事，都要及时地、充满热情地处理好。即使领导不再追问，也不可不了了之，一定要给领导一个交代。只有逐渐得到领导的信任和肯定，才会有"做大事"的希望。

（三）适时表现自己

领导在场时不要畏畏缩缩，退到别人后面，而是要适度表现，敢于说话。开会时不妨坐得离领导近一点，尤其当领导让大家发言时，平时积累的几条合理化建议可以让领导对你刮目相看。当然，举止行为应当稳重，不要随便打断领导的发言，更不可夸夸其谈，喧宾夺主。

（四）正确地对待批评

刚工作时犯的错误不会葬送你的前途，要抢先道歉或主动检讨，并虚心

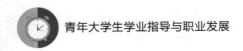

听取别人的批评。总想着掩盖错误或满口辩解之词——不是强调客观，就是推罪别人，这种表现比错误本身更糟糕。

（五）不要随便踏入人际关系的漩涡

毕业生缺乏处世经验，有时一上班会发现办公室里分成了几个小帮派，千万别急着站队。有时某些同事会对你讲一大堆某人怎样好、某人怎样坏的话，道听途说、添油加醋，千万别轻易被误导。最好先对是非保持沉默，对同事全都笑脸相迎，独自观察和思考，看清形势再说。不要讲同事与领导的坏话，这些话多半会很快传到他本人耳朵里，弄得你不好立足。

（六）善于向别人学习

毕业生毕竟缺乏实践经验，要想迅速成长，必须善于向同事学习，虚心请教，不要自以为是。另外，近些年，企业常提到"团队精神"，就是因为许多人自恃学历高或毕业于名校，不善于与他人合作，过于自我，企业绝不欢迎这种人。所以年轻人应谦虚、善于倾听、常换位思考、不说非建设性的话。

（七）注重一些细节

手脚要勤快，不仅自己的办公桌要井井有条，而且作为职场新人要嘴甜手勤，如打扫办公室卫生时一定要主动抢着做。

（八）注意着装

着装干净利落，会让人觉得你精神百倍，干劲十足。

（九）不要迟到

守时是做人的基本原则，没有人会喜欢经常迟到的员工。

（十）不要轻易说我不会，我不能，我不行

必要时，把工作带回家处理，不要对领导说"这事我明天再干行不行"一类的话。

（十一）不要随便抱怨

职场有形形色色的人，也许你一句无心的抱怨，听在别人耳朵里就是另外的意思了，当然传到领导那里，结果可想而知。

第二节 职业发展

职业不是一成不变的，个体职业生涯都是一个循序渐进的发展过程，是个体在职业领域中不断学习与进步的过程。在职业发展的过程中，个体要想进步，就要不断学习，为实现职业顺利发展创造条件；要加强自我职业生涯规划管理，保持职业发展有一个良好的方向。

一、疏导初入职场的压力

（一）自我放松

自我放松是一种比较理想的解压途径。当心理压力过大，难以承受时，可以尝试每天给自己一点空间放松。放松的形式有多种，例如，深呼吸、慢跑、听音乐，甚至睡觉等。每天晚上在工作之余花上一点时间记录一下自己今日的状况，进行自我反思和自我鼓励，将不良情绪转化为明天继续奋斗的动力。也可以在临睡前听一些舒缓的轻音乐或者是自己喜欢的音乐。

（二）倾诉

倾诉也是一种良好的解压途径。当心情烦躁难以自控时，可以立刻记录下来此时此刻的感受与烦恼，很多时候能够在书写的过程中逐渐冷静下来，甚至发现一些本质的问题。除了可以自我倾诉，还可以选择向好友或家人倾诉，及时化解不愉快的情绪，获得别人的情感支持。因此，紧张工作之余一定不要将自己封闭起来，朋友往往能成为缓解自身压力的一剂良药。

（三）寻找压力源，改变认知观念

压力的来源一方面来自外界的客观原因；另一方面则是个体自身的认知

偏差所导致。例如，完美主义者总是以过高的标准要求他人和自己，一旦事情发展不足以达到其过分的要求就会产生不良的情绪，而消极主义则是因为很难发现事物的多面性，总是将认知局限于最糟糕的状况，所以也很容易在情绪上受到影响。事实上，任何事情都不是绝对的好与坏，如果能够真正认识到这一点，将消极的思维转换为积极的思维，那么本身可能是导致压力的因素自然也就不复存在了。只要我们以一种新的角度或有利视角来看待同一个情况，借力使力，更好地发挥潜能，就能不断超越，自我释然，获得职业发展。

二、提升职业适应力的方法

职业适应力并非与生俱来，它既需要个人自身天赋，又需要经过磨炼和学习来提升。要在实际岗位上讲求学习方法和工作方法，不断提升自我，逐步适应新的工作环境。从影响职业适应力的主要因素来看，调整心态、加强实践经验是提升职业适应力的有效方法。

（一）调整心态，积极应对

一般刚参加工作的大学毕业生所从事的岗位大多都是基层的，和自己的理想职业存有落差，因而需要有充分的心理准备。一方面锻炼自己的抗压能力；另一方面要以恰当的心态来面对新环境。

除了对待职场压力要保持良好的心态，事实上开始一项新工作在许多方面都需要一个稳定且乐观的心态。

1. 面对工作的枯燥无味时要保持好心态

很多新人在进入公司后，用学生的眼光看待企业，对企业现状不满，接受不了企业的"规矩"，没有耐心去适应企业。其实，每个企业都有优势和劣势，最重要的是学会适应新环境，快速融入企业，在和企业相互深入了解后，找到自己合适的位置。

2. 在与人沟通交流中要有谦虚学习的心态

作为职场新人，面对上司、对待同事都要尽可能地以向他人学习的态度进行沟通交流。不要急功近利，更不能骄傲自满，要多多地观察和学习他人的经验，弥补自己的不足。

3. 面对挫折、遭遇低谷时更要有乐观向上的心态

没有任何人的职场经历是一帆风顺的，对刚刚毕业的大学生来说更是如此。只有经历了波折与风浪，在以后的职业生涯中才会有更加优异的表现和发展。

（二）加强实践经验

在现实中，把工作经验看得比学历和学校更为重要的招聘单位并不在少数。大学毕业生无论是在学习期间还是进入职场后，都有大量的机会进一步积累自己的实践工作经验。

1. 大学期间的实习是一座非常良好的桥梁，能够帮助大学生对社会和职业有一定的了解，同时在实践中开阔视野、增长见识，为其进一步走向社会打下坚实基础，因而大学期间的实习是毕业生走向工作岗位的第一步。毕业生一定要认真对待实习期，不要以为与真正的工作不相关就敷衍了事。

2. 从平时的工作学习细节出发，也是增加工作经验的良好途径。很多大学生在毕业之前甚至连一份社会工作的经验都没有，将自己封闭在一个独立于外界的真空室内，这无疑会影响企业在招聘时对大学毕业生的评价。因此，大学生应当在踏入社会之前有意识地对社会环境进行了解和认识，尝试越多经验越多，也就越有利于自身今后的职业发展。在课余时间可以通过应聘和就职一些临时的工作岗位，一方面熟悉应聘的场景和要求，锻炼自己的应变能力；另一方面在见习的过程中多向有工作经验的同事学习，锻炼自己的工作能力。在寻求见习机会时，不要一味地考虑工资待遇或是工作环境，因为这个过程更多的是一种自我锻炼，而并非决定一生发展的真正工作。

如何才能让自己尽快尽好地适应工作是每个大学毕业生在踏入职场社会中必须要面对的问题。提高职场适应力能够帮助职场新人在自己的职位上站稳脚跟、快速发展。相反，一旦在职业适应上出现问题，那么影响的将不仅仅是工作，甚至是个人的人生道路。因此，大学毕业生要有心理准备和行动表现，从大学学习生活期间就开始有目的性地培养和提高自我的职业适应力，从而为今后的职业发展奠定良好的基石。

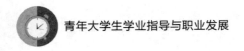

三、促进职业发展的方法

（一）树立终身学习意识

社会在不断发展变化，职业的结构、内容和用人要求也在不断地变化，而个人的职业意识、职业素质，以及知识能力必须通过学习才能提高。大学教育固然重要，但毕竟只是短暂的一个阶段。大学毕业之后的延伸学习和重新学习，对毕业生选择及重新选择职业岗位和取得职业成就，无疑具有更重要的意义。尤其是在当前的知识经济时代，获取知识、运用知识和创新知识的能力是一个人成功的重要因素。善于学习、有较强的学习能力和思维能力的创新型人才，才是知识经济时代的强者。一份成功的学习计划应包括以下原则。

1. 要有清晰的人生蓝图

知道自己想要什么，自己的职业目标和职业定位是什么。

2. 要有激励

终身学习不同于短时间的学习，更多的是需要一个人的意志力和持久性，因此，制订一些能够自我激励的方法不失为督促终身学习的好助手。

3. 要明白自己的劣势

终身学习的内容已不单单是知识的学习，更多的是要学习如何更好地在职业和社会中求发展，因此，必须明确自己在工作中的各种劣势，从而有目的有方向地进行学习，逐渐将自己的劣势发展为优势，发挥自己的最大能力。

4. 要重视阅历和观摩

与学生时代的学习不同，终身学习更多伴随的是阅历的增加、视野的拓宽，要注意实践历练。同时，在终身学习中一定要学会广结良缘、寻找榜样。

（二）强化职业生涯规划管理

对个体来说，要尽可能了解自己所在组织的职业生涯管理模式，要根据自己的兴趣、能力和个人发展目标有效地管理自己的职业生涯规划，使自己和组织目标协调一致、共同发展。

1. 适时进行自我评价

适时进行自我评价是职业生涯规划管理的一项重要内容。生活中常常发现，虽然很多大学生在毕业前已拟订了非常具体详细的职业生涯规划，但是在以后的职业生涯发展过程中却一味地跟着感觉走，结果会慢慢地偏离自己当初的职业生涯规划，使职业生涯发展又变成了盲目的发展。因此，在职业生涯发展的过程中应适时地将自己的职业发展状况与职业生涯规划进行评价，及时调整行为或更改规划目标，使自己的职业生涯发展有规划而非盲目地进行。

美国惠普公司员工需要从多个角度对自我的职业生涯规划与管理进行评价，这些自我评价和管理的方法可以提供一些参考。

撰写自传。通过写自传的方式了解和反思自己在生活中发生的事情、工作的转化以及未来的计划等。

通过问卷的形式，了解自己所愿意从事的职业、喜欢的课程，以及在理论、经济、审美、社会、政治甚至是宗教信仰方面的价值观，思考自己的职业生涯规划是否与当下的价值观和个人意愿相匹配。

以 24 小时日记的方式，记录一个工作日和一个非工作日的活动，全方位地对自我进行检查。

与两个重要人物面谈。可以与自己的朋友、配偶、同事或亲戚谈谈自己的想法。

生活方式描写。以言语或者图画的形式将自己当下的生活状况传达给他人或是自己。

2. 时间管理

时间管理是职业生涯规划管理中最为关键的一个项目。一位世界知名的企业家曾经在《财富双周刊》上说道："对我们大部分人而言，我们必须下达的最重要决策就是如何去使用自己的时间。对我来说，我就不会将自己的时间花在需要很多生产力而成果却平凡无奇的事情上面，而且，只要我能找人去做的事情，我绝不会自己去做。"对时间的管理实际上就是对资源和对自我行为的管理，因为只有管理好自己工作和生活的时间，才能更好地提高效率，才能使有限的生命发挥出最大潜能。

要想管理好自己的时间，一定要讲求一些策略。首先，是设定时间使用标准，计划好做每件事情的时间，对每天的时间安排进行管理。其次，是要找出最重要的事情来。有研究者曾经提出，真正重要的有意义的事情只占所有使用时间中的 20%，而剩余 80% 的时间往往都使用在了一些次要的琐事上。因此，要想有效利用和管理好自己的时间，一定要区分出哪些事情是重要的，需要尽快解决，而哪些事情只是次要的，可以不予理会。最后，在区分主次之后就要找出正确的做事顺序，其顺序依次应该是重要而紧急的、重要但不紧急的、紧急但不重要的、不紧急且不重要的。

3. 职业规划调整

人生道路没有一成不变的，职业发展也是如此。成功的职业发展路程不仅是实现自己最初的职业生涯理想，更应当是能够顺应社会和职业的发展要求，灵活变动以求最优的结果。在职业发展过程中，很多因素会导致职业生涯的改变甚至是重新选择职业，包括个体的主客观因素，以及社会和职业因素。例如，兴趣志向发生了转变、或教育深造所产生的变动、家庭环境的变化、工作环境的改变等。在这种时候，就需要对先前的职业生涯规划进行适时调整和修改。这种调整可以是对职业的重新选择，也可以是对职业生涯路线的改变，或是阶段目标的一些修正，或是变更实施措施，等等。

对职业生涯规划调整，要根据个人意向和环境需要而决定，而且，调整要遵循一定的法则，第一反应应当是修正计划而不是目标，当修正计划无法达成目标时才应考虑修正目标达成的时间，当延长时间和降低要求都不能实现目标时则要考虑放弃目标而重新设定新的目标。但是无论怎样调整，通过不断地评估和修正，最终的职业生涯规划应该是更成功的、更加适合自己职业发展的。

第七章　职业认同教育

第一节　职业认同感

对自己所从事的职业没有认同感，就感受不到职业所带来的幸福和乐趣，更加不会在这份职业上有所成就。在影响人类的多种行为中，认同感非常重要，其从心理层次上决定了这个人的行为。而且人类对自己的职业认同越强，心理层次越高，就越会以积极主动的心态投入所从事的职业中，能够把普通职业当作崇高的理想事业去对待。反之，若认同感缺失，本职工作就会停留在谋生层面，其工作态度和责任心可想而知。因此，对所从事职业怀有认同感就显得十分重要。

美国的社会科学家尝试了解为什么在高等教育里，黑人学生有杰出表现的比例特别低。美国著名人类学家奥格布在《一个富裕郊区的美国黑人学生：一项有关学业疏离的研究》中提出了一个解释：扮演白人假说。这个假说认为黑人小孩不认真念书，是因为认真念书会被其他黑人同学认为是一种扮演白人、背叛黑人社群的行为，进而遭到排挤。读书这件事在黑人学生所处的社会环境和家庭环境认同度不高，因此，黑人小孩做好它的概率偏低。认同感在主观能动性上起了主导作用，并直接导致了结果的差异。所以，要想在职业上获得一定成就，职业认同感起着关键性的作用。

一、职业认同感的概念

认同是指在了解某一对象或者事物后所形成的一种积极印象，包括认知、情感、意志和行为四个维度，对其价值表示接受和认可，并自觉产生积极反应。职业认同是表示个体在接触并了解某一职业过程中，形成职业认知，并在情感方面对其产生认同、热爱后，具有较强的意志力，愿意通过实际行动投入到该职业中去。

二、职业认同感的内容

（一）职业认知

职业认知指个体对自己所从事职业的认识、对职员和团体的认识。如教师职业、需要了解什么是教师、教师需要有哪些素养，等等。

部分大学生的职业认知较弱，为了更好就业或者是听从父母安排，盲目选择专业。他们没有从自身实际情况出发，既不了解自身的兴趣和个性，也缺乏对专业的充分认识，不具备专业兴趣和专业热情，缺乏对职业社会角色及社会价值的深刻认识。这导致其入学后无法快速适应课程，难以达到较为理想的学习效果，并且也没有做好职业生涯规划，真正就业时比较迷茫。

（二）职业情感

职业情感是指人们对自己所从事的职业所具有的稳定的态度和体验。如对自己的职业很热爱，以自己所从事的职业为傲。有强烈职业情感的人，能够从内心产生一种对自己所从事职业的需求意识和深刻理解，因而无限热爱自己的职业和岗位。

大部分大学生入学阶段均表现出高涨的学习情绪，学习信心满满，希望能够在自己所学的专业有所建树。但是当升入高年级后，部分学生便会发现该专业相对应的职业与自己所想出入较大，面对繁重的学习任务，以及工作中所需的服务意识和奉献精神，其学习积极性和信心便会受到打击，对职业的情感逐渐削弱。

（三）职业意志

职业意志是指人们在职业实践中所表现出来的克服困难的毅力和坚持的精神。它表现在个体在职业生涯领域持之以恒的自觉性和始终如一的忠诚性。如在职业中遇到挫折和困难时能迎难而上，失败了不气馁。反之，意志不坚定，则很容易跳槽、抱怨。

当前有的大学生学习态度不端正，存在敷衍、畏惧、懈怠等不良情绪和行为，不具备较强的主观能动性，再加上学习氛围的影响，都使得他们的自我提高意识较弱，实际学习中投入的时间和精力有限，专业学习效率较低，职业能力发展缓慢，不具备较强的职业意志。并且，部分学生对职业信念不够坚定，在有其他职业可供选择时，表现摇摆不定、犹豫不决，不具备较强的职业意志，真正上岗后很容易出现跳槽、换工作现象，导致工作稳定性较差。

（四）职业行为

职业行为是指人们对职业劳动的认识、评价、情感和态度等心理过程的行为反应，是职业目的达成的基础。从形成意义上说，它是由人与职业环境、职业要求的相互关系决定的。职业行为包括职业创新行为、职业竞争行为、职业协作行为和职业奉献行为等方面。

部分学生并不是真正喜欢幼师职业，对于幼儿身上所体现出的各种不良性格也表现出抵触心理，在真正进入工作岗位后，可能无法与幼儿进行有效沟通，难以起到良好的引导作用；也可能出现团队协同合作意识较弱，与其他幼师及家长关系紧张等问题。这些都是因为学生缺乏学习兴趣和学习热情，可能引发的不称职行为。

三、职业认同感培养的原则

（一）尊重学生原则

培养学生的职业认同感的首要原则是尊重学生。学生对将来所从事职业的喜爱和兴趣直接决定了对职业的坚持度和认知度。大一学生刚进入校园，热情度很高，对未来也充满信心。首先，教师在教学中要鼓励学生大胆追寻自己想从事的职业，引导学生对职业有正确的认知、情感、意志和行为。同时，要尊重学生所想要从事的职业，对于学生不正确的职业认知、情感、意志和行为要及时指出、纠正，帮助学生形成正确的职业认同感。其次，教师要培养学生的职业认同感，应当尊重学生独特的思维方式和活动方式，给他们自由的空间，让他们带着问题自主、独立地去探索，而教师则应当根据学生的需要，在适当的时候予以指导和激励。

（二）抓住关键期原则

大一作为起始年级，很多学生刚进校园，对大学生活充满期待和新奇，但对自己所学的专业，以及未来的职业都很迷茫。而大一又恰恰是学生树立人生规划，形成良好的职业认同感的关键时期。教师要抓住这个关键时期，利用学生对大学生活的期待和对专业的热情来帮助学生认识自己所学的专业，培养对将来从事职业的认同感。

（三）循序渐进原则

心理学研究表面，职业认同感分为四个层次，即职业认知、职业情感、职业意志、职业行为。职业认知是职业行为的基础，职业情感是关键，职业意志是职业认知和职业行为的内在动力，职业行为是职业认知、职业情感和职业意志的外在表现。因此，教师在培养学生的职业认同感的过程中要注重三维目标的设置，遵循学生的认知规律，先帮助学生对职业形成正确的认知，在认知的基础上培养学生对职业的认同情感、意志。然后通过平时的实践活动，帮助学生形成正确的职业行为。

（四）情景性原则

当今社会，各类职业很多，刚进入校门的大一新生对自己将来所要从事的职业很迷茫，坚定性也不强，很容易在他人的说服下改变自己的职业方向。教师要帮助学生认清自己未来的职业方向，树立正确的职业认同感，在平时教育中遵循情景性原则。这一原则包括两方面内涵。一方面，教师在确定教学目标的时候，一定要结合学生的实际情况，学生当前存在怎样的问题，需要哪些方面的知识来培养学生职业认同感。这样，教师通过在教学中的渗透，为学生指明了努力的方向以及真实的任务。另一方面，在培养职业认同感的过程中，教师不可将"原版"的职业直接抛给学生，应当根据学生现有的水平，结合职业的未来发展趋势和要求，创造一些能让学生尽快进入角色的情境，这有利于学生捕捉到学习的切入点，从而增强他们的学习热情、坚定他们的学习意志。学生对职业的认同感增强后，会为将来进入职业奠定良好的基础。

（五）活动性原则

教师培养学生职业认同感的过程，不应当只重视教学内容的选择和传授，而忽视个体对教育影响的选择和改造作用。在培养学生职业认同感的过程中，应当遵循活动性原则。学生认同职业需要经历一个从感性到理性不断发展的过程，而在这个过程中，如果教师没有设计一些有效的、有针对性的活动，让学生只在教师的说教下按部就班地接受知识，那学生很难真正接纳自己专业所对应的职业。教师可以开展一些活动，让学生有体验职业的经验，如让学前教育专业的学生提前去幼儿园，感受幼儿教师一日的工作和生活，通过观察、体验和交流，加深学前教育专业学生对幼儿教师这一职业的了解和认同。

四、职业认同感培养的意义

（一）提高学生学习的质量

职业认同感的基础是培养学生对自我和专业的认同。职业认同感的培养是一个由量变到质变的过程，在这个过程中，学生对自己的专业认识越来越清晰，对自己的未来规划越来越明确，能将自己现在所学的专业与将来所要从事的职业联系起来，根据职业需要，确立目标，逐步提升自己将来所要从事职业需要的素养和技能。这种对职业的认同感潜移默化地给学生提供了学习的动力，有效提高了学生的学习质量。

（二）促进学生自主学习能力的发展

职业认同感是人们努力做好本职工作，达成组织目标的心理基础。对自己所从事的职业有认同感的人，为了促进职业的发展、适应时代对职业的需求，会积极、主动提升自己，提高自身的自主学习能力。大学生即将踏入社会，走上职场，职业认同感是其步入职场的入场券。因此，培养大学生对职业的认同感是大学的必修课，只有对自己将来所要从事的职业有认同感，大学生才会认识到自己现阶段的不足，从而主动积极地去提高自己的专业技能，学好专业知识，为将来走入职场奠定基础。反之，没有职业认同感的部分大学生就会对生活、学习很迷茫，甚至整天沉迷网络游戏、电视剧等，荒废学业和青春。

（三）增强学生的社会适应力

职业认同感一般是在长期从事某种职业活动过程中，对该职业活动的性质、内容，职业社会价值和个人意义，甚至对职业用语、工作方法、职业习惯与职业环境等都极为熟悉和认可的情况下形成的。随着职业的发展及对职业研究的深入，职业认同感的概念也愈来愈朝着社会化、多元化、人性化的持续状态发展，而不再仅仅局限于心理角度。进入职场，从事一门职业是一个人社会化的表现，与同事、领导人际关系的处理体现出一个人的社会适应能力。对职业有认同感的人在职业中能迅速适应职业环境，恰当地处理人际关系，能与同事、领导和谐相处。心理学中有一种现象叫作"光环效应"，职业认同感也可以给人带来这种效应，因为对职业的认同，而对职业的环境、职业相关的人和事也产生认同。这种"光环效应"能在无形中增强人的社会适应能力。所以，在校期间培养大学生的职业认同感能提前培养其社会适应能力，为将来进入职场做好准备。

（四）促进学生心理健康发展

职业认同感是人们职业性心理健康问题的重要来源，也是人们获得和拥有积极心理健康状态的重要保障。有人对职源性心理健康问题来源的调查发现，职业认同感与个人生命意义的相关指数高达 0.61，职业认同感对生命意义有显著的预测作用，说明职业认同感与个体的生命意义关系紧密，是其获得生命意义的重要源泉之一。人们可以从职业认同感的这些方面来改善生命意义，预防自杀，维护心理健康。从职业认同感与自我肯定关系的调查发现，职业认同感与自我肯定呈显著正相关，与忧郁、焦虑呈显著负相关，拥有高职业认同感的大学生具有较好的学业满意度和总体生活满意度及较少的未来担忧。因此，培养大学生的职业认同感符合其身心发展需要，能促进其心理健康的发展。

（五）提高学生的就业能力

就业能力是学生综合素质的体现，包括专业知识技能、可迁移技能和自我管理技能等，只有各种技能均衡发展，才能在求职过程中占据有利地位。高校是以专业为单位开展高层次教育教学的场所。对高校而言，提升学生就业能力的最终落脚点是专业人才培养与社会需求相匹配，让学生对职业有认同感。当前，我国大学生就业形势严峻，就业能力与社会需求之间存在较大差距。高校毕业生在求职过程中屡屡受挫，无法占据有利地位，成为社会、高校和家庭共同面临的问题。从表面上看，这是因为学生专业技能差，理论与实践结合能力不强，但深层次的原因在于学生自身对专业的认同感不强，没有形成与专业相对应职业的职业认同感，导致学生在学习当中对未来职业目标不明确，学习动力不足，专业技能不过关。因此，培养学生的职业认同感可以增强学生自主学习的动力和学习质量，加强学生将理论与实践相结合的自觉，提高学生就业能力。

第二节　大学生职业认同感的培养

近几年来，我国大学生就业形势越来越严峻，高等学校对学生就业前的培训与指导应更加重视。有学者指出，在经济结构调整时期，个体在不同组织之间的职业流动更加频繁。在激烈的就业竞争和愈加频繁的职业流动过程中，个体的专业化程度往往决定了其职业稳定性及职业成就效能。职业认同感的建构，在很大程度上可以解决职业的高流动性问题，使职业倾向、职业兴趣与职业规划，个人职业成就效能与职业幸福感，这是大学生就业指导的出发点和归宿。

影响大学生职业认同感形成的因素有哪些？如何培养大学生的职业认

同感？学校教育在这个过程中起引导性作用。学校作为培养人的主要场所，教师作为教育的实施者，教学对学生人生职业的引导会起到导向作用。教育的目的是培养全面发展的人，能够自主追求职业幸福和职业成长，是教育的目的之一。同时，学生职业认同感的培养还需要学生自我内在力的推动，只有自我对职业的认同才会有职业认同感的形成。

一、从职业认知方面培养

大学生职业认知是指学生在成长或学习过程中，通过主动或被动的方式参与职业活动而形成的对职业的基本认识和评价。职业认识包括对职业社会性、专业素养、角色价值观的认识和评价。进行职业认知培养，能正确引导学生的职业选择行为。认知是价值观形成的前提，培养正确的职业认知，能帮助大学生形成正确的职业价值观。"青年处在价值观形成和确立的时期，抓好这一时期的价值观养成十分重要。这就像穿衣服扣扣子一样，如果第一粒扣子扣错了，剩余的扣子都会扣错。人生的扣子从一开始就要扣好。"价值观在职业决策中的体现，就是"职业价值观"，是一种对待职业的价值取向。大学生的职业认知往往形成于大学阶段，这是一个人从学习生涯走向职业生涯的重要过渡时期。对于高校毕业生而言，为了生存找一份不喜欢的工作就职往往是最后的选择，是一种不得已的选择。携带这种观念进行工作，思想上有包袱，无法全身心投入工作中，更不要谈爱岗敬业了。高校教育工作者，应充分重视职业认知的教育，给学生多提供与专业对口的单位参观实习的机会。作为高校毕业生，应提高自主选择能力，认清形势，面对现实，在职业决策中根据个人特点，分析岗位在职业发展空间、职业稳定性和薪酬待遇等方面的利弊，以及与自身的职业发展规划吻合程度。职业不分三六九等，与其消极应付，不如积极面对，只要努力奋斗、坚持不懈，必能规划好自己的职业生涯。

（一）正确认识自我，确立职业理想

调查表明，专科学生的职业认知状况处于中上等水平，存在显著的学校属性差异，并表现出一定的性别差异。总体来说，处于职前朦胧期的大学生

对职业的认知还比较理想、简单与肤浅。了解职业、认识角色、发展职业倾向，应是大学生的主要发展任务。大学生作为未来社会力量的重要来源，应减少抱怨的情绪、认清现状、培养自主发展意识、主动构建职业愿景、积极探寻发展路径。本科、专科学校在教育投入、学生基础、教育软硬件条件等方面存在差异，加之高等教育大众化以来，越来越多综合性大学毕业生涌入教育市场，专科学校在技能教育、高职教育方面曾经的就业优势已被打破，这使得专科生面临着更大的挑战与竞争。对专科生而言，尤其要克服学校客观条件的不利因素，夯实专业知识功底，强化实践操作能力，以一"技"（实践技能）之长参与就业竞争。广东茂名幼儿师范专科学校作为师范类的专科学校，学校师范类的男生应主动了解自己的专业并积极肯定它，不盲从"教师职业是女性的主战场"的社会刻板效应，增强自我肯定与鼓励，不断明晰自身优势并合理定位角色，为教育领域注入更多力量。

（二）立足实践，树立强烈的社会责任感和使命感

专业素养是影响学生职业认知的最主要因素，而新生对专业素养的认知水平最低，这在很大程度上在于他们在教学实习过程中获得的亲身体验与收获较少。因此，学校要强化实践环节，加大实习力度，采取与职业对接的培养模式，让学生直接进入与专业对口的职业工作，积累职业经验，获得职业体验。应大力开展实践活动，深入职业第一线，引导和教育学生树立强烈的社会责任感和使命感，学生的职业认知存在非常显著的年级差异，因而，学校在教学中把职业认知教育体现和贯穿于学生培养的全过程，推动实践导向的教育课程内容改革和以学生为中心的教学方法变革。注重协同育人，注重教学基本功训练和实践教学，坚持理论课程体系与实践课程体系的协同。低年级学生在校学习相关教育教学理论课程的同时，各系根据不同专业学生的需求安排到社会上的企业或学校进行见习活动；大学二年级下学期参加跟岗见习，跟随优秀专业人员全程参与体验工作；大学三年级参加综合实习，从事相对独立的职业实践活动。广东茂名幼儿师范专科学校已形成"通过课堂教学、演讲征文、参观考察、观摩体验、顶岗实习等多种参与形式，形成全

员性、渗透性、实践性的一体化实践体系，学生要主动与教师交流，大胆向教师提出自己对专业和职业的困惑，积极参与学校开展的各项活动，利用学校提供的活动实践的平台，形成自己良好的职业认知。

（三）抓住社会契机，积极定志

不同的家庭教育也会影响大学生的职业认知水平。大学生的职业认知与其所处环境相联系并受到其影响和制约。相当一部分学生选择幼儿师范专科学校是因为父母意愿、就业前景好（就业压力大，教师相对好就业）等原因，但有些学生毕业后基本不会主动选择与专业对口的职业。非精英式的入职筛选标准和易操作性使得人们选择职业更倾向于自身的动机或其他因素，而非因职业的专业性及专业地位。这也将导致"因职业要求高或工作环境差等原因表现出较强的离职意愿"。

社会给大学生提供了良好的职业认知的机遇，大学生应该抓住机遇，利用社会营造的氛围积极定志，结合自身兴趣和社会需要，树立自己的职业理想，培养职业认知。

综上所述，大学生关于职业认知的提高离不开社会、高校及个体诸因素的有效联合。只有大学生自身树立愿景、理性定位，学校立足实践、帮助师范生清晰定向，社会营造氛围、鼓励师范生积极定志，才有助于大学生形成热爱自身职业、投身职业的精神。

二、从职业情感方面培养

职业情感，就是指人们对自己所从事的职业所具有的稳定的态度和体验。著名教育专家朱小蔓教授在其著作《情感德育论》一书中对情感的认识有如下论述："情绪、情感是人类精神生活中最重要的组成部分，是人类经验中最亲近的体验，也是人类行为中最复杂的感受。"情绪和情感是生命体在进化过程中发展起来的，人类发展的功能越来越多样化，其提高生命质量的价值就越来越受到重视。情感对人的发展具有激化、认识、评价和享用功能。因此，职业情感对职业认同感的形成具有决定作用，贯穿职业的始终。那么，大学生应如何形成职业情感呢？

（一）关注自身的情感世界，明晰情感发展目标

情感具有内隐性、复杂性、发展性等特点。然而家长、学校在学生成长和价值追求过程中，有重智育而轻情感人格培养的弊端，使学生对自我情感的发展很少关注。为了弥补这一缺失，学生在课堂中要认真听取教师的指导，可以在平时给自己写信、给最重要的人写信，了解自己与他人的关系，通过谈话、对话等途径了解自身的社会情感能力，通过自己与同学、教师、家长的深度交流来探寻自身情感发展的环境条件，引导自身关注自己的情感世界，明晰自我情感发展目标，激发培育自我情感的内动力。除此之外，学生还可以通过对职业的认知，利用课堂资源、生活经验培养对待自然、社会关注热点等问题的态度观点，来评判自身的社会化程度及适应社会的能力，通过阅读、辩论、反思、实践等途径，提升自己对职业、社会和自然的接纳程度，拓展并丰富自己的思想情感。

（二）树立情感发展楷模

朱永新教授认为为学生树立情感发展楷模对学生情感发展具有重要的引导作用。他在其著作《致教师》中指出："教育是唤醒，是为学生完整幸福的人生奠基。学生在成长中，必须有他们生命的原型。"换而言之，学生需要有自己崇拜的领袖、楷模和榜样，他们立志追随并成长为偶像的模样。首先，学生可以平时和教师共同阅读、共同学习中外幼儿教育家思想，品味伟人的教育故事，通过伟人故事的引导，树立情感发展楷模，立志在职业道路上成就精彩人生。如师范类的学生可以品读我国著名教育家陈鹤琴、陶行知等人的论著，了解他们在幼儿教育方面的卓越贡献，同时了解卢梭、杜威、皮亚杰等外国教育专家的思想观点。非师范类的学生可以阅读在职业上获得成功的著名人士的书籍，如比尔·盖茨、马云等，了解他们在各自职业领域的成就和贡献。其次，学生可以分享文学及影视作品里优秀职业人士的故事、优秀职业人士的形，以及他们的优秀品质，这对学生培养自身职业情感具有重要的引领作用。学生能从中外职业成功人士的足迹、从伟人一生对世界的贡献中，认识到职业人一生发展对千千万万的家庭和社会的巨大意义和价

值，在学习伟人的过程中，更加清楚自己的生命追求，提升职业的情感水平。

（三）创造情感发展的环境及场域

　　大学生的情感发展是一个缓慢复杂的过程。在清晰的人生目标引导和健康积极的成长环境中能动发展，是大学生情感培育的有效途径。大学生平时可以利用微信、QQ、电子邮件等途径，主动和教师、学长交流，提出对专业和职业的困惑和未来规划，主动让教师和学长指出自己的不足，根据教师和学长指出的问题，针对普遍问题和个别问题，分门别类参与生命体验活动，在互动交流的良好氛围中，满足自己的合理愿望需求，破解自身的困惑难题，塑造健全完整的人格情感。同学和同学间和谐的人际关系和交流学习，也是大学生情感发展的重要途径。学校可以充分发挥大学生自主合作学习的主体作用，创设学习实践交流平台，提供友好合作、信任开心、共同发展、宽松愉悦的环境空间，使大学生的情感得到正向的发展。在"互联网＋教育"的大背景下，在"人人发展"和"个个成才"的人才培养理念下，大学生应该主动把握机遇，在教师的引导下全面、全方位开展创新实践活动，尽情施展才能，挖掘自身的潜能，在行动中收获、在坚持中遇见并创造更加美好的自己，丰盈自身的情感精神。

（四）通过"校企合作"培育职业情感

　　人的情感是可变的，也是可影响和培养的。要在对职业认知的基础上进一步去发展自身的职业情感，加深对职业的理解和认同。职业情感是维持职业持续的动力，而职业情感具有感染性和培育性。所以，大学生要有意识地去培养自己的职业情感，不能凭着对职业的浅薄认知而随意下定论。

　　教师注重学生理论与实践能力的综合培养，平时教学中会给学生参与实践的机会，有意识地去培育学生的职业情感。如教育系的学前教育专业，在学生到了大学二年级第二学期，会安排两周的见习，让学前专业的学生到幼儿园去感受幼儿教师职业。幼儿天真可爱，稚子之情率真美好，对成人的情感具有感染和影响作用。在对学前教育专业学生的职前培养中，学校与幼儿园建立长期密切的合作关系，让学生定期去幼儿园见习实习，参与保教活动，协助组织幼儿活动，在实践活动中了解幼儿，陪伴他们，感知生命的神奇伟大。学生在见习实习中感知幼儿教师工作的快乐和喜悦，体会幼教工作的意义价值；在与幼儿家长的接触中，体验幼教工作的重要性。实践实训的强大场域，激发了学生的职业情感，增强了学生的职业认同，培养了学生的职业精神。

在大学阶段提前感受职业的内容和价值，对大学生来说是一个了解职业、培育职业情感的好机会。应该把握学校提供的"校企合作"平台，积极参与学校安排的见习和实习。

（五）全方位、多维度发展情感

情感带着家庭环境的烙印，呈现着过往的学习和生活印记，具有明显的地域文化和社会特征。正如世界上没有完全相同的人一样，每个人的情感也具有鲜明的个性特征。广东茂名幼儿师范专科学校追求"百花齐放春满园"的学生发展理念，以培养学生幸福完整的人生为宗旨，十分重视学生情感的培养。学校每周安排早练和晚练，一周总共十个早晚练。其中周一的早练用于安排每周一歌，周一晚到周五早用于安排"三字一话"，周日晚自由安排。为了让"天天练"成为生活的一部分，培育学生对专业的情感和坚持度，从大一开始就在固定的教室全班一起进行"天天练"。

班级每周定期召开班会，学生和学生之间、教师和学生之间进行学习、生活、专业等话题的交流，多种多样的观点交流增强了同学们之间的情感。学校为了发展学生特长，丰富学生的业余生活，提高学生的综合能力发展，各个系都设立了学生特长兴趣活动社团，如书法社、诗歌社团、舞蹈队等，学生因志趣相投而结伴，因个性绽放而精彩，情趣情感得以发展滋养。在课堂教学中，师生以知识为平台、以素养为目的、以情感为纽带，师生成为生命成长道路上的"命运共同体"，教学相长，携手走在生命精神成长的道路上。

三、从职业意志方面培养

学生的求学动机不尽相同，多数学生是为终身从事某项专业性的职业而报考专业，但尚有一定数量的学生专业思想不牢固，或根本不是奔着从事所学专业的职业而来的。这就导致国家花费了大量的人力财力，却培养了一批专业与职业不对口的人，造成职业缺口。有的学生毕业后因为谋生而迫不得已从事专业对口的职业，一旦经济条件允许就跳槽改行。这不仅是人力财力的损失，还会影响我国劳动者整体素质的提高。因此，有必要对大学生进行职业意志的培养。当学生具备了浓厚的职业意志、牢固的专业思想时，才会干哪行，爱哪行，专哪行，才能获得职业上的成就。职业意志的含义是广泛的，也是具体的。其内容主要包括正确树立职业理想、坚定职业意志、增强职业信念等方面。

（一）正确树立职业理想

有对自己选定的职业充满美好的想象和强烈的希望，才能主动地为实现它而奋斗拼搏。那么，如何确立职业理想呢？

1. 真正认识到自己所选职业的社会价值和为自己带来的经济效益

应该在学习和生活中主动去了解自己将来职业的价值，通过身边人对教师职业的看法，了解教师职业的社会地位和价值。通过与已经工作的学长、学姐和从事教师职业的人多进行交流和沟通，了解教师职业的工资水平。

2. 明了自己所选职业的发展前景

作为大学生，应该在大一入校时就做好职业生涯规划：毕业后从事什么职业、在职业上如何发展……要清晰了解自己所选专业将来能从事的职业，通过对专业的了解，进一步了解职业的发展前景。当今社会变化、发展很快，职业要求和发展也很快，要想将来毕业走上工作岗位能很快融入、熟悉工作，就要提前明确职业的发展前景，这样也能帮助我们提升对职业的意志力和向往力，日后为之奋斗、拼搏。

（二）坚定职业意志

要实现职业理想就得拼搏，而拼搏的动力则来自职业意志的坚定性。如何增强学生的职业意志？

1. 要有针对性地学习古今中外科学家成功的案例

职业意志的来源来自我们内心对职业的热爱与信心，要有针对性地去学习古今中外科学家成功的案例，印证"有志者，事竟成"这一真理，培养锲而不舍的精神。

2. 根据自己实际情况确立理想

选择自己的职业，要根据自己的专业、兴趣，以及实际情况来确立将来想要从事的职业，逐一剖析自己的有利条件和不利条件，以及利用有利条件来攻克不利因素的方法，激发自身的进取精神。在学习和实习中要勇于挑战自己，培养坚韧不拔的精神。在学习中，遇到专业上的问题，要勇于去钻研，寻找解决的方法。课堂上面对教师的提问要敢于说出自己的看法。平时学校开展的社团活动和比赛，要积极参与，不能因为害怕失败、害怕困难就逃避。积极参加社团活动和比赛能很好地锻炼自信心和意志力，加强自身心理素质。毕业班的学生要抓住实习这个机会，在实习中锻炼自己的意志力。刚入职时，面对陌生的环境、同事和不熟悉的工作，很多毕业班的学生感觉工作很辛苦、工资低、任务中什么脏活累活都是自己干。经常会听到毕业班的学生跟教师抱怨，实习很累，没有钱，欺负新来的实习生。如果抱着这种态度去实习，那么在实习中就很难学得到东西，将来的职业意志也会大打折扣。因此，应该转变心态，把实习中的困难当作对意志力的磨炼，为毕业后走入职场打下基础。在实习和学习中应该勇于挑战自己，锻炼坚韧不拔的意志力。

（三）增强职业信念

信念是巩固理想、强化意志，使事业得以成功的内在力量。信念是能源、是催化剂、是保鲜剂，也是使理想能达到彼岸的载体。如何坚定学生的职业信念？首先，学生要展望未来，确认自己所学专业的地位、作用和价值。其次，学生要有目的地进行社会调查，了解专业在社会中的需求和地位。最后，学生要捕捉试验、实习和参观中每个细小的发现、收获（可能会遇到某点突破），解除一些心理上的神秘感和前人成果不可超越的固化思维。

四、从职业行为方面培养

职业道德行为是指从业者在一定的职业道德知识、情感、意志、信念支配下所采取的自觉活动。对这种活动按照职业道德规范要求进行有意识、有目的的训练和培养，我们称之为职业行为的培养。养成的最终目的，就是要把职业道德原则和规范贯彻落实到职业活动之中，养成良好的职业行为习惯，做到言行一致、知行统一，进而形成高尚的职业道德品质，并达到崇高的职业道德境界。如何培养我们大学生的职业行为呢？可以从以下几方面努力。

（一）在践行培养目标中系统化职业行为

对职业行为进行系统化培养，首先要确立培养目标。根据对专业相对应的职业行为的特性及功能的理解，结合工作的现实，制定具体化的目标。以中文系的师范生为例，中文系的师范生将来主要从事小学教师职业，他们的职业行为系统化培养的目标应是：第一，使自己具有良好的职业意识，并在此基础上形成较为稳固的职业信念；第二，使自己掌握较为实用的职业技能，提高自身的专业化技术水平；第三，使自己实现知识能力的综合化，提高自身的职业适应能力。为实现上述目标，应该把对职业行为的系统化培养落实到两个方面：一是教学基础性行为（如仪表、手势、表情、目光、移动、独白、对话、板书等）和教学技术行为（如教学设计、课堂导入、课堂提问、课堂时空的利用、教学媒体的使用、试卷的编制等）；二是教学发展性行为，即因教学相关要素变化和发展所带来的新的行为（如当前实施的新课程标准所要求的创设教学情境、组织课堂讨论、进行过程评价、实现师生互动等）。可见，这里的教师职业行为训练，与以往的教师职业技能训练是不同的，它包含传统的职业技能训练，但又不仅仅限于职业技能训练。它是在一个更广泛、更系统的层面上，对师范生进行的专门职业技术训练。它在实施过程中或许是零散的、局部的、分解的，但总体上它是系统的、全方位的、整合的。不难看出，职业行为的系统化培养主要以实际训练为主。为使训练能有序、高效地进行，我们对训练过程做了初步设计，将整个训练过程大致分为三个阶段：诊断分析、指导训练、总结评价。

1. 诊断分析

在教师的指导下借助调查、测量等手段，学生对自身的基本素质（包括经历、智力、个性、字迹、口语等）进行摸底。在此基础上，依据所掌握的情况对自己进行分析，并根据事先拟定的标准，根据教师的分类，有针对性地参加小组训练，如教师按照学生的基础水平分成整体适应、素质初具和行为缺乏三种类型，然后按不同科目、不同类型组成小组，并制定科目训练计划与标准。学生根据自身的具体情况参加相对应的小组训练。

2．指导训练

教师首先通过理论讲授和行为示范（教师先直接示范、教学录像示范等）对不同组别学生进行不同水平的行为动作要领的指导。在这个基础上组织学生对教师职业行为进行研习与训练。训练先从基础性行为训练开始，之后逐步进入技术性行为训练和发展性行为训练，最后进行整体行为组合训练。训练采取个体自行对照训练、小组交互训练和集体指导训练相结合的方式。训练的主要方法有。

（1）案例分析法。即通过对典型教育教学案例进行剖析，从而使学生掌握行为规律，领会教育教学思想和方法的一种训练方法。主要用于理论性强、可操作性差的训练内容。如教学设计、教学情境创设等。这就要求在平时生活和学习中要注意积累经典案例，在教学中根据教师的指导做针对性分析。

（2）个别训练法。在教师的指导下进行自我研习、行为矫正和个体整合训练。行为矫正是针对学生的具体问题进行的障碍解除或指导训练。如学生普通话说不好，课上主动请教教师，听取教师的训练方法，课后根据教师的训练指导进行练习，练习后再和教师探讨。个体整合训练则是阶段性地对个体进行整体性的指导和训练。行为矫正注重具体行为问题的解决，整合训练注重个性特点、特长发挥和教学风格塑造。

（3）角色扮演训练法。教师使学生置身于特定教育情境之中，有准备或无准备地扮演某一角色地训练。有准备训练注重行为的规范性，无准备训练注重角色的感受，通过这种角色的互换与演练来实现形与神的统一。

3．总结评价

即在训练告一段落或训练全部结束后，对训练过程做概括性的总结，肯定训练取得的成绩，指出训练过程中存在的问题和不足，在此基础上对学生训练的效果作出评价。总结评价有阶段性总结评价和全面性总结评价。阶段性总结评价在每个训练科目结束后进行，主要采用讲评、问卷等方式，对其中不合格的环节视情况进行补充训练。全面性总结评价在训练全部结束后进行，指导教师对整个训练做全面评述，并依据事先制定的教师职业行为训练考评量表对学生训练成绩做最后认定。

（二）在日常生活中培养职业行为

"勿以恶小而为之，勿以善小而不为"。职业行为的最大特点是自觉性和习惯性，而培养人的良好习惯的载体是日常生活。因此，要有意识地培养自己的良好习惯，让习惯成为一种自然，即自觉的行为。"培养"意为按照一定的目的长期地教育和训练。

1. 从小事做起，严格遵守行为规范

行为规范是指在行为方面的约定俗成或明文规定的标准、准则，它告诉人们该怎样做、不该怎样做。从小事做起，严格遵守行为规范。例如，佩戴学生证，遵守校纪、班纪、宿舍纪律等，在各方面按照大学生的各种规范来要求自己。

2. 从自我做起，自觉养成良好习惯

良好的习惯是每个人终身受益的资本，不好的习惯则是人的一生羁绊。每一位同学都要从自我做起，从行为规范要求入手，从行为习惯训练抓起，持之以恒，才能养成良好的习惯，如养成良好的生活作息习惯、学习习惯，上课不迟到、不早退，待人有礼貌、讲文明，团结同学，尊敬师长。

（三）在专业学习中训练职业行为

专业理论知识与专业技能是形成职业信念和职业行为的前提和基础。职业行为的养成，离不开知识的学习和技能的提高。"训练"意为有计划、有步骤地培养某种特长或技能。在专业学习中训练职业行为的要求是：

1. 增强职业意识，遵守职业规范

职业意识是人们对求职择业和职业劳动的各种认识的总和，它是职业活动在人们头脑中的反映。职业规范是指某一职业或岗位的准则，包括操作规程和道德规范。在学校的学生要在专业学习和实习中增强职业意识，遵守职

业规范，这是未来干好职业、实现人生价值的重要前提。

2. 重视技能训练，提高职业素养

师范院校的学生都要重视技能训练，向劳动模范、先进人物学习，刻苦钻研，培养过硬的专业技能，提高自己的职业素养。

（四）在社会实践中体验职业行为

丰富的社会实践是指导人们发展、成才的基础，是实现知行统一的主要场所。职业行为的培养离不开社会实践，社会实践是职业行为养成的根本途径。"体验"意为通过实践来认识周围的事物。在社会实践中体验职业道德行为的方法如下。

第一，参加社会实践，培养职业情感。有知识的人不实践，等于一只蜜蜂不酿蜜。在社会实践中有意识地进行体验，进而了解社会、了解职业、了解自我、熟悉职业、体验职业、陶冶职业情感，培养对职业的正义感、热爱感、义务感、责任感、荣誉感和幸福感等情感。

第二，学做结合，知行统一。在社会实践中，把学和做结合起来，把学到的职业道德知识、职业道德规范运用到实践中，落实到职业行为中，以正确的道德观念指导自己的实践，理论联系实际，言行一致，知行统一。

（五）在自我修养中提高职业行为

自我修养指个人在日常的学习、生活和各种实践中，按照职业道德的基本原则和规范，在职业过程中有目的地进行"自我锻炼""自我改造"和"自我提高"。

第一，体验生活，经常进行"内省"。"内省"一要严于解剖自己，善于认识自己，客观地看待自己，勇于正视自己的缺点；二要敢于自我批评、自我检讨；三要有决心改进自己的缺点，扬长避短，在实践中不断完善自己的职业道德品质。

第二，学习榜样，努力做到"慎独"。"莫见乎隐、莫显乎微，故君子慎其独也。""慎独"是指独自一个人在没有外界监督的情况下，也能自觉遵守道德规范，不做对国家、对社会、对他人不道德的事情。作为大学生要激励和鞭策自己，加强道德修养，自觉做到"慎独"，努力提高职业道德修养。

（六）在职业活动中强化职业行为

职业活动是检验一个人职业道德品质高低的试金石。

首先，将道德知识内化为信念。"内化"是指把学到的道德知识规范变成个人内心坚定的职业道德信念、职业道德理想与职业道德原则，以及对自己履行的职业责任和义务的真诚信奉。它是职业道德知识、情感和意志的结晶，也是人们职业行为的强大动力和精神支柱。只有这样的职业行为，才具有坚定性和永久性。

其次，将职业道德信念外化为行为。"不要总是在梦想高尚的事情，而要去做高尚的事情"。"外化"是把内心形成的职业道德情感、意志和信念变成个人自觉的职业道德行为，指导职业活动实践。大学生要履行自己的责任和义务，做言行一致、表里如一、有职业道德的人。

总之，职业行为的培养对个人的职业生涯至关重要，在学习生活中，大学生要注重行为规范训练，养成良好的行为习惯。要加强职业道德修养，提高职业道德素质，坚持参加各种实践活动，在实践中培养良好的职业行为，形成高尚的职业道德。

第八章　大学生就业权益保护

大学生由于缺乏社会经验，在就业时难免会遇到自身权益受到侵害的情况，比如找工作时被歧视、签订劳动合同时受欺骗等一系列问题时有发生。在就业形势严峻的现实下，大学生往往为了找到工作，忽视了对自身权益的保护，甚至有的大学生根本就不懂如何保护自己的合法权益，为以后的各种纠纷埋下了隐患。

第一节　毕业生的基本权利和义务

随着毕业生就业工作逐步走向规范化、制度化和法治化，毕业生应该增强依法就业的意识，认真遵守国家有关毕业生就业的方针、政策、规定，自觉履行应尽义务，并学会拿起法律武器维护自己应有的权利。

一、毕业生享有的基本权利

毕业生作为就业过程中一个重要主体，享有多方面的权利，根据我国在《中华人民共和国宪法》《中华人民共和国劳动法》《中华人民共和国高等教育法》《普通高等学校毕业生就业工作暂行规定》等法律、法规和政策中的有关规定，毕业生主要享有以下几方面的基本权利。

（一）平等就业的权利

平等就业是毕业生的首要权利。毕业生不分民族、性别、宗教信仰等，享有平等的就业权利。用人单位在招聘时不得歧视女大学毕业生，不得歧视少数民族毕业生，男女之间、不同民族之间应一视同仁。除国家规定的不适

合妇女的工种或者岗位外，用人单位不得以性别为由拒绝录用女大学毕业生或者提高对女大毕业生的录用标准，在工资方面应贯彻同工同酬的原则。

但在当前，毕业生的公平待遇权受到很大的冲击，也最为毕业生所担忧。由于各项配套措施相对滞后，完全开放公平的就业市场尚未真正形成，用人单位录用毕业生还不同程度存在着不公平、不公正的现象，如女性就业难仍然是困扰女大学毕业生就业的一大问题。公平受录用权是毕业生最迫切需要得到维护的权益。

（二）接受就业指导权

接受就业指导，是每个毕业生应有的权利。《中华人民共和国高等教育法》规定，高等学校应当为毕业生提供就业指导和服务。《普通高等学校毕业生就业工作暂行规定》中明确指出，高等学校的一个主要职责就是对毕业生"开展毕业教育和就业指导工作"，帮助毕业生根据自身特点和社会职业需要，选择最能发挥自己才能的职业，全面、迅速、有效地与工作岗位结合，实现毕业生的人生价值和社会价值。毕业生充分行使该项权利，有助于求职择业的顺利进行。

（三）获取信息权

毕业生获取信息权应包括 3 方面含义：信息公开，指所有用人单位的需求信息必须向全体毕业生公开，任何单位和个人不得隐瞒、截留需求信息；信息及时，指毕业生获取的信息必须及时、有效，而不能将过时无利用价值的信息传递给学生；信息全面，毕业生有权获得准确、全面的就业信息，以便对用人单位有全面的了解和进行筛选，从而做出符合自身要求的选择。

（四）被推荐权

高等学校在就业工作中的一个重要职责就是向用人单位推荐毕业生。历年工作经验证明，学校的推荐往往在很大程度上影响用人单位对毕业生的取舍。毕业生享有被推荐权，包含几方面内容。

1. 如实推荐

高校在对毕业生进行推荐时，应实事求是，根据毕业生本人的实际情况向用人单位进行介绍、推荐。

2. 公正推荐

学校对毕业生进行推荐应做到公平、公正，应给每一位毕业生相等的就业推荐的机会，不能厚此薄彼。公正推荐是学校的基本责任，也是毕业生享有的最基本的权益。

3. 择优推荐

学校根据毕业生的在校表现，在公正、公开的基础上，还应择优推荐。用人单位在录用毕业生时也应坚持择优标准，真正体现优生优分、学以致用、人尽其才，这样才能调动广大毕业生和在校生的学习积极性，使毕业生在就业过程中只能凭自身综合素质的提高来取胜。

（五）全面真实了解用人单位的权利

教育部根据《普通高等学校毕业生就业工作暂行规定》而制定的就业协议书中规定，毕业生有向用人单位了解基本情况的权利。用人单位基本情况包括单位全称、隶属关系、所有制性质、单位的规模、发展前景、地理环境、经营范围和种类、所需专业及使用意图、所需人才的具体要求，以及单位的工资、福利待遇等。

（六）自主择业的权利

根据国家有关规定，实行招生并轨改革的高校毕业生在国家就业方针、政策指导下自主择业。毕业生只要符合国家的就业方针和政策，就可以自主地选择用人单位，学校、其他单位和个人均不得干涉。任何将个人意志强加给毕业生，强令毕业生到某单位的行为都是侵犯毕业生选择权的行为。毕业生可结合自身情况自主与用人单位协商，要求学校予以推荐，直至签订就业协议。

（七）违约及求偿权

毕业生、用人单位签订协议后，任何一方不得擅自毁约。如用人单位无故要求解约，毕业生有权要求对方严格履行就业协议，否则用人单位应对毕业生承担违约责任，支付违约金，毕业生有权利要求用人单位进行补偿。求偿权，即向违约方要求其承担违约责任、获得赔偿的权利。《中华人民共和国合同法》（以下简称《合同法》）第一百一十二条规定："当事人一方不履行合同义务或者履行合同义务不符合约定的，在履行义务或者采取补救措施后，对方还有其他损失的，应当赔偿损失。"《合同法》第一百二十二条规定："因当事人一方的违约行为，侵害对方人身、财产权益的，受损害方有权选择依照本法要求其承担违约责任或者依照其他法律要求其承担侵权责任。"

（八）解除协议权

当履行协议后毕业生的权益或人身自由、人身安全受到用人单位严重侵害时，毕业生可以主动提出解除协议。《中华人民共和国劳动法》（以下简称《劳动法》）第三十二条规定：有下列情形之一的，劳动者可以随时通知用人单位解除劳动合同。在试用期内的，用人单位以暴力、威胁或者非法限制人身自由的手段强迫劳动的。用人单位未按照劳动合同约定支付劳动报酬或者提供劳动条件的。

（九）申诉权

《劳动法》第七十七条规定："用人单位与劳动者发生劳动争议，当事人可以依法申请调解、仲裁，提起诉讼，也可以协商解决。"《劳动法》第七十九条规定："劳动争议发生后，当事人可以向本单位劳动争议调解委员会申请调解，调解不成，当事人一方要求仲裁的，可以向劳动争议仲裁委员会申请仲裁。当事人一方也可以直接向劳动争议仲裁委员会申请仲裁。对仲裁裁决不服的，可以向人民法院提起诉讼。"《劳动法》第八十三条规定："劳动争议当事人对仲裁裁决不服的，可以自收到仲裁裁决书之日起十五日内向人民法院提起诉讼。一方当事人在法定期限内不起诉又不履行仲裁裁决的，另一方当事人可以申请人民法院强制执行。"此外，《合同法》第一百二十八条也规定："当事人可以通过和解或者调解解决合同争议。当事人不愿和解、调解或者和解、调解不成的，可以根据仲裁协议向仲裁机构申请仲裁""当事人没有订立仲裁协议或者仲裁协议无效的，可以向人民法院起诉。当事人应当履行发生法律效力的判决、仲裁裁决、调解书；拒不履行的，对方可以请求人民法院执行。"

（十）公平竞争的权利

公平竞争是自主择业的前提，是毕业生在择业过程中的基本权利之一。毕业生就业制度改革的方向就在国家政策的指导下，通过毕业生就业市场在公开、平等、竞争、择优的原则下自主择业。在市场经济条件下，只有提供了一个公平竞争的市场环境，才能促使生产要素的合理流动，从而实现毕业生资源的优化配置。公平竞争对毕业生来说，既是权利，又是机遇，同时毕业生也要承受竞争所带来的压力和挑战。竞争奉行的是优胜劣汰法则，毕业生就业市场中的公平竞争，一方面能够促进人才资源的合理配置，另一方面也是对毕业生基本素质和实际能力的检验。

二、毕业生应尽的基本义务

高校毕业生在享有法律、法规和有关政策规定权利的同时，也应当履行自己的义务。这些义务包括以下几个方面。

（一）服从国家需要的义务

虽然毕业生在就业时有了相当大的自主择业的权利，但是并不能排除服从国家需要的义务。当国家重点建设项目或某些行业急需人才的时候，应积极为国家的重点建设工程或项目服务，如西部志愿者、三支一扶、服兵役。

（二）回报国家，回报社会的义务

高校毕业生作为较高文化层次的青年群体，国家和社会乃至家庭为其成才和发展提供了优厚的条件和待遇，这是其他青年群体所无法比拟的。毕业生应积极地依靠自己的职业行为，回报国家、社会和家庭，承担起自己应尽的义务。

（三）向用人单位实事求是介绍个人情况的义务

毕业生在求职择业过程中，如实向用人单位介绍自己的情况，是基本的

择业道德要求，也是自己应尽的义务。毕业生在填写推荐表、撰写求职信、面试时，必须实事求是，不能弄虚作假，以利于用人单位的遴选，只有如实介绍自己的情况，才能让人觉得可靠、可信，获得用人单位的信任。

（四）接受用人单位组织的测试或考核的义务

用人单位为了招聘到符合要求的毕业生，一般都要通过一些测试或考核手段来了解毕业生的情况，通过比较，作出是否录用的决定。因此，毕业生应予积极配合，充分展现自己的能力，接受用人单位的测试和考核。

（五）严格按照就业协议及其他合法约定履行相应的义务

《合同法》第八条规定："依法成立的合同，对当事人具有法律约束力。当事人应当按照约定履行自己的义务，不得擅自变更或者解除合同。依法成立的合同，受法律保护。"毕业生应认真履行协议或合同，不得无故擅自变更或自行解除。如果单方违约，必须主动承担违约责任。

第二节　就业协议与劳动合同

"口说无凭，立字为据。"在就业过程中，签订相应的协议是确保用人单位和劳动者个人权益及其义务的需要，对毕业生来说，既是一种权利，也是一种义务。常用的协议文本有两种：一是高校毕业生就业协议书（简称就业协议书）；二是劳动合同。就业协议书是我国高校毕业生就业制度改革的产物，劳动合同是就业协议书的延续和法律化。全面了解就业协议书和劳动合同，对毕业生正确行使权利和履行义务有重要意义。

一、就业协议及其签订

（一）就业协议的含义

《就业协议书》的全称是《全国普通高等学校毕业生就业协议书》，是由教育部高校学生司统一印制的，每位毕业生对应一个号码。该协议书一式三份，经毕业生、用人单位、学校三方签署后生效，三方各持一份。签订就业协议的当事人必须具备合法的主体资格。对大学毕业生而言，就是必须取得毕业资格，如果毕业生在派遣时未取得毕业资格，用人单位可以不予接收而无须承担法律责任。

（二）就业协议书的作用

1.《就业协议书》是学校编制毕业生就业派遣计划、毕业生办理到用人单位报到、接转档案、户籍关系和党团组织关系、用人单位申请用人指标或公务员考试报名的重要依据，是毕业生与用人单位建立就业关系的正式凭证，也是毕业生毕业后到人事、教育等部门办理就业报到手续的必备材料之一。因此，毕业生必须妥善保管。

2. 保障毕业生在寻找工作阶段的权利与义务，约束签订劳动合同的时间，劳动合同的内容等。当发现所要签订的劳动合同与就业协议不一致，特别是出现对维护毕业生权益不利的情况时，毕业生应该要求用人单位按照已经签订生效的就业协议，制订新的劳动合同，使其内容符合就业协议。

3. 保障用人单位能方便地直接从学校方面清楚了解毕业生真实情况。

（三）就业协议书签订的原则和步骤

1. 就业协议书签订的原则

（1）主体合法原则：签订就业协议的当事人须具备合法的主体资格。对毕业生而言，就是必须要取得毕业资格，如果学生在派遣时未取得毕业资格，用人单位可以不予接收而无须承担法律责任。对用人单位而言，用人单位必须具有从事各项经营或管理活动的能力，单位应有录用毕业生计划和录用自主权，否则毕业生可解除协议而无须承担违约责任。

（2）平等协商原则：就业协议的双方在签订就业协议时的法律地位是平等的，一方不得将自己的意志强加给另一方。学校也不得采用行政手段要求毕业生到指定单位就业（不包括有特殊情况的毕业生），用人单位亦不应在签订就业协议时要求毕业生交纳过高数额的风险金、保证金。双方当事人的权利、义务应是一致的。除协议书规定内容外，双方如有其他约定事项可在协议书"备注"内容中加以补充确定。

2. 就业协议书签订的步骤

就业协议的订立一般要经过两个步骤，即要约和承诺。

（1）要约。毕业生持学校统一印制的就业推荐表或复印件参加各地供需洽谈会（人才市场），进行双向选择，或向各用人单位寄发书面材料，应视为要约邀请。用人单位收到毕业生材料，对毕业生进行考查后，表示同意接收并将回执寄到高校毕业生就业工作部门或毕业生本人，应视为要约。

（2）承诺。毕业生收到用人单位回执或通过其他方式得到用人单位的答复后，从中作出选择并到学校毕业生就业工作部门领取就业协议书，与用人单位签订协议，即为承诺。由于毕业生就业工作比较烦琐、具体，有时很难明确要约和承诺两个步骤。如有的毕业生参加公务员考试，达到面试线后，到用人单位参加面试、体检，用人单位也对毕业生进行政审、阅档，表示同意接收。在这种情况下，毕业生应与该用人单位签订就业协议，而不应再选择其他单位。又如，用人单位到学校挑选毕业生，毕业生自己主动报名，经学校积极推荐，用人单位也表示同意接收，但要回到单位后再正式发函签协议，在这种情况下，毕业生也应安心等待与用人单位签约，而不能出尔反尔，以未正式签协议为由，置学校信誉于不顾，在这过程中与其他单位签约，这样也浪费了其他毕业生的就业机会。

（四）签订就业协议书的注意事项

1. 签协议前，毕业生一定要全方位了解用人单位的相关情况

例如，企业的发展趋势、企业招聘的岗位性质、企业的员工培养制度、待遇状况、福利项目等系列内容，不但要掌握资料，更要实地考察，而且还需要重点了解单位的人事状况、了解企业是否具有应届毕业生的接收权。

2. 毕业生在签约时要按照正常程序进行

毕业生持用人单位的接收函到院系领取就业协议书，先由毕业生、院系在协议书上签署意见后交用人单位，由用人单位签署意见后再交给学校，学校签字后纳入就业计划，协议书生效。有的毕业生为省事，要求学校先签署意见，但这样做使学校无法起到监督、公正的作用，最可能受害的将是毕业生本人。

3. 签署协议书时，一定要认真、真实地填写协议书内容

如果报考了研究生或准备出国，应事先向用人单位说明，并在协议书中注明。以往有毕业生向用人单位隐瞒这些情况，而后遭到违约处理。

4. 毕业生在签约时也要考虑对自身权益的保护

协议具有双向约定的作用，如果有双方需要相互承诺的部分，一定要在协议书或补充协议上加以说明。就业协议中可以规定违约金的数额，现行规定的上限是 12 个月的工资总和。违约金一般由毕业生和用人单位双方协定，不少单位为了"留住"学生，以高额违约金约束学生。学生应该在协商中力争将违约金降到最低，一般应在 2 000 元左右，最多不得超过 5 000 元。

5. 毕业生在签约中，一定要注意条款的合理性

我国劳动法明确规定，用人单位不得以任何理由向毕业生收取报名费、培训费、押金、保证金等，并以此作为是否录用的决定条件。

6. 毕业生、用人单位双方都不得单方面拖延签约周期

毕业生遇到问题而犹豫不决时，最好能够及时咨询高校就业部门负责老师，征求相关的意见和指导。签订就业协议书后，一定要签订劳动合同。正式的劳动合同可能是学生毕业前签订、毕业后生效的，也可能是毕业后签订、立即生效的。一般就业协议书也会在劳动合同生效时，而终止其效力。

（五）无效的就业协议

无效就业协议是指因欠缺就业协议的有效要件或违反订立就业协议的原则从而不发生法律效力的协议。无效协议自订立之日起无效。在就业工作中，凡属如下情况之一者，均为无效协议：非毕业生、结业生本人签订的协议；用人单位没有录用权力或者没有录用计划的协议；不符合国家就业政策、就业规定或就业范围的协议；采取欺诈、隐瞒、作假等手段签订的协议；未经用人单位及其主管部门签署意见并加盖公章的协议；其他违反法律法规或就业政策和规定的协议。

（六）可变更和可撤销的就业协议

因毕业生或用人单位意思表示"瑕疵"，经撤销权人请求，由法院或者

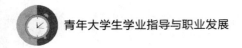

仲裁机关变更其内容或者使其效力自始消灭的就业协议。

1. 因重大误解订立的就业协议。如工资 5 700 元/月，因 7 写得像 1，实际发工资，毕业生认为是 5 700 元，单位认为是 5 100 元。

2. 显失公平的就业协议。如规定一方有权解除协议，而另一方则无权。

3. 基于欺诈、胁迫、乘人之危签订的就业协议。

（七）就业协议的解除

为了维护就业协议书的严肃性和学校的声誉，毕业生与用人单位签订了《就业协议书》后，毕业生和用人单位都应认真履行协议。倘若毕业生因特殊原因要求违约，应承担违约责任。已签订《就业协议书》的毕业生，如要违约，须办理解约手续。解约步骤如下。

1. 到原签协议书的单位办理书面同意的解约函（盖单位公章）。

2. 向学校毕业生就业工作部门提出书面申请（阐明解约理由），并附上单位及上级人事主管部门审核同意的解约函，交招生就业办。

3. 学校毕业生就业工作部门根据有关规定审批换发新的《就业协议书》。就业协议的解除分为单方解除和二方解除。

单方解除包括单方擅自解除和单方依法或依协议解除。单方擅自解除协议属违约行为，解约方应对另一方承担违约责任。单方依法或依协议解除，是指一方解除就业协议有法律上的或协议上的依据，如学生未取得毕业资格，用人单位有权单方解除就业协议。毕业生被录用之后，可解除就业协议，或依协议规定，毕业生未通过用人单位所在地组织的公务员考试，用人单位有权解除协议，此类单方解除，解除方无须对另一方承担法律责任。

二方解除是指毕业生和用人单位双方经协商一致，消灭原订立的协议，使协议不发生法律效力。此类解除因是双方当事人真实意思表示一致的体现，双方均不承担法律责任，双方解除应在就业计划上报主管部门之前进行，如就业派遣计划下达后双方解除，还须经主管部门批准办理调整改派。

（八）就业协议争议处理

1. 毕业生违约的主要表现

高校毕业生违约是指因毕业生个人原因造成就业协议无法履行的情况。

违约的主要表现是：毕业生已与一个用人单位签订协议又提出更换就业单位的；同时与多家用人单位签约，再定取舍违约的；向用人单位提供不真实的情况，违反用人单位的选用条件；已签约毕业生对用人单位工作条件不满意而违约的；已签约毕业生又准备继续考研或出国而违约等。毕业生违约也应承担协议约定的违约责任。因此，毕业生在签订就业协议前应慎重考虑。

2. 用人单位违约的主要表现

用人单位违约是指用人单位方面的原因造成就业协议无法履行的情况。违约的原因一般包括单位经营困难导致裁员、岗位撤销、单位破产，单位无法履行原先承诺，用人单位的用人计划发生重大变动等。此外，毕业生报到时，用人单位在没有任何事实根据和法律依据的情况下，拒收毕业生，使之错过了其他选择机会，无法按时就业；用人单位提供不真实的情况和虚假材料，误导毕业生与之签约；违反行政管理机关的有关法规，不执行有关规定，侵害毕业生的合法权益，而毕业生难以与其抗争等。用人单位违约，应承担违约责任，并为毕业生开具写明原因的正式书面退函（加盖单位章）。

3. 就业协议书争议处理的程序与方法

就业协议书经各方签字、盖章生效。毕业生、用人单位都应严格履行协议，若有一方提出变更协议，须征得另一方同意。如违约，由违约方承担违约赔偿责任或按双方约定办理。

用人单位因破产、倒闭等原因不能接收毕业生的，可向省或市毕业生就业主管部门提出要求，并出具有关证明，经核实同意后，毕业生可重新落实工作单位。

用人单位单方违约，毕业生可持材料向学校毕业生就业管理部门（学生处、毕业办、指导中心）提出，由学校出面协调解决，协调仍不成，毕业生可向劳动人事仲裁部门提出申诉。

（九）违约责任及毕业生违约的后果

就业协议书是明确毕业生、用人单位和学校在毕业生就业工作中权利和义务的书面表现形式，属意向性协议。就业协议书一经毕业生签字，用人单位签字盖章后即具有法律效力，任何一方都不得擅自解除，否则违约方应向另一方支付协议条款所约定的违约金。

但是从实际情况来看，违约多见于毕业生。毕业生违约，会产生诸多不良的后果，主要表现在 3 个方面。

1. 损害了签约单位利益

因为单位为录用一名毕业生需做大量工作，有的单位甚至对录用毕业生的工作岗位都做了具体安排，所以，一旦毕业生违约，不仅使用人单位为录用该毕业生所做的一切工作付诸东流，而且会因延误时机，增加用人单位继续选择其他毕业生的难度，这样势必会影响用人单位的进人计划。

2. 影响学校信誉

毕业生的违约会被用人单位归咎于学校管理不严、教育无方，从而影响学校与用人单位的长期合作。从实际情况来看，一旦毕业生违约，该用人单位连续几年都不会到学校来挑选毕业生。

面对激烈的就业竞争，用人单位的需求就是毕业生择业成功的前提，毕业生的随意违约，势必影响学校的毕业生就业工作。

3. 影响了其他毕业生顺利就业

用人单位到学校挑选毕业生，往往有许多毕业生竞相应聘。用人单位一旦与毕业生 A 签约，其他同学便没有与该单位签约的机会了。如果 A 违约，用人单位因时间关系无法补缺，就会造成就业信息的浪费，也使其他毕业生丧失了一次可能的就业机会。

讲信誉是毕业生应尽的义务。如果违约，不仅会影响学校正常的就业秩序，而且会损害用人单位、学校、其他同学等各方面的利益。因此毕业生必须增强信用意识。

（十）《就业协议书》填写说明

1. 封面：等用人单位确定后可由毕业生填写，用人单位要写全称，学校名称也要使用全称，如中国人民大学。

2. 正表：第一栏由毕业生如实填写。"应聘意见"一般可填同意并签上姓名、日期。学生填写自己的专业名称时，要与录取审批表上的专业名称一致，不能简写。

3．第二栏上半栏由用人单位填写，注意各栏要填完整，以便彼此联系。"档案转寄详细地址"一般是用人单位所在地人事、教育主管部门的地址或名称。

4．"用人单位意见"栏应签同意录用等字样并盖上公章，注意公章应与用人单位名称一致。"用人单位上级主管部门意见"一般由用人单位所在地人事、教育主管部门签具。第三栏由院（系）和学校招就办填写。前两栏手续办好后，毕业生先到所在院（系）就业负责人或联系人处签字并盖公章，最后到学校招就办签章。

5．封底：备注栏如果已与用人单位就见习期时间、工资福利待遇、违约责任等达成共识的也可在此栏注明。

（十一）就业协议书的遗失补办

1．填写"补办协议书申请表"（可从就业信息网下载），由所在院系书记、毕业班辅导员调查、核实后，签署相应意见。

2．毕业生将手续齐全的"补办协议书申请表"交就业指导服务中心核实、备案。

3．就业指导服务中心将丢失就业协议书的情况在毕业院校毕业生就业信息网等地方进行公示。

4．自公示之日起30天内无学生、用人单位提出异议的，予以补发。

5．对弄虚作假者，追回补发的就业协议书，其后果由毕业生自行承担。

二、劳动合同

（一）什么是劳动合同

劳动合同是指劳动者与用人单位之间确立劳动关系，明确双方权利和义务的协议。签订和变更劳动合同，应当遵循平等自愿、协商一致的原则，不得违反法律、行政法规的规定。劳动合同依法订立即具有法律约束力，当事人必须履行劳动合同规定的义务。

劳动合同是劳动关系建立、变更和终止的一种法律形式。根据《劳动合同法》第十条的规定，建立劳动关系的，应当及时订立书面劳动合同。

（二）劳动合同的作用

1. 劳动合同是建立劳动关系的基本形式

以劳动合同作为建立劳动关系的基本形式是世界各国的普遍做法。劳动过程是非常复杂、千变万化的，不同行业、不同单位的合同劳动者在劳动过程中的权利、义务各不相同。因此，国家的法律法规只能对共性问题作出规定，不可能对当事人的具体权利、义务作出规定，这就要求签订劳动合同明确权利、义务。

2. 劳动合同是促进劳动力资源合理配置的重要手段

用人单位可以根据生产经营或工作需要确定录用劳动者的条件、方式和数量，并通过签订不同类型、不同期限的劳动合同，发挥劳动者的特长，以便合理使用劳动力。

3. 劳动合同有利于避免或减少劳动争议

劳动合同明确规定劳动者和用人单位的权利和义务，对合同主体双方来说，这既是一种保障，又是一种约束，有助于提高双方履行合同的自觉性，促使双方正确行使权利，严格履行义务。

因此，劳动合同的订立和履行有利于避免或减少劳动争议的发生，有利于稳定劳动关系。

（三）劳动合同的内容

一般来说，劳动合同的内容可分为两方面：一方面是必备条款的内容；另一方面是协商约定的内容。

劳动合同的必备条款：

《劳动法》第十九条规定了劳动合同的法定形式是书面形式，其必备条款有 7 项。

1. 劳动合同期限

法律规定合同期限分为 3 种：有固定期限，如 1 年期限、3 年期限等均属这一种；无固定期限，合同期限没有具体时间约定，只约定终止合同的条件，无特殊情况，这种期限的合同应存续到劳动者到达退休年龄；以完成一定的工作为期限的劳动合同。用人单位与劳动者在协商选择合同期限时，应根据双方的实际情况和需要来约定。

2. 工作内容

在这一必备条款中，双方可以约定工作的数量和质量，劳动者的工作岗位等内容。在约定工作岗位时可以约定较宽泛的岗位概念，也可以另外签一个短期的岗位协议作为劳动合同的附件，还可以约定在何种条件下可以变更岗位条款等。掌握这种订立劳动合同的技巧，可以避免工作岗位约定过死，因变更岗位条款协商不一致而发生的争议。

3. 劳动保护和劳动条件

在这方面可以约定工作时间和休息休假的规定，各项劳动安全与卫生的措施，对女工和未成年工的劳动保护措施与制度，以及用人单位为不同岗位劳动者提供的劳动、工作的必要条件等。

4. 劳动报酬

此必备条款可以约定劳动者的标准工资、加班加点工资、奖金、津贴、补贴的数额及支付时间、支付方式等。

5. 劳动纪律

此条款应当将用人单位制定的规章制度约定进来，可采取将内部规章制度印制成册，作为合同附件的形式加以简要约定。

6. 劳动合同终止的条件

这一必备条款一般是在无固定期限的劳动合同中约定，因这类合同没有终止的时限，但其他期限种类的合同也可以约定。须注意的是，双方当事人不得将法律规定的可以解除合同的条件约定为终止合同的条件，以避免出现用人单位应当在解除合同时支付经济补偿金而改为终止合同不予支付经济补偿金的情况。

7. 违反劳动合同的责任

一般约定两种违约责任形式，第一种是一方违约赔偿给对方造成了经济损失，即赔偿损失的方式；二是约定违约金的计算方法，采用违约金方式应当注意根据职工一方承受能力来约定具体金额，避免出现显失公平的情形。

违约，不是指一般性的违约，而是指严重违约，致使劳动合同无法继续履行，如职工违约离职，单位违法解除劳动者合同等。

劳动合同的约定条款。

这类约定条款的内容，是当国家法律规定不明确，或者国家尚无法律规定的情况下，用人单位与劳动者根据双方的实际情况协商约定的一些随机性的条款。劳动行政部门印制的劳动合同样本，一般都将必备条款写得很具体，同时留出一定的空白由双方随机约定一些内容。例如可以约定试用期、保守用人单位商业秘密的事项、用人单位内部的一些福利待遇、房屋分配或购置等内容。

随着劳动合同制的实施，人们的法律意识、合同观念会越来越强，劳动合同中的约定条款会越来越多。这是改变劳动合同千篇一律的状况，提高合同质量的一个重要体现。

（四）签订劳动合同的十大注意事项

1. 签订合同时，劳动者首先要弄清用人单位的基本情况，要判断是否是合法企业。它的法人代表姓名、单位地址、电话这些信息可以通过上网查询工商登记信息获取，同时，要求将这些内容明确写在合同中。

2. 劳动者要弄清自己的具体工作，并在合同中标明工作的内容和具体地点。案例一，张某家住北京海淀区四季青桥附近，她到离家很近的一个连锁超市应聘就职。过了一段时间，公司将她调到远郊大兴的连锁店工作，因而产生纠纷。因合同上只写了张某要在北京工作，使这起劳动争议案的焦点是合同约定的工作具体地点不详，导致败诉。案例二，赵某应聘某汽车厂担任总装调试工，这是技术活，工资较高。后来，企业将他调到一个非技术的低薪岗位，他不愿干，与企业发生劳动争议后，合同上写的是担任"操作工"，这是一个范畴很广的工种，没有明确具体的工作性质，导致争议败诉。

3. 劳动报酬要定清楚，避免口头约定。如标准工资是多少？有没有奖金？奖金是根据什么标准发放的？这些数据一定要在合同中体现，不要轻信老板的口头承诺。

4. 关于试用期的问题要特别注意。法律规定试用期最长不得超过 6 个月，仅约定试用期的合同是无效的，试用期结束就要求劳动者走人是耍赖；在试用期间，用人单位不得无理由解除劳动关系；除非劳动者不符合招聘条件，才能走人。现实生活中，在职场上把"试用期"当成"剥削期"已经成了一些无良老板逃避法定义务的惯用伎俩。

5. 劳动报酬的支付方式与支付时间要明确，是现金还是通过银行支付到账户。有的单位采取扣发员工 1 个月工资的方式拴住劳动者，这种行为不具有法律效力。如果劳动合同终止后，用人单位拒绝提供被扣发的劳动报酬，劳动者可以通过劳动仲裁解决问题。

6. 劳动者工作时间与工作条件要明确，有的劳动者为多挣钱，默认了企业要求严重超时加班加点，这是违反劳动法的，现在越来越多的工资争议案就是因此而起。此外，工作的环境有毒有害，尤其是化学性的制革、制鞋行业企业，还有机械加工行业可能给工人带来的机械性伤害的工作环境，都要在合同中将环境危害可能对工人造成的伤害明确表述出来。

7. 社会保险约定。有的企业以"不办社保可以多领工资"的说法，来误导劳动者主动选择放弃社保。律师提醒劳动者：对于社保问题要有长远的考虑，工作时间越长，这个问题就越大，它涉及养老的问题；一旦发生工伤意外等，最快速的解决方式是先通过劳动者购买的社会保险，快速选择走工伤保险补助的绿色通道救死扶伤。因而，有了社保就等于有了保障。

8. 不要签空白合同，签合同时要认真阅读合同条款，有异议的当场提出，万不可不看条款盲目签约。空白合同是指企业为应付检查，拿出空白合同，先让劳动者签名、按手印，走一个过场，劳动者也不拿合同当回事，有的合同甚至没有盖章。一旦发生劳动争议，这类合同是无效的，同时，劳动者的维权成本较高。

由于就业形势比较严峻，大学生在求职过程中往往处于弱势地位，很多用人单位都提出了一些明显不合理的条款，如违约金、服务期等。对于毕业生来讲，虽然知道这些附加条款是显失公平的，但也不敢明确表示异议。

9. 有些合同约定了不合法的内容，如女职工不得结婚生育、因工负伤的"工伤自理"，要求劳动者签订生死契约等，这些条款在法律上无效，劳动者可以拒签。

劳动合同盖章后，劳动者本人和用人单位要各保管一份。劳动合同是发生劳动争议时，劳资双方可出具的最直接、最有效的法律凭证。在办理工伤案件时，因劳动者手头没有劳动合同，要求用人单位赔偿遭到拒绝的案例不在少数。有的企业在合同签订后，把两份合同都收走，发生争议时，劳动者手里没有合同，单位可以不承认有此人。

此外，即使有劳动合同，仍要保存好能够证明劳动关系的证据，如工资条、入职面试字条、工作证件、体检表格、单位签字等。

三、就业协议书和劳动合同的使用区别

就业协议书用于签订正式录用单位，并可将报到证签发到该单位，其档案、户籍也可迁入该单位；劳动合同用于毕业生在单位聘用就业，其报到证签发到生源地，档案、户籍也可迁入生源地。请勿将两者混淆使用。

《劳动合同》是用人单位同劳动者依法确立劳动关系，明确双方权利和义务的协议。劳动合同是毕业生上岗后，从事何种岗位、享受何种待遇以及相关的权利和义务的法律依据。根据《劳动法》等劳动法律、法规依法订立的劳动合同受国家法律的保护，对订立合同的双方当事人产生约束力，是处理劳动争议的直接证据和依据。《劳动合同》由劳动局负责审查。应聘到私营、外资等性质企业就业，可以签订《就业协议书》，也可以签订劳动合同书。对其办理人事代理的单位可以签《就业协议书》，反之建议只签订劳动合同书。

（一）两者的作用不同

劳动合同是指劳动者与用人单位确立劳动关系、明确双方权利和义务的协议，是劳动者从事何种岗位、享受何种待遇等权利和义务的依据。就业协议是毕业生和用人单位关于将来就业意向的初步约定，是对双方的基本条件以及即将签订的劳动合同的部分基本内容的大体认可，并经用人单位的上级主管部门和高校就业部门同意，一经毕业生、用人单位、高校、用人单位主管部门签字盖章，即具有一定的法律效力，是明确毕业生、用人单位、高校三方在毕业生就业工作时的权利和义务的书面表现形式，作为他们办理报

到、转接人事和户口的依据。

（二）两者的主体不同

劳动合同只适用于劳动者（含应届毕业生）与用人单位（不含公务员单位和比照实行公务员制度的组织和社会团体以及军队系统）之间，与学校无关；就业协议适用于应届毕业生与用人单位、学校三方之间，学校是就业协议的见证方或签约方，就业协议对用人单位的性质没有规定，适用于任何单位。

（三）两者的内容不同

劳动合同的内容涉及劳动报酬、劳动保护、工作内容、劳动纪律等方方面面，更为具体，劳动权利、义务更为明确。毕业生就业协议的内容主要是毕业生如实介绍自身情况，并表示愿意到用人单位就业，用人单位表示愿意接收毕业生，学校同意推荐毕业生并列入就业方案，而不涉及毕业生到用人单位报到后应享有的权利义务。

（四）时间不同

一般来说，就业协议签订在前，就业协议应在毕业生就业之前签订，而劳动合同往往在毕业生到用人单位报到后才签订。

（五）两者的法律效力、效力时段不同

劳动合同发生争议，应依据《劳动法》来处理。值得注意的是，就业协议不能代替劳动合同。而就业协议发生争议，除根据协议本身内容之外，主要依据现有的毕业生就业政策和法律对合同的一般规定来加以解决，尚没有专门的法律对毕业生就业协议加以调整。学生毕业到就业单位报到后，应尽快与用人单位签订劳动合同。

（六）两者发生问题时处理的部门不同

前者可根据《劳动法》处理，也可向劳动争议调解委员会或劳动仲裁机构报送，而后者由毕业生与用人单位在协商取得一致的基础上订立，报学校

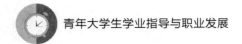

毕业生主管部门审查认可后，报上级主管部门审批。

《就业协议书》作为一份简单的格式文本，很多诸如工作岗位、工作条件等劳动合同必备条款并不在《就业协议书》中直接体现。因此，单凭《就业协议书》无法对学生正式报到就业后的劳动权利全面保障。

第三节　求职陷阱及安全应对策略

随着大学毕业生数量的增加和就业压力的不断加大，大学生的就业焦虑也越来越高，求职心情非常迫切。许多毕业生为了找到一份满意的工作，遍投简历，广搜信息，只要是符合自己意愿的招聘信息，就积极行动，绝不放过，但这也给不法分子可乘之机。有的不法之徒利用大学生求职心切的心理，巧设名目，设置求职陷阱，给大学生再次求职蒙上难以抹去的阴影，造成恶劣的社会影响。据公安部门统计，这种案件在近两年内呈急剧上升趋势。面对这些问题，除了学校要加强安全防护措施外，大学生自身在求职过程中更要注意提高警惕，增强安全自我防范意识。

一、常见求职陷阱的种类及辨别

（一）求职陷阱的种类

1. 招聘单位收费

"有公司首先就让求职者交报名费，那一定是趁火打劫的骗子公司。"毕业生在应聘时遇到收取报名费、面试费、培训费等额外费用的企业，均不能相信。"不少皮包公司就是看重学生求职心切，借着招聘会骗钱。"毕业生应该警惕招聘单位入职培训费、员工管理费等任何名目的收费。

2. 招聘单位"无限期试用"

"有的企业招了人，就无限期地让学生实习，待遇也是按实习期发放，这也是一种招聘陷阱。"很多求职的大学生被所谓的实习期 3 个月，再加上试用期 3 个月搞得一头雾水。那么，为什么会出现这种现象呢？依据有关规定，试用期人员底薪通常是正式员工的 1/4，劳保用品、物质奖励、各种保险和其他福利等不与正式职工享受同等待遇。因此一些用人单位为降低人力资本，大量招募短期员工，且不签订劳动合同，待 3 个月试用期满，就以各种各样的借口予以解雇。这样一来，求职者总是辛辛苦苦地给单位低薪干了几个月，然后被扫地出门。就这样，一群又一群大学生被用人单位榨取劳动果实。实习期过长，以有问题为名予以辞退，这是大学生以往找工作的普遍遭遇。

根据实际经验表明，有这样做法的企业往往并不是真正地需要人才。其表现有两大特征：一是会很快就提出签订劳动协议，然后马上开始工作；二是一次招收的学生数量比较多。因此，学生求职招聘时要注意以上特征，看清单位是否有真正的用人诚意。

其实，对于劳动合同中的试用期，《劳动法》早已规定：劳动合同期限在 6 个月以内的，试用期不得超过 15 日；劳动合同期限在 6 个月以上 1 年以内的，试用期不得超过 30 日；劳动合同期限在 1 年以上 2 年以内的，试用期不得超过 60 日；劳动合同期限在 2 年以上的，试用期不得超过 6 个月。试用期包括在劳动合同期限内。

3. 通过招聘剽窃求职者的作品

企业以选人为名，在笔试、业务考查等环节中让求职者撰写策划案、翻译文章，而这些都应是公司员工的本职工作。专家介绍，除了把求职学生当免费劳力外，学生在简历中把自己的毕业设计和研究理念写得一清二楚，也让不少企业坐享其成。

4. 传销公司网上设求职陷阱

政府为方便大学生找工作，开通网上求职平台，一些不法分子利用大学生求职心切，在网上设"求职陷阱"骗人。大学生网上求职要选择一些大型的、正规的招聘网站，不要轻易在不熟悉的网站填写简历。在求职过程中，要注意甄别用人单位，查实用人单位是否正规、真实、可靠。

5. "五险一金"协商放弃，假高薪陷阱

在大学生求职招聘中，一些单位声明高工资，以此为诱饵，却以不给职工缴纳社会保险为条件。正忙于四处求职的学生小张对记者说，他在通过一家私营公司的最后一轮面试后，人事主管对他说："我们和公司的员工协商一致，都不缴纳'五险一金'，因为，几年来公司没有一名员工离开公司后失业，失业保险金都是白缴，而且公司给员工的工资都很高，里面就包括这部分钱，所以，希望你也能与公司达成一致。"

一些不良的用人单位为了剥夺求职者的权利，经常会在合同中制订一些不合法的内容，这些都是签订劳动合同时应该注意的问题，因此，大学生在签订合同时不仅要仔细审阅内容，当合同中出现异议时，还要运用自己的沟通技巧同用人单位谈判，争取自己应得的利益。

6. 利用求职者个人信息进行诈骗

近期以来，套取并利用求职者信息进行诈骗的案件屡见不鲜。毕业生在求职过程中，往往要填写一些表格，其中涉及很多个人信息，尤其是网上求职，要求填写的内容更是事无巨细，从个人电话号码到家长姓名、家庭住址、家庭电话、父母情况一应俱全。许多毕业生粗心大意，随意填写，结果给骗子留下了可乘之机。

（二）求职骗局的辨别

1. 骗子公司多数不规范

骗子公司往往在居民区临时租房，大学生在应聘时首先要看招聘公司像不像正规公司。比如，如果是经贸公司或电脑公司，即使没有自己的办公大楼，通常也会选址在中高档写字楼中，其办公设备也一应俱全。

2. 骗子公司最愿招文员

专以求职大学生为诈骗对象的骗子公司与一般的骗子公司和黑职介不同，他们招聘的多数是文员、公关人员或部门经理。一般情况下，如果仅是一处几十平方米面积的小公司，就不太可能大张旗鼓地打广告招聘许多文员、公关人员，更不可能招经理。

3. 高收费肯定是骗局

骗子公司诈骗名目一般有"报名费""工作卡费""押金""培训费""服装费"，个别的还以需要在公司食宿为名，收取"住宿费"和"伙食费"。

求职大学生还可以通过分析招聘广告来识破骗局：第一，对应聘者的条件要求过低，学历、工作经验，甚至年龄等条件都可放松或根本没有要求，但承诺的工资待遇却比较高。第二，一个小公司招聘的工种、职位繁多。第三，招聘程序简化，只留地址或联系电话，让求职者直接前去面试。

二、毕业生求职中的安全应对策略

求职大潮风起浪涌，既蕴含着无数机遇，又隐藏着险滩暗礁，毕业生只有牢牢系好求职安全带，不断增强安全防范意识，才能够做到一帆风顺。

（一）层层过滤，确保就业信息的真实性、准确性和可靠性

学校就业信息网上发布的就业信息，都经过了严格核实，包括核实用人单位的工商许可证、营业执照以及通过电话向当地有关部门核实等，基本上确保了就业信息的真实性、准确性、安全性。对通过其他渠道获得的就业信息，一定要想方设法，通过各种途径进行核实。

（二）面试过程中，要时刻保持高度的警惕性

有以下情况发生时，毕业生应保持高度的警惕性，擦亮眼睛，识别就业陷阱。

1. 当前往面试的第一天或职前训练的前几天，要留意该单位是否隐瞒工作性质及业务性质。

2. 面试地点偏僻、隐秘或是转换面试地点的状况，或是要求夜间面试者，皆应加倍小心。面试地点不宜太隐秘，过于隐秘的地点不要去。用人单位约你面试时，如果不是学校就业指导中心发布的信息，不是你从其他渠道获得的信息，而是约你到宾馆或其他非公开、非正式场合见面，绝对不能贸然前往。

3. 面试时，要注意以下环节：一是应详记该单位及面试官的基本情况及特征；二是对方所提工作内容空泛不具体时，不要被其夸大的言辞所迷惑；三是身份证、毕业证书及印章等证件，不宜给对方；不可轻易出示银行账户号码及密码，以免不法之徒有机可乘；四是面试官说话轻浮，暧昧不清，眼神不正常等都是危险的前兆；五是如果有不安全、不对劲的感觉或不正常的状况，要以某种借口迅速离开该单位为宜；六是拒绝不合理的邀约及要求；

七是在面试时尽量不要随便喝饮料或吃东西。

4. 进行面试的过程中，如果遇到用人单位要你交保证金或其他培训费用（如报名费、训练费、材料费等）时，一定要慎重，千万不要为了保住工作而盲目交费。

5. 面试前后随时与学校辅导员、同学、家长保持联系，并告知面试场所地址及电话号码。

6. 用人单位要求提供亲友名单、身份证号码（复印件）均可能有诈财之患，要注意防范。

在求职过程中，毕业生为了预防求职"陷阱"，要做到：一忌贪心，看到"高薪"字眼首先要衡量一下自己，然后再摸清对方的背景；二忌急心，毕业生急于找工作的心理让一些人找到了借机骗财的机会，这些人以各种名目收取应聘者的费用后，便人去楼空；三忌糊涂心，求职者要对自己的职业生涯发展脉络有清楚的构想，只要仔细研究还是能识别招聘中的大多数欺骗的伎俩。要时刻提醒自己，不缴不知用途的款、不购买自己不清楚的产品、不将证件及信用卡交给该公司保管、不随便签署文件、不为薪资待遇不合理的公司工作等。

（三）求职后，要谨慎行事，学会用法律保护自己

在找到合适的工作单位，双方达成就业意向后，毕业生需要签订《全国普通高等学校毕业生就业协议书》。就业协议书的签订在形式上宣告了就业工作花开有果，尘埃落定。但近年来，就业协议引发的纠纷屡有发生。有的毕业生正式到单位报到后，单位却一改初衷，擅自降低劳动报酬，变更原来双方约定的工作岗位，更有甚者以"试用期"（或见习期）为由不签订劳动合同，使得毕业生长期处于"试用期"，做最累的工作拿最低的报酬，从而使其利益受到侵害。因此，在签订就业协议以前，一定要反复斟酌，多方面考察，方可落笔。

参考文献

［1］张凤艺. 大学生学业规划与管理［M］. 济南：山东大学出版社，2022.

［2］胡磊，李江，曾明亮. 大众教育视阈下大学生学业难题成因及对策研究［M］. 北京：中国纺织出版社，2021.

［3］肖长春，刘修财，刘坚. 大学生学业与职业生涯规划［M］. 北京：企业管理出版社，2021.

［4］龚志慧，姚丽亚，丁明秀. 大学生学业压力与学业成绩的关系理论与实证研究［M］. 长春：吉林出版集团股份有限公司，2020.

［5］席楷轩，何欣芳，曹芹. 大学生学业预警制度的建立与健全［J］. 区域治理，2023（1）：240-243.

［6］李茜茜，陈诗芬，龙洋，等. 大学生学业合理增负研究［J］. 创新创业理论研究与实践，2022（1）：70-72.

［7］马翔，黄慧敏. 大学生学业困难的心理辅导策略［J］. 长江丛刊，2021（12）：99-100.

［8］叶司琪，周小花. 大学生学业成就现状及特点分析［J］. 林区教学，2021（2）：17-21.

［9］许加明. 大学生学业归因与学习倦怠的相关性分析［J］. 山东青年政治学院学报，2023（2）：49-56.

［10］田孟萍，叶正芳. 创新视角下看大学生学业发展辅导［J］. 新教育时代电子杂志（教师版），2021（28）：238.

［11］大学生学业发展与职业生涯规划导论［M］. 海口：南方出版社，2020.

［12］大学生学业规划与发展［M］. 西安：西安交通大学出版社，2020.

[13] 徐海波. 大学生学业生涯规划与职业发展［M］. 南京：南京大学出版社，2020.

[14] 袁敏. 大学生职业生涯规划规划篇［M］. 北京：北京理工大学出版社，2020.

[15] 刘晓凤. 大学生职业生涯规划教育模式构建［M］. 郑州：黄河水利出版社，2020.

[16] 潘小霞，方树桔，李晓芬，等. 大学生学业规划导师制模式的探讨和实践［J］. 亚太教育，2021（20）：177-178.

[17] 黄梅珍. 大学生学业规划教育存在的问题及其对策探究［J］. 百色学院学报，2021（6）：129-133.

[18] 张勤，李学. 教学质量标准与大学生学业成就［J］. 当代教育理论与实践，2019（2）：94-98.

[19] 钟青霖. 大学生学业发展指导的价值引领与机制构建［J］. 淮南职业技术学院学报，2021（3）：76-78.

[20] 李雪菱，黄景斌. 大学生学业规划浅析［J］. 长江丛刊，2017（17）：152，155.

[21] 刘永贵，李亚群. 大学生职业生涯与发展规划［M］. 北京：科学出版社，2019.

[22] 胡保玲. 大学生学业情绪、自我效能感与就业能力关系研究［M］. 沈阳：东北财经大学出版社，2018.

[23] 宋来新，商云龙. 大学生学业发展辅导［M］. 北京：化学工业出版社，2018.

[24] 喻艳. 大学生学业与职业生涯规划指导［M］. 西安：西安电子科技大学出版社，2018.

[25] 杨道建，谭成. 大学生学业规划实用教程［M］. 上海：上海交通大学出版社，2018.

[26] 崔成前，周显洋. 大学生学业发展与职业规划［M］. 南京：南京大学出版社，2018.

[27] 大学生职业生涯教育研究［M］. 南昌：江西科学技术出版社，2018.

［28］ 李晓波. 大学生职业生涯规划［M］. 镇江：江苏大学出版社，2019.

［29］ 赵锋. 当代大学生评价的多视域解读［M］. 咸阳：西北农林科技大学出版社，2019.

［30］ 王莉娟. 大学生学业生涯规划与就业指导［M］. 哈尔滨：哈尔滨工业大学出版社，2019.

［31］ 邵凯敏. 新时代大学生职业发展与就业指导探究［J］. 教育信息化论坛，2021（3）：113-114.

［32］ 岳春. 高校大学生职业发展与就业指导问题的新思考［J］. 智库时代，2020（6）：242-243.

［33］ 周丹丹，黄欣碧. 大学生职业发展与就业指导课程改革［J］. 新课程教学（电子版），2022（13）：188-189.

［34］ 饶芸. 大学生职业发展与就业指导课程建设探究［J］. 经济与社会发展研究，2021（32）：239-241.

［35］ 杨松亮. 大学生职业发展与就业指导课程体系建设研究［J］. 现代职业教育，2018（13）：113.